Der schöpferische Eros –
Lautmagische Mythologie und Folklore

Johannes H. von Hohenstätten

Impressum

Jahr: 2022 1. Auflage
ISBN: 9789403653228

Covergestaltung: Christof Uiberreiter

Verlagsportal: bookmundo.de
Gedruckt in Deutschland

Die Deutsche Nationalbibliothek verzeichnet diese Publikation
in der Deutschen Nationalbibliografie.

Inhaltsangabe:

Einleitung:

Drum prüfe, wer sich ewig bindet,
Ob sich das Herz zum Herzen findet.

Nach den umfangreichen Forschungen von Dr. Krauss, die ich als Grundlage für diese Abhandlung verwende, wurden alle alten Kulte auf Vulva- und Phallus-Kult aufgebaut. Der reine Kult trägt die göttlich-schöpferische, d. h. sexualmagische Idee zwischen Yang (Gott) und Yin (Göttin): Denn alles bezieht sich auf den zeugenden Gott Eros! Genau von dieser alles erschaffenden Gottheit handelt diese Schrift. Aber all dies und selbst die Riten und das reine Wesen der Priester und Priesterinnen wird nicht für authentisch gehalten, sondern in das Reich der Fabel verwiesen. Die Wahrheit wird von der Kirche unterdrückt und verfälscht, obwohl das weibliche Geschlecht geradezu einen großen Teil an der kosmischen Schöpfung beiträgt, wie das Dr. Lomer in „Die Königin der Welt vor den Toren" anpreist. Sogar in Europa gab es diese sakralen Bräuche. Aber jetzt existieren nur noch verstümmelte Rudiment in der Folklore aller Völker, die wir hier gesammelt und sie ihrem reinen Charakter wieder zugeführt haben.
Weil nur noch spärliche Reste der reinen Kultmagie enthalten sind, kam es, dass man die Überlieferung nach den Sagen, Geschichten, ja der Folklore studiere muss, um die Wahrheit zu erspähen. In der Mythologie ist es Tradition gewesen, dass auf der ganzen Welt Statuen der heiligen Geschlechtsorgane an Kreuzwegen aufgestellt wurden, um die Vereinigung von Plus und Minus zu versinnbildlichen, ihre schöpferischen Aspekte hervorzuheben. Immer waren die beiden Teile zusammen und bildeten eine Einheit. Nie einer allein! Z. B. lebt das Volk in Japan nach ihren geschlechtlichen Gegebenheiten:

Der Mann ist männlich-aktiv-stark.
Die Frau weiblich-passiv-lieb,

so wie das auch Dr. Musallam in *„Macht und Erfolg – Jugend und Schönheit – Das Buch des Adonisten und der Adonistin"* geschrieben hat. Man kann sagen, rein nach der Form und Bildung der Geschlechtsorgane.
Mit diesen Kulten hat auch jeder erotische Liebeszauber eines jeden Landes die gleichen Grundziele, ist gleich aufgebaut. Da tut sich nicht viel, nur die Namen der anzurufenden Götter sind anders sowie deren Mentalität und Aussehen, sofern man ihre Erscheinung ertragen kann …
Eine aufschlussreiche Geschichte soll dies erläutern: Das Mädchen Kiyo Hime entbrannte in heftiger Liebesglut zum buddhistischen Mönch An-chin, der sein Keuschheitsgelübde gewissenhaft einhielt. Er musste aber hart um die Herrschaft über seine Triebe kämpfen. Sie aber beschloss, um sich wegen der Schmähung zu rächen, den sichern Zauber des Ushi-toki-mairi, des zur Stunde

des Stiers (Ushi-toki) zum Tempelgehens (mairi) auszuüben. Zur zweiten Morgenstunde, der Stierstunde, begab sie sich in den Hain, in weite, weiße Gewandung gehüllt. Ihre nackten Füße waren durch Sandalen mit erhöhten Holzsohlen geschützt. Ihr Haar war aufgelöst, auf dem Kopfe hatte sie einen jener tönernen Dreifüße, die in den Kohlenbecken zum Aufsetzen des Teekessels dienen, umgekehrt befestigt; ein Symbol der Man-Rune. Auf jedem der drei nach aufwärts gerichteten Füßen stak ein brennendes Wachslicht. In der Linken trug sie die ans Stroh geflochtene Figur eines Mannes, in der Rechten einen Hammer. Zwischen den Zähnen hielt sie Nägel, an ihrem Busen hing ein Spiegel.

Bleich, grausam blitzenden Auges, mit hasserstarrten Zügen näherte sie sich langsamen Schrittes einem Baum und kreuzigte darauf das Abbild ihres verhassten Geliebten. Nun brach sie ihr Schweigen und beschwor den Gott, die Entweihung seines Haines zu rächen, den Baum zu retten und seine furchtbarste Strafe über den zu verhängen, der Schuld an dem Frevel hatte. Schmerzhaftes Siechtum, langsamer qualvoller Tod möge ihn heimsuchen.

Allnächtlich ging sie ihren unheilbrütenden Gang, die gleichen Fluchworte raunend, immer wiederholend die Namen der Götter. Doch bald ward sie des Harrens müde, die Verzögerung der Rache wurde ihr selbst zur grausamsten Pein.

Als sie nach geraumer Zeit des Asketen ansichtig wurde und er sie wieder abwies, ertönte noch einmal aus ihrem Munde der Ruf: An-chin! Es war ein Schrei, wild, entsetzlich, bluterstarrend, in das Heulen des wutrasenden Raubtieres verhallend, wenn es auf die Beute stürzt, in das Hasszischen der gereizten Schlange, deren Rachen Giftgeifer entquillt. Dann begann sie, von Rachegier erstickend, nach Atem ringend, die furchtbare Beschwörung zu intonieren, die sie in die grausige Drachenschlange Ja verwandeln sollte. Ihr lautmagisches Gebrüll wurde erhört! Ihr lieblicher Kopf, ihr reizender Körper, ihre wunderbar geformten Glieder streckten, dehnten und verzerrten sich zu riesiger Größe und scheußlicher Gestaltung. Ihr glänzend schwarzblaues Seidenhaar wurde zur flammensprühenden Mähne. Ihre Augen schwollen zu fahlleuchtenden, irrlichternden Kugeln gleich der Mondscheibe, wenn sie im Spätherbst aus den Moorlandnebeln auftaucht. Ihr knospender Mund weitete sich zum klaffenden Rachen, ihre Zähne wuchsen zu scharfspitzigen Hauern. Das Gewand wandelte sich zum schillernden Schuppenpanzer um, die Haut ihrer Arme, so zart und so weiß wie Kirschblüten, härtete und runzelte sich, ihre Finger krümmten sich zu Echsenkrallen. Ihr Beine verschlangen und verflochten sich zu langringelnden Schlangenschwänze. Die Stimme, sonst süß und schmelzend, wie im Lenz das Flöten der Nachtigall auf blühenden Pflaumenbaume, wurde schrill schnaubendes Fauchen, ihr Atem pestgeschwängerter Giftqualm. So gewandelt wurde Kiyo Hime halb Drache, halb Schlange, ward die zarte Jungfrau zum tot- und verderbenbringenden Ungeheuer Ja. Ringelnd wand sie sich fort in Verfolgung An-chins und …

starb daraufhin. – Sie hatte nämlich nicht die Macht, der tantrischen Beschwörung standzuhalten!

Es gibt viele solche auf analogen Gedanken aufgebaute Zaubereien, immer wird und muss die Polarität ausgedrückt werden, niemals darf dabei ein Mangel entstehen! Das Ursymbol ist immer das ausschlaggebend, weshalb der Phallus und die Vulva in ihrer geschlechtlichen Form die Schöpfergottheiten am ehesten Versinnbildlichen!

Das ist es, das Horst Miers in seinem „Lexikon des Geheimwissens" meint, in dem sagt, dass sich alles auf die polare Liebesmagie bezieht wie:

- dass Franz Sättler (Musallam) zwei Bücher über die Liebe schrieb: Liebesbriefsteller und Der Kuss und das Küssen;
- dass Crowely zusammen mit seinem Gegenstück, der scharlachroten Frau, Liebesmagie praktizierte;
- dass der Schadenzauber mithilfe vom Sexus schöpferisch gemacht werden kann und muss;
- dass selbst die Schlange als Symbol der Weisheit (Kundalini) damit zusammenhängt;
- dass in Indien Shakti-Feste der Paare mit sexuell-tantrischen Einschlag gefeiert werden;
- dass sämtliche Symbolik auf Plus-Mann-Phallus und auf Minus-Weib-Vulva beruhen;
- dass das Erwecken der Kundalini im letzten Sinne auf eine sakrale Vereinigung zurückzuführen ist;
- dass der Sexus den Schlüssel zu sämtlichen Mysterien bildet, wie es schon der Freimaurer C. Kellner geschrieben hat;
- dass selbst die erste Tarotkarte von Franz Bardon auf Sexualmagie aufgebaut ist;
- dass der Sexus immer rein schöpferisch zu sehen ist;
- dass alle wahren Kulthandlungen auf Liebesmagie beruhen
- und dass sogar alle alten und echten Yogabücher davon eingehend berichten.

Zu betonen ist in dieser Angelegenheit, dass all das zu den uralten lautmagischen Kulten der Magie und der Mystik aller Völker zählt, wie das Fidus und Leonardo da Vinci in ihren Bildern aufgezeigt haben – denn am Anfang war das Wort! Deshalb schreibt u. a. R. B. Randolph, Douval, Bardon, Eckartshausen und auch Gregorius in seinen magischen Schriften

- von der Spaltungsmagie, dem Austritt mit seinem feinstofflichen Körper, der zum Teil masturbatorisch vollzogen wird in einer religiösen Handlung, wie man aus vielen Berichten ersehen kann.
- In seinem Werk „Die magische Erweckung der Chakra im Ätherkörper des Menschen" schreibt der Großmeister von der Lautmagie als Vokalatem-Technik.

- Er beschreibt seine Sexualmagie als Kultmagie sowie die Kunst der planetarischen Anwendung von Drogen, Tattwa- und Planetenzeiten usw.
- Auch die Satanische Magie, wo rituelle Messen zur Anrufung von Wesenheiten durchgeführt werden, hängt mit der
- Spiegel- und Kristallmagie im engen Zusammenhang, denn alle verschiedenen Disziplinen gehören zu einem Thema, stehen in engster Verbindung zueinander:

zur schöpferisch-kultischen Magie.

Alle magischen Bestandteile wie z. B. das Jungfernpapier werden auf kultmagische Weise hergestellt, in dem ein junges Mädchen dieses Pergament einige Zeit in ihrer Vulva trägt und dazu rhythmisch bzw. lautmagisch die heilige Masturbation durchführt, dabei die Rune Os singend. Dadurch lädt sie die darauf befindlichen Zeichen auf einfache, aber schöpferische Art und Weise. Auch der französische Gnostiker Cagliostro stellte solche Utensilien des Glücks her, in dem er ein Hühnerei das Eiweiß entließ, sein eigenes magisch imprägniertes Sperma hinzugab, das kleine Löchlein vorsichtig verschloss und es 21 Tage einer schwarzen Bruthenne unterlegte.
Sogar zum kultmäßigen Schatzgraben wird eine Jungfrau sexualmagisch benötigt, in dem man sie auf einem Altar magisch in Trance zur Frau macht. Der dazu benötigte Geistliche müsse nackt (masturbierend) die Zwingmesse im kabbalistischen Stil lesen, um sie Schöpferisch werden zu lassen, damit die Geistwesen erscheinen und ihm dem Schatz ohne Gefährdung aushändigen. Zur Vollendung wird der sexuelle Akt vollzogen und die Säfte der Erde übergeben. Deshalb wurden
allen mittelalterlichen Sekten lautmagische Kulthandlungen zugeschrieben.
Die Griechen huldigten dem zeremoniellen Tanz, dem Reigentanz, der Gymnastik und der Bewegung mit Gesang, der Schönheit des Körpers ihre ganz Aufmerksamkeit.
Die Vampire und Werwölfe empfinden ebenfalls einen erotischen Schauer beim Töten ihrer Wollust-Opfer, bzw. sie müssen sich, um sich leichter in den Trance-Zustand zu versetzen, sexuell erregen und magische Gebete singen.
Bei den alten Eraniern standen die volksfremden Buhlmädchen, die Sängerinnen und Tänzerinnen turanischer Abkunft, im Verdacht von Dämonen besessen zu sein und durch vokalmagische Zaubermittel Liebe zu erzeugen.
Sämtliche in China und in Japan berichteten Erlebnisse mit Incubus oder Succuba machen, wie es des letzten Kaisers der Shang-Dynastie geschah, hörig durch liebeszauberische Wort-Praktiken.
Bei den Abessiniern und bei den Mohammedanern ist sogar Schaitan – der Gott Satan – der Incubus. Ein abessinisches Sprichwort sagt: Wenn eine Frau

allein schläft, beschläft sie der Teufel, weil sie durch das viele masturbieren sich solche Eros Schemen erschafft, das auch bewusst geschehen kann zur sexuellen Genusssucht, wie es im Habu Cadis steht.
Bei den Deutschen, Russen, Slawen und Juden gab es sogar Prozesse wegen der sexuellen Anrufung und nachträglichen Verbindung eines Menschen mit solche Sexualwesen. Deswegen werden sinnlich-sexuelle Träume allgemein als Alp-Minne betrachtet! Manche Liebeswesen sind nur dazu da, um die Keuschheit der Magier auf die Probe zu stellen. Das bezieht sich alles auf die Vielfalt des sexualmagischen Kultus. Man muss in seiner Entwicklung schon einiges zurückgelegt haben, solch einen Dämon zu vertreiben. Das sind immerhin göttliche Intelligenzen mit einem Auftrag!
Alle Menschen, die sich intensiv mit den geistigen Gesetzen befassen, besonders Nonnen, sind durch den Stachel der fleischlichen Begehrlichkeit der Liebe so eingewickelt und entflammt, dass sie zur Nachtzeit, die Zeit der Dämonen, nicht zu ruhen vermögen. Durch ihre autoerotischen Lustgefühle, ihren Zitationen der Götter und starken schöpferischen Gedanken ziehen sie automatisch solche Geistwesen an.
Aber um all dies in seiner richtigen Weise zu vollbringen, um auf rechte Weise die Magie zu betreiben, muss man unbedingt, so wie es Franz Bardon in seinem „*Adepten*“ schreibt, ausgeglichen in alle vier Elementen und drei Ebenen sein, um schöpferisch, d. h. produktiv seine magischen Arbeiten zu verwirklichen. Darauf muss ich leider immer wieder verweisen, denn keiner will diese Wahrheit sehen, geschweige denn, sie umsetzen. Aufgrund von unzureichender Erkenntnis, Kraft, Ausdauer und Wille vergisst der Schüler immer auf seine eigene harte, aber notwendige Schulung!

1. Die kultische Basis:

Der größte Teil aller religiösen Vorstellungen wurzelt so sehr im Geschlechtsleben, dass manche Forscher darin sogar den Urgrund aller Religion zu finden glauben. Dadurch wurde alles darin lebendig, Bäume und Gesteine, Wind und Wetter, denn alles, was sich da bewegt, ist sexuell verankert. Der denkende Mensch begann langsam sich auf sich selbst zu besinnen und manifestierte seine Triebe zu göttlichen Wesen. Das war für ihn bereits ein großer Fortschritt von den sichtbaren und greifbaren zu den unfassbaren, göttlichen Dingen, für die er wohl die Werkzeuge, die männlichen und weiblichen Geschlechtsteile als die Ursache des Gebärens und die Kinder aber als die Wirkung vor sich schaute. Wie die Zeugung erfolgt, das wissen wir, die Zeugung selbst jedoch ist für uns noch immer ein undurchdringliches Geheimnis, dessen Wurzeln im Astralen liegen, woraus das neue Leben seinen Aus- und Eingang findet. Die Wissenschaft hingegen hat sich um die Religion unserer Urheber gebracht.

Der Sexualforscher Iwan Bloch sagt: „In einem gewissen Sinne kann man die Geschichte der Religion als Geschichte einer besonderen Erscheinungsform des menschlichen Geschlechtstriebes, besonders in seiner Wirkung auf die Fantasie und ihre Gebilde, bezeichnen. Eine objektive Grundlage für die Beurteilung der Beziehungen zwischen Religion und Sexualleben gewinnen wir nur, wenn wir sie nicht als eine Sache des Dogmas und der Konfession auffassen, sondern sie auf diejenige Basis stellen, auf die sie gehören: die menschlich-göttliche. Denn diese Beziehungen sind dem Menschen als solchem eigentümlich. Das sexuelle Element macht sich ebenso in der Religion primitiver Völker geltend, wie in den modernen Kulturreligionen. Analog den anderen Naturphänomenen nahm der primitive Mensch auch die Tätigkeit treibender Geister im Geschlechtstrieb und was damit zusammenhängt an und zollte diesen als der sicht- und fühlbaren Erscheinung jener Geister göttliche Verehrung. Religion und Sexualität berühren sich auf das innigste in jener Ahnung des Metaphysischen und jenem Abhängigkeitsgefühl; daraus entspringen jene merkwürdigen Beziehungen zwischen beiden, jene leichten Übergänge religiöser in sexuelle Gefühle, die sich in allen Lebensverhältnissen bemerkbar machen. In beiden Fällen wird die Hingabe, die Entäußerung der eigenen Persönlichkeit als ein Lustgefühl empfunden.“

Ein Beispiel: Izanagi fischt als Gott-Schöpfer das Land aus der wogenden Meeresflut mit seinem himmlischen Juwelenspeer heraus. Nach der Erklärung des Shinto-Theologen Hirata ist dieser Speer ein Zumpt (Penis), dessen Eichel aus dem Juwel gebildet wird. Den Zumpt bezeichnet auch das deutsche Volk als den Speer. Um einen Zumptpfeiler (Irmin-Säule) herumgehend erkennen Izanagi und Izanami einander und zeugen die ersten Kinder unter Ausrufen höchster und kabbalistischer Wollust-Töne. Zuerst aber hatten sie zur Begattung ein eigenes Haus, das Fuseya errichtet, gleichsam wie Menschen, die auch so handeln, um ihr Wohnhaus nicht zu besudeln. Dahinter steckt eine religiöse Weihung des Ehevollzugs, obwohl offiziell das Shinto, der Weg der Götter, weder eine Weihe der Ehe noch eine Verdammung des Ehebruchs kennt. Wie sich die erste Zeugung lebender Wesen abgespielt hat, besagt eine Stelle aus dem Kojiki (Aufzeichnung alter Geschehnisse):

„Dann fragte er die weibliche Gottheit: `Gibt es an deinem Körper irgendetwas Geformtes?´

Sie antwortete und sprach: `An meinem Körper ist eine Stelle, welche der Ursprung der Weiblichkeit ist.´

Die männliche Gottheit sagte: `An meinem Körper hinwiederum gibt es eine Stelle, welche der Ursprung der Mannheit ist. Ich habe den schöpferischen Wunsch, die Ursprungstelle meines Körpers mit der Ursprungstelle deines Körpers zusammenzubringen.´

Hierauf pflegten die weibliche und männliche Gottheit zum ersten Male rituell-geschlechtlichen Verkehr und wurden Mann und Frau.“

Eine andere Fassung lautet: Da fragte er seine jüngere Schwester Izanami no Mikoto: „Wie ist dein Körper gebildet?“

Sie antwortete und sprach: „Mein Körper wächst und wächst immer, aber eine Stelle ist da, die im Übermaß wächst. Daher wird es gut sein, dass ich diese im Übermaße wachsende Stelle meines Körpers in die nicht beständig wachsende Stelle deines Körpers hineinstecke und so zeugend Länder hervorbringe.“

Eine ethnologische Parallele dazu gibt uns die arisch-indische Sage von der Urzeugung: „Als älteste Götterprinzipien erkennen wir in der indischen Religion: das Wasser (Vishnu) und das Feuer (Shiva). Der Vishnu aber musste seinem Bruder Shiva einst die Dienste eines Weibes leisten, damit die Welt geschaffen werde.“ Das Zeichen Shivas war ein Triangel mit der Spitze nach oben (Schin-Sch-Rune), das aufwärtsstrebende Feuer versinnbildlichend, wie das umgekehrte des feuchten Vishnu Symbols, das abwärtsfliegende Wasser versinnbildlichte (A-Rune).“

Von H. Römer weist auch darauf hin, dass also dem Akt der Schöpfung das Zeichen des Sechssterns (Hagal) gegeben worden ist, das bei den Juden zum Symbole Jehovas wurde. Der Sechs-Stern deutet auch auf eine Verbindung von Mensch (unten) zu Gott (oben). Indische Yantras versinnbildlichen diese geometrische Form des Kosmos, welche durch Stellungen nachgeahmt werden können. Auch der Seelenbräutigam der Mystiker, die Chymische Hochzeit, deutet auf die sexuelle Verbindung mit seiner Gottheit hin. Die Symbolik aller Völker stellt nämlich die Männlichkeit durch das mit der Spitze aufwärtsweisende Dreieck dar, die Weiblichkeit aber durch das Dreieck, dessen Form dem Mutterschoß, der Vulva, gleicht. Die drei Systeme des gedanklichen, leisen und lauten Rauens weisen zusätzlich auf die drei Welten oder Körper hin.

Japanische Schriftsteller stellen Izanagi und Izanami gleich dem Yang (Man) und Yin (Yr) der Chinesen als das männliche und weibliche Prinzip der Schöpfung und Zeugung auf. In der Urzeit, als das Land noch öde und unbewohnbar war, rief Izanagi acht Millionen Götter ins Leben, die, mit einem Male durch das ganze Inselland verbreitet, dessen allseitige Entwicklung begannen und die Vegetation der Erde sexualmagisch erzeugten. Noch schuf Izanagi die zehntausend Dinge, aus denen die unzählbare Menge aller vorhandenen Gegenstände hervorging.

Neben Izanagi erschuf dessen Gehilfin Izanami den Feuergott, das Götterpaar der Metallberge, die Göttin des Wassers, und während hier die zankenden Pflanzen himmelan sprossten, legte sie tief unten im Wasser den Keim der Moose und gebot der Göttin Hani jama hime no Kami, mit fruchtbarer Erde die Berge zu bedecken.

Das Shinto, die ethnische Religion der Japaner, weist wenige Personifikationen abstrakter Eigenschaften auf, wie dies in jeder anderen Naturreligion auch der Fall ist. Izanagi und Izanami als Verkörperungen schöpferischer Naturkräfte sind späte Spekulationen der Theologen. Ursprünglich waren sie gar nicht japanisch, sondern ein Widerhall von Yin und Yang der chinesischen Philosophie. Von Haus aus waren Izanagi und Izanami örtliche Gottheiten, und sie gelangten erst durch die Machtstellung ihrer speziellen Verehrer zu einer allgemeinen Anerkennung. Die herrschende Klasse setzt die Verehrung ihrer Götter fort.

In den abendländischen Religionen müssen die Götter entweder männlichen oder weiblichen Geschlechts sein. Doch man übersieht, dass ihrer eine große Anzahl ursprünglich hermaphroditisch, d. h. von unsicherem Geschlechte ist. Viele Shintogottheiten sind überhaupt geschlechtslos, wie in Wirklichkeit viele althellenische Gottheiten, wie Adam Kadmon, Hermaphroditen sind, die aus sich selbst heraus zeugen können oder sich im Bedarfsfalle zu zwei Wesen, einem männlichen und einem weiblichen, spalten. Will man in den Sagen genauer unterscheiden, so hängt man dem Namen ein *wo* (männlich) oder ein *me* (weiblich) an. Auch bei den Japanern gibt es göttliche Ehepaare, die sich in mehrerer aber bewusster Ehe begatten. Auch in der japanischen Kunst ist die Geschlechtszugehörigkeit der Gestalten wenig ausgeprägt.

Nach einer japanischen Kosmogonie entsteht aus dem Weltei der Geist der Erde und er ist ein Wesen mit zwei Charakteren, von denen der eine das männliche, der andere das weibliche Element repräsentiert. Ersterer heißt Isu no goi no Kami, letzterer Eku goi no Kami.

Die ethnologischen Parallelen dazu bietet uns die persische Religion des Mithras-Mitra dar, ebenso die ägyptische, in der Ptha androgynisch auftritt.

Dass den hervorragendsten Shintogottheiten weibliches Geschlecht zugesprochen wird, ist keiner Laune zuzuschreiben. Die Mythen wurden von den Göttern den Menschen intuitiv übergeben. Man muss bedenken, dass dadurch im ältesten Japan Frauen Mikados (Kaiserin) und häufig genug

Kriegshäuptlinge gewesen sind. Auch dass so manche Familie ihren Stammbaum in weiblicher Linie führe und aus dem Kojiki erfahre man, dass zurzeit Suinins es Brauch gewesen ist, dass die Mutter den Kindern den Namen gegeben hat.
Denn die Verfasser von Kojiki und Nihongi (Mythologie-Sammlung) darf man nur Mythenaufzeichner nennen. Man kann sie nicht als Sagen bezeichnen, die eine mitunter lange Vergangenheit und die sich meist auf Grund mannigfacher Vorstellungen, nicht in einem einzigen Kopf, sondern in den Köpfen unzähliger Menschen zu einem Ganzen verschmolzen haben.
Der Hermaphroditismus bildete den Grund, warum die Shintopriester sich in eine mehr weibliche als männliche Tracht kleiden. Auch bei dem Gottesdienst des Attis und der Großen Mutter trugen die Priester Frauenkleider. Die Assyrer verehrten die Luft unter dem Namen der Juno oder der Venus. Sie stellten sich dieses Element mann-weiblich vor. Denn da die Luft zwischen Himmel und Meer gelegen ist, verehren sie sie mit weiblicher Stimme: „Die Priesterschaft dient ihr mit verweiblichten Gesichtern, mit glatt gemachter Haut, das männliche Geschlecht durch weiblichen Schmuck verunzierend. Man sieht in ihren Tempeln die fürchterlichste Unzucht in der Öffentlichkeit: Männer litten, was nur Weiber leiden dürfen und sie zeigten gleichsam mit stolzer Verherrlichung diese Schande ihrer unreinen und schamlosen Körper. Sie zieren ihre gutgepflegten Haare wie Weiber, gehen in üppigen Kleidern und können mit ihren ermüdeten Hälsen kaum ihre Köpfe emporhalten."
Das war kein primitiver Kult, denn er besitzt eine organisierte Priesterschaft und ein ausgebildetes Ritual. In einem wohlgefügten Staatswesen mit einer hochentwickelten Kultur der Metalle usw. könne man keine primitiv-religiösen Formen zu finden erwarten.
Deswegen existiert der alte Zumpt- und Vulvakult in Japan noch genauso, nur mehr im Verborgenen. Die beliebteste und häufigste Gottheit im alten Japan war der Zumpt (Phallus), und ihm zu Ehren errichtete man an allen Wegen, besonders an Kreuzwegen – wegen seiner Vierpoligkeit! – und an Feldrainen, steinerne oder auch hölzerne Pfeiler, die rot angestrichene Zumptu darstellten. Man versah mit solchen Zumptpfeilern auch die Brückenschutzwehren. Ihr Name ist Wo-basira. Diese Pfeiler haben ihr Gegenstück im ältesten Hellas und im Latium. Sowie die Hellenen erst durch die Ägypter und die Römer durch die Hellenen, so lernten die Japaner durch die Chinesen die Kunst, ihren rohen Steinen und Holzblöcken menschliche Formen zu geben. Die ursprünglichen ungefügen Sinnbilder der Geister wandelten sich zu richtigen Gestalten um, doch daneben behaupteten sich die Stein-Phalli in ihrer einfachsten Darstellung, während die Hellenen und Römer mit ihrer Vergangenheit nur zu bald abbrachen. Der Japaner wie der Ägypter bewahrt alle Glaubensformen aller Zeiten ihrer Entwicklung nebeneinander auf, so dass bei ihnen jeder nach seinem Kunstgeschmack religiöse Befriedigung finden kann oder es konnte.

Im Kojiki und Nihongi enthalten Sagen die phallischen Gottheiten – Personifikationen der sexuell-schöpferischen Lebenskraft –, welche ursprünglich bloß magische Anwendungen gewesen waren, die späterhin personifiziert und zu göttlichem Rang erhoben wurden. Die Personifizierung des Geschlechtstriebes ist eine ursprüngliche Erscheinung, oder, wenn man noch genauer sein will, die der Geschlechtsteile. Die Südslawin unterhält sich mit ihrer Voz, wie mit einer lebenden Person, und der chrowotische Bauer mit seinem Zumpt. Der Fortschritt besteht zunächst in der Nachbildung der Geschlechtsteile in Holz oder Stein, oder im Entdecken von Gebilden in der Natur, die ähnliche Gestaltungen aufweisen. Dieser wird beseelt, ihm wohnt dann der Geist inne, der zur Begattung antreibt, von ihm kommt alles Vergnügen im guten oder bösen Sinne, und er ist´s, der zum göttlichen Rang aufsteigt, wenn man von seinem Wohlwollen die Fruchtbarkeit der Felder abhängig ansieht. Ihm zu Ehren begattet man sich auf Feld und Flur. So bringt man ihm ein Opfer dar.

Schon vor hundert und mehr Jahren kamen dem japanischen Städter die Zumptgebräuche der Landbewohner beinahe so fremdartig vor, wie einem Wiener oder Berliner Hochsommertouristen. Davon legt eine im To-yu-ki, einem 1795 erschienenen Werke enthaltene Reisebeschreibung Zeugnis ab: „An vielen Stellen entlang dem Hochweg zu Atsumi in der Provinz Deha, wo auf beiden Seiten die Klippen steil aufragen, sind kreuzüber die Sime-naha von Felsen zu Felsen gespannt. Unter diesen Sime-naha sind kunstvoll geschnitzte hölzerne Zumpte angebracht, die den Weg krönen. Sie sind sehr hoch, sieben bis acht Fuß lang und haben vielleicht drei oder vier Fuß im Umfang. Mir erschien dies gar zu anstößig, und ich befragte die Bewohner, warum sie derlei täten. Sie antworteten mir, dies wäre ein uralter Brauch. Man heiße sie (die Zumpte) Sai no Kami und erneuern sie alljährlich am 15. Tag des ersten Monats. Da es örtliche Gottheiten wären, vernachlässigten sie sie unter keiner Bedingung und entfernen sie nicht von ihrer Stelle, selbst wenn hohe Beamte des Weges gezogen kämen. Man habe sie durchaus nicht, so erzählte man mir, zum Vergnügen der jungen Leute aufgestellt. Überdies sah ich eine Anzahl von Papierstreifen an die Sime-naha angehängt und erkundigte mich nach deren Bedeutung. Es zeigte sich, dass Frauen sie insgeheim dorthin gehängt haben als Fürsprecher um schöne Liebhaber. Offenkundig ist hier einer jener alten geistreichen Bräuche, die in entlegenen Zeiten wurzeln. Zumpte und Vulva aus Stein verehrte das Landvolk an vielen Orten als die Sintai (Merkzeichen) ihrer Ujigami (Schutzgötter der Geburtsorte)."

Im Norito oder Shinto-Ritual ist auch eine (lautmagische) Anrufung in verehrender Haltung der Zumpt- oder Wegschutzgötter enthalten, die, obwohl erst im Jahre 927 veröffentlicht, dennoch um Jahrhunderte älter ist.

„Ich verkünde im Angesicht der oberherrlichen Götter, die auf den großen, zahlreichen Wegstraßen gleichsam wie unzählige Felsenhaufen eine Sperre bilden. Ich vollziehe die Preisrede, indem ich eure erlauchten Namen nenne:

Vielstraßen-Herr, Vielstraßen-Herrin, Komm-nicht-her. Ohne mit den dämonischen Wesen, die aus dem Wurzelland, aus dem Bodenland wild und feindlich kommen werden, weder Blicke noch Worte zu wechseln, bewachet gnädigst und bannet gnädigst durch Wache bei Nacht und Wache bei Tage, indem ihr das Unten bewachet, wenn (die Feinde) von unten kommen, und das Oben bewachet, wenn sie von oben kommen.“

Wenn die Regierung Gesandtschaften ins Ausland schickte, so veranstaltete man aus diesem Anlass außerhalb der Stadt einen Gottesdienst zu Ehren der Götter des Himmels und der Erde und der phallischen Ciburino Kami, der Weggötter; die Gesandten nahmen an der Messe teil und verlasen die offizielle Liturgie.

Die phallischen Gottheiten heißen allgemein Saheno Kami, die vorbeugenden Gottheiten, weil sie gegen die feindseligen und wilden Wesen des Ursprunglandes, des Yomi schützen, d. h. gegen Siechtum und Tod. Dass Yomi ursprünglich nicht eine Unterwelt, sondern das dunkle unheimliche Walddickicht bezeichnet hat, geht daraus hervor, dass die bösen Geister dem Walde entstammen und man die Saheno Kami eben an den Wegen aufstellte, die durch die Wildnis führte, um die unheimlichen Angreifer abzuschrecken. Man nennt die Saheno Kami auch Yokusin, Pestgötter, weil sie durch rechte Beschwörung die Pest abhalten. Gegen Krankheit und Tod hilft als Gegenstück die Zeugung. Darum stellt man auch Zumpte und Vulva als Standbilder auf, wohl auch darum, weil man durch Entblößung der Schamteile böse Geister überall in der Welt bannt. Diese uranfängliche Vorstellung hat sich in Japan zu einem eigenen dominierenden Kult entwickelt, während er anderswo rudimentär verblieb.

Die von einigen Forschern versuchte Teilung zwischen Zumpt- und Vulva-Gottheiten entbehrt einer inneren Begründung. In älterer Zeit hatten diese Feld- und Flurgötter naturgemäß keine Tempel, in neuesten Zeiten flüchtete man mit ihnen vor der Öffentlichkeit in Stifthütten (rituelle Zelte der Weihung). Die Festfeiern zu Ehren der Zumptgötter fanden an den Kreuzwegen der vier Endseiten der Hauptstadt oder an der Grenze der Residenzprovinz regelmäßig am Schluss des sechsten und zwölften Monats und sonst im Notfall statt. Ebenso veranstaltete man ein Fest zu Ehren Saheno Kamis zwei Tage vor Eintreffen ausländischer Gesandtschaften in der Hauptstadt, um die Bevölkerung vor der Gefahr einer Krankheitseinschleppung, vor bösen Einflüssen oder auswärtigen Dämonen rechtzeitig zu schützen.

Gewöhnliches Sinnbild für die Voze ist der Pfirsich, für den Zumpt der Stößel und der Herrenpilz. Hat einmal eine religiöse Anschauung im Volksgemüte feste Wurzeln geschlagen, so dringt sie bald durchs ganze Gebiet des Volkstums durch.

Die Zumpte sind glänzend rot oder, was dasselbe ist, goldfarbig angestrichen. Saruta-hiko, eine phallische Gottheit, ist von hellroter Farbe. Die

Zugangsbögen zu den Stifthütten sind rot angestrichen. Die bösen Geister und die Schurken auf der Bühne haben rote Gesichter. Dies weise einerseits auf deren Lebenskraft hin und dass die Japaner vorerst ihre eigenen Zumpte genauer besehen, bevor sie die steinernen und die hölzernen färbten. Alle Völker beschreiben und bezeichnen den Zumpt als rot.

In den Stifthütten wohnt der Heilige Geist oder die Schechina (hebräisch) der Gottheit, selten der Gott selbst. Sie heißen Mitama. Der Verehrer richtet sein Gebet einfach an seine Gottheit. Als bemerkenswert ist, dass in jüngerer Zeit das Mitama par excellence dem phallischen Saheno Kami (auch Musubi, der Gott des Wachstums) zugeschrieben wird. Ehedem hieß man die ihm zu Ehren veranstalteten Feste mitama matsuri, wofür man jetzt den chinesischen Ausdruck Gorioye gebraucht.

Die phallischen Gottheiten Yachimata-hiko (Jacimata) und Jachimata-hime stellt man in menschlicher Gestalt dar.

Auch die Japaner kennen den unter allen Völkern verbreiteten Brauch der Zukunfterkundung auf Kreuzwegen (Tsuji-ura), nur steht er bei ihnen im klaren Zusammenhang mit den allmächtig-wirkenden Zumptgottheiten, die über die Wege wachen, während bei den anderen Völkern die Waldgeister Bescheid und Hilfe gewähren sollen. Frauen und Verliebte beiderlei Geschlechtes stellen den Zauber an, indem sie sich in dunkler Nacht auf einen Kreuzweg begeben, in die Erde einen Stock stecken, der Kunado, der den zumptigen Gott der Wege darstellen soll, und aus den zufälligen Worten eines Wanderers die Antwort des Gottes auf ihre bange Frage heraushören.

Oder: Du nimmst einen Buchsbaumholzkamm in die Hand, begibst dich damit auf einen Kreuzweg und fährst mit den Fingern dreimal über den Kamm hin, dass die Federn surren bzw. raunen (d. h. so viel als: belehr mich!). Darauf bezeug deine Verehrung Saheno Kami und wiederhole dreimal die Worte: „O du Gott der Kreuzwegwahrsagung, gewähr mir eine wahre Antwort!“ Gutes oder schlimmes Glück hängt von den Worten der zweiten oder dritten Person ab, die des Weges naht. Zuweilen zieht man um sich einen Kreis und besprengt ihn mit Reis (dem Symbol der Voze), um ungünstige Einflüsse abzuwehren.

Wo man die Zumptgötter zur Abwehr böser Geister nicht zur Hand hat, hilft man sich im japanischen Volke durch Entblößung der schöpferischen Geschlechtsteile oder des Gesäßes, oder man malt die betreffenden Zeichen ans Haus oder an den zu behütenden Gegenstand. In beiden Fällen ist es ein Exhibitionismus, im ersteren ein vorübergehender persönlicher, im letzteren ein dauernder sachlicher. Wir müssen uns erinnern, dass das Entblößen der allmächtigen Geschlechtsteile bei vielen Völkern als ein unfehlbares Mittel angesehen wird, um die Dämonen zu verscheuchen, wie ja ganz ähnlich sogar Martin Luther sich des ihn in der Nacht belästigenden Teufels nicht anders zu erwehren vermochte, als dass er ihm das entblößte Hinterteil zu dem Bett herausstreckte.

Wir wissen, dass die heute noch in ganz Südeuropa verbreitete Fingerstellung, die Feige genannt wird, d. h. das Durchstecken des Daumens zwischen Zeige- und Mittelfinger, im alten Rom bekannt war und dort, wie heute noch, als ein Abwehrmittel gegen den bösen Blick und jede Art von Verzauberung galt. Caligula reichte in dieser Weise die Hand zum Kusse dar. Es hatte aber die Absicht der Abwehr gegen böse Einflüsse.

Wenn wir eine uralte Überlieferung vor uns haben, so entspricht diese der Wahrheit. Die mystisch-erotische Vorstellungen bei der rituellen Nacktheit, dargestellt in einer Geste, spielen und bei Regen- und Fruchtbarkeitszauber die entscheidende Rolle. Die Nacktheit ist hierzu fast immer Bedingung. Das runische Zaubern ist der springende Punkt. Aus den Untersuchungen von K. Th. Preuss wissen wir, dass der Urmensch für alle möglichen Fälle Zauberhandlungen bereit hatte. Deshalb erschien ihm beim Fruchtbarkeitszauber (Regenzauber ist dem Sinne nach auch ein solcher, weil der Regen zum Wachstum notwendig ist) die Entblößung der Geschlechtsteile als Zauberhandlung, durch die er der Natur klar machen wollte, worauf es ihm ankam. Jedenfalls ergab sich aus dem ursprünglichen Befruchtungszauber, der sogar zu dem zeremoniellen Mittel des Beischlafs auf den Feldern führte, die allgemeine Zauberkraft der Nacktheit, als deren jederzeit mögliches Sinnbild die Feige als Notbehelf entstanden sein wird, weil die erotische Nacktheit durch die Geste versinnbildlicht wurde!

Auch der aus China berichtete Gebrauch, das Symbol der nützlichen Geschlechtsteile an dem Hause anzubringen, um mit der Idee, die bösen Einflüsse der Dämonen unschädlich zu machen, möge hier noch einmal angeführt werden.

Ein anderes häufig angewendetes Mittel zur Abwendung von Ungemach ist das Ankleben von Darstellungen des männlichen und weiblichen Prinzips – Jan und Jin – über den Haustüren. Diese abergläubischen Vorsichten werden namentlich dann angewendet, wenn ein Hausbesitzer die Furcht hegt, dass ein dem seinigen gegenüberliegendes Haus nicht gemäß den Vorschriften der Erdzauberei gebaut ist. Herr Eng, der Eigentümer und Insasse eines stattlichen Hauses in Kanton, schrieb die vielen Krankheitsfälle, die sich in seiner Familie ereigneten, dem Umstande zu, dass beim Bau eines vis-a-vis befindlichen Pfandleihhauses die Grundsätze der Geomantie außer Acht gelassen worden waren. Er wollte das verhasste Gebäude ankaufen, um es niederreißen zu lassen; die Besitzer des Leihamtes weigerten sich jedoch, es zu verkaufen, und Eng wusste sich nicht anders zu helfen, als über den Türen seines Hauses Darstellungen des Jin und des Jan anzubringen.

Die richtige Erklärung für all diese Fälle des Exhibitionismus ist die, dass in der Entblößung ein schöpferischer Akt zu sehen ist, der durch das Organ versinnbildlicht wird!

2. Die zeugende Liebe des Gottes Eros:

Die Geschichte des Eros ist in materialistischer, naturalistischer und antichristlicher Einseitigkeit zum Ausdruck gebracht worden. Dem entgegen hat Emil Lucka in seinem geistvollen kulturell- und geschichtspsychologischen Werk „Die drei Stufen der Erotik“ unter höheren als den landläufig einzigen Gesichtspunkten mit geschicktem Griff zusammengefasst. Auf der ersten Stufe, im Altertum, herrschte der Geschlechtstrieb vor; die zweite Stufe, das christliche Mittelalter, kultivierte die reine seelische Liebe. Die Gegenwart erklimmt die dritte Stufe, d. h. sie empfindet die Sehnsucht nach der Vereinigung, in der die Einheit von Geschlechtstrieb und Liebe gefordert wird. Der moderne Mensch sucht in der Persönlichkeit der Geliebten die einzige und eigentliche Quelle alles erotischen Fühlens. Diese typische Form der modernen Liebe, die ihre Möglichkeiten noch nicht erschöpft hat und noch heute nicht als vollendet gelten kann, hat mit dem Philosophen Rousseau und dem Dichter Goethe eingesetzt und ist durch die Romantiker, die in Richard Wagner seinen Höhepunkt erreicht hatte, fortgebildet worden.

Es ist für die erste Stufe charakteristisch, dass das eine Element des erotischen Lebens, die Lust, sehr entschieden vorherrscht (dieses Stadium hat natürlich nie aufgehört, weiter zu bestehen), sowohl die physiologische Lust der Berührung und Umarmung als auch die ästhetische Freude an der Schönheit des menschlichen Körpers. Die zweite Stufe stellt diejenigen seelischen Eigenschaften in den Vordergrund, die hochgehalten werden, Tugend, Reinheit, Güte, Weisheit usw., weil die Liebe alles Vollkommene in der Menschenseele erlöst und umfasst. Im dritten Stadium ist eigentlich beides, Lust und seelische Liebe, als etwas Gesondertes aufgehoben. Doch die Aufgabe, Lust und Liebe ins Gleichgewicht zu bringen, ist heute nicht gelöst, denn der Geschlechtstrieb ist als die einzige Quelle der Erotik zu sehen und die Liebe nur als seine feinste Ausstrahlung gelten zu lassen. Beide getrennten Prinzipien existieren, um vereinigt zu werden.

Deswegen ist es nicht einzusehen, weshalb man neben diesem individualisierten Geschlechtstrieb, an dem doch das Ich, der Geist des Menschen, stark beteiligt ist, noch eine von ihm unabhängige, selbständige Liebe erfinden muss, wirklich erfinden, weil sie ja keine realen Wurzelkräfte hat und in der Luft hängt. In seiner primitiven, generellen Auswirkung ist der Geschlechtstrieb in der Tat der Fortpflanzungstrieb, in seiner differenzierten, individuellen Auswirkung aber ist er das Persönlichste, ist er Liebe, reine seelische Liebe. Man muss nur Augen haben für den Geist, dann wird man ihn nicht nur in der Individualität, im Ich des Menschen, sondern auch, wenngleich in anderer Gestalt, in der Gattung, in den sinnlichen Triebkräften des Leibes, finden. Dies ist aber nur von der hohen Warte der hermetischen

Geisteswissenschaft aus möglich.
Es gibt in diesem dritten Stadium der Geschlechtsliebe, das eben noch nicht voll entfaltet ist, keine Herrschaft des Mannes über die Frau – wie in der Sexualität –, keine Unterordnung des Mannes unter der Frau – wie in der anbetenden Liebe – sondern nur völlige Gleichordnung beider Geschlechter, völlig Gegenseitigkeit von Geben und Nehmen.
Was hat also zu geschehen, wenn diese Gleichordnung wirklich zustande kommen soll? Die Schillersehe Formulierung dieses Problems kann uns das lehren. Es gelte Sinnlichkeit und Liebe in der Persönlichkeit des Menschen als eine erotische Einheit zu begreifen oder über Sinnlichkeit und Seele hinaus ein Neues entstehen zu lassen. Wir formulieren mit dem Freimaurer Schiller so: Sinnlichkeit und Geistigkeit im weitesten Sinne, soll in der Persönlichkeit des Menschen zum harmonischen Ausgleich kommen. Dieser vollzieht sich in der zeugenden Schönheit, dem Objekt der belebten Kunst, das aber nur der äußere Ausdruck für das Innenphänomen der schönen Seele, für das ästhetische Subjekt des Künstlers ist. Diese allgemeine Formel auf das Besondere, auf das Verhältnis der Geschlechter zueinander angewandt, bleibt in Geltung, wenn an die Stelle der Schönheit die universelle Liebe gesetzt und die Kunst mit dem allmächtigen Eros vertauscht wird; denn im Erotischen ist die Liebe das, was im Ästhetischen die Schönheit bedeutet. Wir fordern daher auch mit aller Entschiedenheit die noch ganz im Argen liegende Kultur einer ästhetischen Erotik oder erotischen Ästhetik, durch die allein das große Problem der Gegenwart auf erotischem Gebiet, d. h. die Geschlechterfrage, gelöst werden kann. Denn das Objekt des göttlichen Eros ist die Liebe, sein Subjekt aber ist ebenfalls die schöne oder schön empfindende Seele des Mannes dem Weibe und des Weibes dem Manne gegenüber. Wir sprechen daher auch von einer erotischen Lebenskunst, von einer Liebeskunst, und da aller Schönheit ein freies Spiel der Kräfte zugrunde liegt, von einem ästhetischen Liebesspiel, und zwar im Sinne Schlegel-Schillers: Du sollst „mit den Elementen der Leidenschaft scherzen und tändeln“ lernen, sonst „ballt sie sich in dicke Massen und verfinstert Alles“; denn der „Mensch ist von Natur eine ernsthafte Bestie“, ein Wühltier, eine Art instinktverkrochener Maulwurf.
Die dritte und höchste Stufe der Erotik gipfelt eben in der Betätigung dieser Liebeskunst, dieses kulturellen Liebesspieles, das über Sinnlichkeit und Seele hinaus als ein Neues, Höheres zu kultivieren wäre, und zwar von beiden Geschlechtern gleich intensiv, weil beide in diesem Punkte immer noch die gleichen Bestien sind. Diese Liebeskunst ist der Frau der Vergangenheit und Gegenwart ebenso innerlich fremd, wie dem Manne; nichts davon ist den Frauen selbstverständlich oder gar als Naturgabe angeboren.
Die modernen Lebenssynthetiker, welche dasselbe Ideengebäude errichteten, erkennen an, dass ein verhängnisvoller Riss durch unsere Kultur geht; sie suchen diesen Riss durch eine intensivere Vergeistigung, durch eine Verklärung des Körpers zurück zu seinen kosmischen Wurzeln zu schließen.

Sie bekämpfen mit unseren großen Klassikern den Dualismus und Antagonismus von Materie und Geist, Leib und Seele, Sinnlichkeit und Sittlichkeit. Hier ist das Materielle, Physiologische, und getrennt davon steht das Spirituelle, Abstrakte, Reingeistige. Es handelt sich hier also um eine wirklichkeitsgemäße Philosophie und hermetische Ethik. Vom Körperlichen, Realen, wird immer ausgegangen, aber dann wird gezeigt, wie aus dem Körperlichen unmittelbar ein Geistiges, Seelisches herauswächst, wie die Natur sinnlich und geistig zugleich ist. Denn Gegensätze ziehen sich an und gleichen sich aus. Durch diesen monistischen Pantheismus, durch diese geistige Allbeseeltheit der Natur mit den göttlichen Grundideen entsteht eine wundersame Einheit des Weltgefühls. So kann das Physiologische, wie der Herzschlag und die Verdauung, zum seelischen Symbol werden. Der Körper blüht empor ins Reich der göttlichen Seele, so wie es die gleiche Pflanze ist, die in der dunklen Erde wurzelt, aber ihre Blüte emporhebt in das reinste Sonnenlicht.
Auf dem Weltglobus haben wir heute den seltsamen Tatbestand, dass die Völker ganz ohne Ethik und Moral sind, denn die Religion sei durch die Wissenschaft und Technik überwunden, die nun aber ihrerseits nicht fähig waren, irgendwelche sittliche Werte zu erzeugen, die den unzulänglich gewordenen der preisgegebenen Religion an Tragkraft auch nur annähernd gleichkämen. Dies ist der tiefste Grund für die Wirrnis der irdischen Seele. Um zur Freiheit zu gelangen, ist es notwendig, dass der Mensch sich gegen die tierische Instinktordnung wendet, ohne dass es gar nicht möglich geworden und gar nicht zur Entwicklung gekommen wäre, sich zu ändern. Dadurch wurde der Mensch buchstäblich aus dem Schlummer erweckte, aus dem paradiesischen Instinktschlummer. Diesen Aufstand der liberalen oder unabhängigen Menschen nennt der Dichter Schiller daher mit Recht „die glücklichste und größte Begebenheit in der Menschengeschichte“. „Setzen wir also“, fährt Schiller fort, „die Vorsehung wäre auf dieser Stufe mit ihm stillgestanden, so wäre aus dem Menschen das glücklichste und geistreichste aller Tiere geworden, aber aus der Vormundschaft des Naturtriebs (der eben die Geistigkeit in sich einschloss), wär´ er niemals getreten, frei und moralisch (d. h. individuell) wären seine Handlungen niemals geworden, über die Grenze der Tierheit wär´ er niemals gestiegen.“ Er wäre ein unmündiger Sklave in den Händen des grausamen Schicksals geblieben. So wurde der Mensch „aus einem unschuldigen Geschöpf ein schuldiges, aus einem vollkommenen Zögling der Natur ein unvollkommenes moralisches Wesen, aus einem glücklichen Instrument ein unglücklicher Künstler“, der aber in der Lage ist, sich zur Gottheit emporzuschwingen. Das dazu nötige Fundament bilden die Lehren der Hermetik. Durch die kosmische Wandlung kann der Ausgleich erreicht werden, denn aus der Funktion unseres Körpers selbst muss man das Geistig-Seelische ableiten, das in seiner übersinnlichen Realität begriffen werden muss. So ist die volle Einheit der beiden Welten von Wollen, Denken,

Fühlen und Handeln durch die doppelpolige Zahl der hocheiligen „8“ hergestellt.

3. Schopenhauers Gedanken zu: Metaphysik der Geschlechtsliebe:

Ihr Weisen, hoch und tief gelahrt,
Die ihr´s ersinnt und wisst,
Wie, wo und wann sich Alles paart?
Warum sich´s liebt und küsst?
Ihr hohen Weisen, sagt mir´s an!
Ergrübelt, was mir da,
Ergrübelt mir, wo, wie und wann,
Warum mir so geschah?

Die Dichter ist man gewohnt hauptsächlich mit der Schilderung der Geschlechtsliebe beschäftigt zu sehn. Diese ist in der Regel das Hauptthema aller dramatischen Werke, der tragischen, wie der komischen, der romantischen, wie der klassischen, der Indischen, wie der Europäischen. Nicht weniger ist sie der Stoff des bei Weitem größten Teils der lyrischen Poesie, und ebenfalls der epischen; zumal, wenn wir dieser die hohen Stöße von Romanen beizählen wollen, welche, in allen zivilisierten Ländern Europas, jedes Jahr so regelmäßig wie die Früchte des Bodens erzeugt, schon seit Jahrhunderten erscheinen. Alle diese Werke sind, ihre Hauptinhalte nach, nichts anderes als vielseitige, kurze oder ausführliche Beschreibungen der in Rede stehenden sexuellen Leidenschaft. Auch haben die gelungensten Schilderungen derselben, wie z. B. *Romeo und Julia*, die neue *Heloise*, der *Werther*, unsterblichen Ruhm erlangt, wenn dennoch der Literat Rochefoucauld meint, es sei mit der leidenschaftlichen Liebe wie mit den Gespenstern. Alle redeten davon, aber keiner hätte sie gesehen; und ebenfalls der Schriftsteller Lichtenberg in seinem Aufsatz „Über die Macht der Liebe“ die Wirklichkeit und Naturgemäßheit jener Leidenschaft bestreitet und ableugnet, so ist dies ein großer Irrtum. Denn es ist unmöglich, dass ein der menschlichen Natur Fremdes und ihr Widersprechendes, also eine bloß aus der Luft gegriffene Fratze, zu allen Zeiten vom Dichtergenie unermüdlich dargestellt und von der Menschheit mit unveränderter Teilnahme aufgenommen werden könne, da ohne Wahrheit das Edle nicht schön sein kann:

Nichts ist schön als das Wahre;
das Wahre allein ist liebenswürdig.

Allerdings aber bestätigt es auch die Erfahrung, wenn gleich nicht die alltägliche, dass das, was in der Regel nur als eine lebhafte, jedoch noch bezwingbare Neigung vorkommt, unter gewissen Umständen anwachsen kann zu einer Leidenschaft, die an Heftigkeit jede andere übertrifft, und dann alle Rücksichten beseitigt, alle Hindernisse mit unglaublicher Kraft und Ausdauer überwindet, so dass für ihre Befriedigung unbedenklich das Leben gewagt, ja, wenn solche schlechterdings versagt bleibt, in den Kauf gegeben wird. Die *Werther* und *Jacopo Ortis* existieren nicht bloß im Roman, sondern jedes Jahr hat deren in Europa wenigstens ein halbes Dutzend aufzuweisen. Aber sie starben im Tod des Unbekannten, denn ihre Leiden finden keinen andern Chronisten als den Schreiber amtlicher Protokolle oder den Berichterstatter der Zeitungen. Doch werden die Leser der polizeigerichtlichen Aufnahmen in englischen und französischen Tagesblättern die Richtigkeit meiner Angabe bezeugen. Noch größer aber ist die Zahl derer, welche dieselbe Leidenschaft ins Irrenhaus bringt. Endlich hat jedes Jahr auch einen und den andern Fall von gemeinschaftlichem Selbstmord eines liebenden, aber durch äußere Umstände verhinderten Paares aufzuweisen; wobei mir inzwischen unerklärlich bleibt, wie die, welche, gegenseitiger Liebe gewiss, im Genuss dieser die höchste Seligkeit zu finden erwarten, nicht lieber durch die äußersten Schritte sich allen Verhältnissen entziehen und jedes Ungemach erdulden, als dass sie mit dem Leben ein Glück aufgeben, über welches hinaus ihnen kein größeres denkbar ist.
Also kann man, nach dem hier in Erinnerung Gebrachten, weder an der Realität noch an der Wichtigkeit der Sache zweifeln, und sollte daher, statt sich zu wundern, dass auch ein Philosoph dieses beständige Thema aller Dichter einmal zu dem seinigen macht, bedenken, dass eine Sache, welche im Menschenleben durchweg eine so bedeutende Rolle spielt, von den Philosophen bisher so gut wie gar nicht in Betrachtung genommen wurde und als ein unbearbeiteter Stoff vorliegt. Wer sich noch am meisten damit abgegeben hat, ist Plato, besonders im „Gastmahl" und im „Phaidros". Was er jedoch darüber vorbringt, hält sich im Gebiet der Mythen, Fabeln und Scherze, betrifft auch größtenteils nur die griechische Knabenliebe. Das Wenige, was der Dichter Rousseau im „Discours sur l'inégalité" über unser Thema sagt, ist falsch und ungenügend. Kants Erörterung des Gegenstandes, im dritten Abschnitt der Abhandlung „Über das Gefühl des Schönen und Erhabenen", ist sehr oberflächlich und ohne Sachkenntnis, daher zum Teil auch unrichtig. Endlich Platners Behandlung der Sache in seiner *Anthropologie*, wird jeder platt und seicht finden. Hingegen verdient Spinozas Definition, wegen ihrer überschwänglichen Naivität, zur Aufheiterung, angeführt zu werden. Vorgänger habe ich demnach weder zu benutzen noch zu widerlegen. Die Sache hat sich mir objektiv aufgedrungen und ist von selbst in den Zusammenhang meiner Weltbetrachtung getreten.
Den wenigsten Beifall habe ich übrigens von denen zu hoffen, welche gerade

selbst von dieser Leidenschaft beherrscht sind, und demnach in den feinsten und ätherischsten Bildern ihre überschwänglichen Gefühle auszudrücken suchen. Ihnen wird meine Ansicht zu physisch, zu materiell erscheinen, so metaphysisch, ja transzendent, sie auch im Grunde ist.

Denn alle Verliebtheit, wie ätherisch sie sich auch gebärden mag, wurzelt allein im Geschlechtstrieb, im Sexus, ja, ist durchaus nur ein näher bestimmter, spezialisierter, wohl gar im strengsten Sinn individualisierter Geschlechtstrieb. Wenn man nun, dieses fest haltend, die wichtige Rolle betrachtet, welche die Geschlechtsliebe in allen ihren Abstufungen und Nuancen, nicht bloß in Schauspielen und Romanen, sondern auch in der wirklichen Welt spielt, wo sie, nächst der Liebe zum Leben, sich als die stärkste und tätigste aller Triebfedern erweist, die Hälfte der Kräfte und Gedanken des jüngeren Teiles der Menschheit fortwährend in Anspruch nimmt, das letzte Ziel fast jedes menschlichen Bestrebens ist, auf die wichtigsten Angelegenheiten nachteiligen Einfluss erlangt, die ernsthaftesten Beschäftigungen zu jeder Stunde unterbricht, bisweilen selbst die größten Köpfe auf eine Weile in Verwirrung setzt, sich nicht scheut, zwischen die Verhandlungen der Staatsmänner und die Forschungen der Gelehrten, störend, mit ihrem Plunder einzutreten, ihre Liebesbriefchen und Haarlöckchen sogar in ministerielle Portefeuilles und philosophische Manuskripte einzuschieben versteht, nicht minder täglich die verworrensten und schlimmsten Händel anzettelt, die wertvollsten Verhältnisse auflöst, die festesten Bande zerreißt, bisweilen Leben, oder Gesundheit, bisweilen Reichtum, Rang und Glück zu ihrem Opfer nimmt, ja, den sonst Redlichen gewissenlos, den bisher Treuen zum Verräter macht, demnach im Ganzen auftritt als ein feindseliger Dämon, der alles zu verkehren, zu verwirren und umzuwerfen bemüht ist; – da wird man veranlasst auszurufen: Wozu der Lärm? Wozu das Drängen, Toben, die Angst und die Not? Es handelt sich bloß darum, dass jeder Hans seine Grethe finde. Weshalb sollte eine solche Kleinigkeit eine so wichtige Rolle spielen und unaufhörlich Störung und Verwirrung in das wohlgeregelte Menschenleben bringen? Aber dem ernsten Forscher enthüllt allmählich der Geist der Wahrheit die Antwort: **Es ist keine Kleinigkeit**, worum es sich hier handelt; vielmehr ist die Wichtigkeit der Sache dem Ernst und Eifer des Treibens vollkommen angemessen. Der Endzweck aller Liebeshändel, sie mögen auf dem Soccus, oder dem Kothurn gespielt werden, ist wirklich wichtiger als alle anderen Zwecke im Menschenleben, und daher des tiefen Ernstes, womit jeder ihn verfolgt, völlig wert. Das nämlich, was dadurch entschieden wird, ist nichts Geringeres, als die Zusammensetzung der nächsten Generation.

Die sämtlichen Liebeshändel der gegenwärtigen Generation zusammengenommen sind demnach des ganzen Menschengeschlechts eine ernste Meditation über die Zusammensetzung der zukünftigen Generation, an der wiederum unzählige Generationen hängen. Diese hohe Wichtigkeit der Angelegenheit, als in welcher es sich nicht, wie in allen übrigen, um individuelles Wohl und Wehe, sondern um das Dasein und die spezielle Beschaffenheit des Menschengeschlechts in künftigen Zeiten handelt und daher der Wille des Einzelnen in erhöhter Potenz, als Wille der Gattung, auftritt, diese ist es, worauf das Pathetische und Erhabene der Liebesangelegenheiten, das Transzendente ihrer Entzückungen und Schmerzen beruht, welches in zahllosen Beispielen darzustellen die Dichter seit Jahrtausenden nicht müde werden; weil kein Thema es an Interesse diesem gleich tun kann, als welches, indem es das Wohl und Wehe der Gattung betrifft, zu allen übrigen, die nur das Wohl der Einzelnen betreffen, sich verhält wie Körper zu Fläche. Daher eben ist es so schwer, einem Drama ohne Liebeshändel Interesse zu erteilen, und wird andererseits, selbst durch den täglichen Gebrauch, dies Thema niemals abgenutzt.

Was im individuellen Bewusstsein sich kund gibt als Geschlechtstrieb und ohne die Richtung auf ein bestimmtes Individuum des andern Geschlechts, das ist an sich selbst und außer der Erscheinung der Wille zum Leben schlechthin. Was aber im Bewusstsein erscheint als auf ein bestimmtes Individuum gerichteter Geschlechtstrieb, das ist an sich selbst der Wille, als ein genau bestimmtes Individuum zu leben. In diesem Falle nun weiß der Geschlechtstrieb, obwohl an sich ein subjektives Bedürfnis, sehr geschickt die Maske einer objektiven Bewunderung anzunehmen und so das Bewusstsein zu täuschen; denn die Natur bedarf dieses Stratagems (List, Trick) zu ihren Zwecken. Dass es aber, so objektiv und von erhabenem Anstrich jene Bewunderung auch erscheinen mag, bei jedem Verliebtsein doch allein abgesehen ist auf die Erzeugung eines Individuums von bestimmter Beschaffenheit, wird zunächst dadurch bestätigt, dass nicht etwa die Gegenliebe, sondern der Besitz, d. h. der physische Genuss, das Wesentliche ist. Die Gewissheit jener kann daher über den Mangel dieses keineswegs trösten; vielmehr hat in solcher Lage schon mancher sich erschossen. Hingegen nehmen stark Verliebte, wenn sie keine Gegenliebe erlangen können, mit dem Besitz, d. i. dem physischen Genuss, vorlieb. Dies belegen alle gezwungenen Heiraten, im Gleichen die so oft, ihrer Abneigung zum Trotz, mit großen Geschenken, oder sonstigen Opfern, erkaufte Gunst eines Weibes, ja auch die Fälle der Notzucht (Vergewaltigung). Dass dieses bestimmte Kind gezeugt werde, die Schöpfung, ist der wahre, wenn gleich den Teilnehmern unbewusste Zweck des ganzen Liebesromans: Die Art und Weise, wie er erreicht wird, ist Nebensache.

Wie laut auch hier die hohen und empfindsamen, zumal aber die verliebten Seelen aufschreien mögen, über den derben Realismus meiner Ansicht; so sind sie doch im Irrtum. Denn, ist nicht die genaue Bestimmung der Individualitäten der nächsten Generation ein viel höherer und würdigerer Zweck als jener ihre überschwänglichen Gefühle und übersinnlichen Seifenblasen? Ja, kann es, unter irdischen Zwecken, einen wichtigeren und größeren geben? Er allein entspricht der Tiefe, mit welcher die leidenschaftliche Liebe gefühlt wird, dem Ernst, mit welchem sie auftritt, und der Wichtigkeit, die sie sogar den Kleinigkeiten ihres Bereiches und ihres Anlasses beilegt. Nur sofern man diesen Zweck als den wahren unterlegt, erscheinen die Weitläuftigkeiten, die endlosen Bemühungen und Plagen zur Erlangung des geliebten Gegenstandes, der Sache angemessen. Denn die künftige Generation, in ihrer ganzen individuellen Bestimmtheit, ist es, die sich mittelst jenes Treibens und Mühens ins Dasein drängt. Ja, sie selbst regt sich schon in der so umsichtigen, bestimmten und eigensinnigen Auswahl zur Befriedigung des Geschlechtstriebes, die man Liebe nennt. Die wachsende Zuneigung zweier Liebenden ist eigentlich schon der Lebenswille des neuen Individuums, welches sie zeugen können und möchten; ja, schon im Zusammentreffen ihrer sehnsuchtsvollen Blicke entzündet sich sein neues Leben, und gibt sich kund als eine künftig harmonische, wohl zusammengesetzte Individualität. Sie fühlen die Sehnsucht nach einer wirklichen Vereinigung und Verschmelzung zu einem einzigen Wesen, um alsdann nur noch als dieses fortzuleben; und diese erhält ihre Erfüllung in dem von ihnen Erzeugten, als in welchem die sich vererbenden Eigenschaften Beider, zu einem Wesen verschmolzen und vereinigt, fortleben. Umgekehrt, ist die gegenseitige, entschiedene und beharrliche Abneigung zwischen einem Mann und einem Mädchen die Anzeige, dass was sie zeugen könnten nur ein übel organisiertes, in sich disharmonisches, unglückliches Wesen sein würde. Deshalb liegt ein tiefer Sinn darin, dass der Dichter Calderon die entsetzliche Semiramis (nach einer assyrischen Geschichte) zwar die Tochter der Luft benennt, sie jedoch als die Tochter der Notzucht, auf welche der Gattenmord folgte, einführt.

Was nun aber zuletzt zwei Individuen verschiedenen Geschlechts mit solcher Gewalt ausschließlich zueinander zieht, ist der in der ganzen Gattung sich darstellende Wille zum Leben, der hier eine seinen Zwecken entsprechende Objektivation seines Wesens vorwegnimmt in dem Individuum, welches jene beiden zeugen können. Dieses nämlich wird vom Vater den Willen, oder Charakter, von der Mutter den Intellekt (Gefühl) haben, die Korporation von beiden, d. h. die Vereinigung von Personen, die als einheitliches Ganzes organisiert sind. Jedoch wird meistens die Gestalt sich mehr nach dem Vater, die Größe mehr nach der Mutter richten, – dem Gesetze gemäß, welches in den Bastarderzeugungen der Tiere an den Tag tritt und hauptsächlich darauf beruht, dass die Größe des Fötus sich nach der Größe des Uterus richten muss. So unerklärlich die besondere und ihm ausschließlich eigentümliche Individualität eines jeden Menschen ist, so ist es eben auch die ganz besondere und individuelle Leidenschaft zweier Liebenden; – ja, im tiefsten Grunde ist beides ein und dasselbe: Die Erste ist explizit (ausdrücklich) das, was die letztere implizit (mit enthalten) war. Als die allererste Entstehung eines neuen Individuums und der wahre Springpunkt seines Lebens ist wirklich der Augenblick zu betrachten, da die Eltern anfangen einander zu lieben, – *to fancy each other* nennt es ein sehr treffender englischer Ausdruck, – und, wie gesagt, im Begegnen und Heften ihrer sehnsüchtigen Blicke entsteht der erste geistige Keim des neuen Wesens, der freilich, wie alle Keime, meistens zertreten wird. Dies neue Individuum ist eine neue (Platonische) Idee; wie nun alle Ideen mit der größten Heftigkeit in die Erscheinung zu treten streben, mit Gier die Materie hierzu ergreifend, welche das Gesetz der Kausalität unter sie alle austeilt; so strebt eben auch diese besondere Idee einer menschlichen Individualität mit der größten Gier und Heftigkeit nach ihrer Realisation in der Erscheinung. Diese Gier und Heftigkeit eben ist die Leidenschaft der beiden künftigen Eltern zu einander. Sie hat unzählige Grade, deren beide Extreme man immerhin als *sinnliche* und *himmlische* Aphrodite bezeichnen mag: – Dem Wesen nach ist sie jedoch überall dieselbe. Hingegen dem Grade nach wird sie umso mächtiger sein, je individualisierter sie ist, d. h. je mehr das geliebte Individuum, vermöge aller seiner Teile und Eigenschaften, ausschließlich geeignet ist, den Wunsch und das durch seine eigene Individualität festgestellte Bedürfnis des Liebenden zu befriedigen. Worauf es nun aber hierbei ankommt, wird uns im weiteren Verlauf deutlich werden. Zunächst und wesentlich ist die verliebte Neigung gerichtet auf Gesundheit, Kraft und Schönheit, folglich auch auf Jugend; weil der Wille zuvörderst den Gattungscharakter der Menschenspezies, als die Basis aller Individualität, darzustellen verlangt: Die alltägliche Liebelei (sinnliche Aphrodite) geht nicht viel weiter. Daran knüpfen sich sodann speziellere Anforderungen, die wir weiterhin im Einzelnen untersuchen werden, und mit denen, wo sie Befriedigung vor sich sehn, die Leidenschaft steigt. Die höchsten Grade dieser aber entspringen aus derjenigen Angemessenheit beider Individualitäten zu einander, vermöge welcher der Wille, d. i. der Charakter, des Vaters und das Gefühl der Mutter, in ihrer Verbindung, gerade dasjenige Individuum vollenden, nach welchem der Wille zum Leben überhaupt, welcher in der ganzen Gattung sich darstellt, eine dieser seiner Größe angemessene, daher das Maß eines sterblichen Herzens übersteigende Sehnsucht empfindet, deren Motive ebenso über den Bereich des individuellen Intellekts hinausliegen. Dies also ist die Seele einer eigentlichen, großen Leidenschaft. – Je vollkommener nun die gegenseitige Angemessenheit zweier Individuen zueinander, in jeder der so mannigfachen, weiterhin zu betrachtenden Rücksichten ist, desto stärker wird ihre gegenseitige Leidenschaft ausfallen. Da es nicht zwei gleiche Individuen gibt, muss jedem bestimmten Mann ein bestimmtes Weib, – stets in Hinsicht auf das zu Erzeugende, – vollkommen entsprechen (die Zwillingsseele). So selten, wie der Zufall ihres Zusammentreffens, ist die eigentlich leidenschaftliche Liebe. Weil inzwischen die Möglichkeit einer solchen in jedem vorhanden ist, sind uns die Darstellungen derselben in den Dichterwerken verständlich. – Eben weil die verliebte Leidenschaft sich eigentlich um das zu Erzeugende – die neue Schöpfung – und dessen Eigenschaften dreht und hier ihr Kern liegt, kann zwischen zwei jungen und wohlgebildeten Leuten verschiedenen Geschlechts, vermöge der Übereinstimmung ihrer Gesinnung, ihres Charakters, ihrer Geistesrichtung, Freundschaft bestehen, ohne dass Geschlechtsliebe sich einmischt; ja sogar kann in dieser Hinsicht eine gewisse Abneigung zwischen ihnen vorhanden sein. Der Grund hiervon ist darin zu suchen, dass ein von ihnen erzeugtes Kind (oder die Schöpfung) körperlich oder geistig disharmonierende Eigenschaften haben, kurz, seine Existenz und Beschaffenheit den Zwecken des Willens zum Leben, wie er sich in der Gattung darstellt, nicht entsprechen würde.

Die Natur aber erreicht immer ihren Zweck dadurch, dass sie dem Individuum einen gewissen Wahn, worauf wir später noch zurückkommen werden, einpflanzt, vermöge dessen ihm als ein Gut für sich selbst erscheint, was in Wahrheit bloß eines für die Gattung ist, so dass dasselbe dieser dient, während es sich selbst zu dienen wähnt; bei welchem Hergang eine bloße, gleich darauf verschwindende Chimäre ihm vorschwebt und als Motiv die Stelle einer Wirklichkeit vertritt. Dieser Wahn ist der eingeflößte Instinkt. Derselbe ist, in den allermeisten Fällen, anzusehen als der Sinn der Gattung, welcher das ihr Frommende dem Willen darstellt. Weil aber der Wille hier individuell geworden ist, so muss er dergestalt getäuscht werden, dass er das, was der Sinn der Gattung ihm vorhält, durch den Sinn des Individuums wahrnimmt, also individuellen Zwecken nachzugehen wähnt, während er in Wahrheit bloß das allgemein Gesetzmäßige verfolgt. Die äußere Erscheinung des Instinkts beobachten wir am besten an den Tieren, als wo seine Rolle am bedeutendsten ist; aber den inneren Hergang dabei können wir, wie alles Innere, allein an uns selbst kennen lernen. Nun meint man zwar, der Mensch habe fast gar keinen Instinkt, allenfalls bloß den, dass das Neugeborene die Mutterbrust sucht und ergreift. Aber in der Tat haben wir einen sehr bestimmten, deutlichen, ja komplizierten Instinkt, nämlich den der so feinen, ernstlichen und eigensinnigen Auswahl des andern Individuums zur Geschlechtsbefriedigung. Mit dieser Befriedigung an sich selbst, d. h. sofern sie ein auf dringendem Bedürfnis des Individuums beruhender sinnlicher Genuss ist, hat die Schönheit oder Hässlichkeit des andern Individuums gar nichts zu schaffen. Die dennoch so eifrig verfolgte Rücksicht auf diese, nebst der daraus entspringenden sorgsamen Auswahl, bezieht sich also offenbar nicht auf den Wählenden selbst, obschon er es wähnt, sondern auf den wahren Zweck, auf das zu Erzeugende, als in welchem der Typus der Gattung möglichst rein und richtig erhalten werden soll. Nämlich durch tausend physische Zufälle und moralische Widerwärtigkeiten entstehen gar vielerlei Ausartungen der menschlichen Gestalt. Dennoch wird der echte Typus derselben, in allen seinen Teilen, immer wieder hergestellt; welches geschieht unter der Leitung des Schönheitssinnes, der durchgängig dem Geschlechtstrieb vorsteht, und ohne welchen dieser zum ekelhaften Bedürfnis herabsinkt. Demgemäß wird jeder, erstlich, die schönsten Individuen, d. h. solche, in welchen der

Gattungscharakter am reinsten ausgeprägt ist, entschieden vorziehen und heftig begehren; zweitens aber wird er am andern Individuum besonders die Vollkommenheiten verlangen, welche ihm selbst abgehen, ja sogar die Unvollkommenheiten, welche das Gegenteil seiner eigenen sind, schön finden. Daher suchen z. B. kleine Männer große Frauen, die Blonden lieben die Schwarzen usw. – Das schwindelnde Entzücken, welches den Mann beim Anblick eines Weibes von ihm angemessener Schönheit ergreift und ihm die Vereinigung mit ihr als das höchste Gut vorspiegelt, ist eben nach metaphysischer Sicht der Sinn der Gattung, welcher den deutlich ausgedrückten Stempel derselben erkennend, sie mit diesem bewirken möchte. Auf diesem entschiedenen Hange zur Schönheit beruht die Erhaltung des Typus der Gattung. Daher wirkt derselbe mit so großer Macht. Was also den Menschen hierbei leitet, ist wirklich ein Instinkt, der auf das Beste der Gattung gerichtet ist, während der Mensch selbst bloß den erhöhten eigenen Genuss zu suchen wähnt.

Überall nämlich ist der allmächtige Instinkt ein Wirken aus der geistigen Welt, damit die Gesetze der Harmonie eingehalten werden. Also nimmt hier, wie bei allem Instinkt, die Wahrheit die Gestalt des Wahnes an, um auf den Willen zu wirken. Ein wollüstiger Wahn ist es, der dem Manne vorgaukelt, er werde in den Armen eines Weibes, oder umgekehrt, von der ihm zusagenden Schönheit einen größeren Genuss finden als in denen eines jeden andern; oder der gar, ausschließlich auf ein einziges Individuum gerichtet, ihn fest überzeugt, dass dessen Besitz ihm ein überschwängliches Glück gewähren werde. Ohne Zweifel befindet sich der Mensch auch in diesem Fall von einer Art Wahn besessenen, der ihm den eigenen Genuss vorgaukelt.

Damit nun aber eine wirklich schöpferische Ursache geschaffen werden kann, ist etwas erfordert, welches sich nur durch eine chemische Metapher ausdrücken lässt: Beide Personen müssen einander neutralisieren, wie Säure und Alkali zu einem Mittelsalz, **um sich daraus zu erhöhen.** Die hierzu erforderlichen Bestimmungen sind im Wesentlichen folgende. Erstens alle Geschlechtlichkeit ist Einseitigkeit. Diese Einseitigkeit ist in einem Individuum entschiedener ausgesprochen und in höherem Grade vorhanden als im andern. Daher kann sie in jedem Individuum besser durch eines als das andere vom andern Geschlecht ergänzt und neutralisiert werden, indem es einer der seinigen individuell entgegengesetzten Einseitigkeit bedarf, zur Ergänzung des Typus der Menschheit im neu zu erzeugendem Individuum, als auf dessen Beschaffenheit immer Alles hinausläuft. D. h., von beiden Seiten aus kann der vollkommene Hermaphroditismus erreicht werden.

Zur in Rede stehenden Neutralisation zweier Individualitäten ist dem zu Folge erfordert, dass der bestimmte Grad seiner Mannheit dem bestimmten Grad ihrer Weiblichkeit genau entspreche; damit beide Einseitigkeiten einander gerade aufheben. Demnach wird der männlichste Mann das weiblichste Weib suchen und umgekehrt.

Inwiefern nun hierin zwischen Zweien das erforderliche Verhältnis stattgefunden hat, wird instinktmäßig von ihnen gefühlt, und liegt, nebst den anderen relativen Rücksichten, den kosmischen Graden der Verliebtheit zum Grunde. Hieran schließen sich nun die ferneren relativen Rücksichten, welche darauf beruhen, dass jedes seine Schwächen, Mängel und Abweichungen vom Typus durch das andere aufzuheben trachtet, damit sie nicht in der zu erzeugenden Schöpfung sich fortpflanzen, oder gar zu völligen Abnormitäten anwachsen. Je schwächer z. B. in Hinsicht auf Muskelkraft ein Mann ist, desto mehr wird er kräftige Weiber suchen. Ebenso das Weib ihrerseits. Analog walten die Rücksichten auf das Temperament: Jeder wird das Entgegengesetzte vorziehen; jedoch nur in dem Maß, als das seinige ein entschiedenes ist. Deshalb liegt etwas ganz Eigenes in dem tiefen, unbewussten Ernst, mit welchem zwei junge Leute verschiedenen Geschlechts, die sich zum ersten Male sehn, einander betrachten; dem forschenden und durchdringenden Blick, den sie aufeinander werfen, der sorgfältigen Musterung, die alle Züge und Teile ihrer beiderseitigen Personen zu erleiden haben. Dieses Forschen und Prüfen nämlich ist die Meditation des *Genius der Gattung* über das durch sie beide mögliche Individuum und die Kombination seiner Eigenschaften.
Dergestalt also meditiert in allen, die zeugungsfähig sind, der Genius der Gattung das kommende Geschlecht. Die Beschaffenheit desselben ist das große Werk, womit Kupido (der Gott Eros), unablässig tätig, spekulierend und sinnend, beschäftigt ist. Gegen die Wichtigkeit seiner großen Angelegenheit, als welche die Gattung und alle kommenden Geschlechter betrifft, sind die Angelegenheiten der Individuen, in ihrer ganzen flüchtigen Gesamtheit, sehr geringfügig. Daher ist der göttliche Eros stets bereit, diese rücksichtslos zu opfern. Denn er verhält sich zu ihnen wie ein Unsterblicher zu Sterblichen, und seine Interessen zu den ihren wie unendliche zu endlichen. Im Bewusstsein also, Angelegenheiten höherer Art, als alle solche, welche nur individuelles Wohl und Wehe betreffen, zu verwalten, betreibt er dieselben, mit erhabener Ungestörtheit, mitten im Getümmel des Krieges, oder im Gewühl des Geschäftslebens, oder zwischen dem Wüten einer Pest, und geht ihnen nach bis in die Abgeschiedenheit des Klosters, um sein Werk zu vollbringen.

4. Die sexuelle Polarität von Mann und Frau.

Zu jedem Kult gehört ein Glaube, der darin eingeschlossen oder ausgedrückt ist, sei es in Schriften oder in mündlicher Überlieferung. Der Glaube ist im phallischen Kult mit inbegriffen. Er teilt seine Weltanschauung mit der Naturanbetung, von der er eine Phase bildet, indem er ein höheres Wesen,

einen Geist oder eine Gottheit, in Gegenständen verkörpert sieht, die entweder von der Natur gebildeten oder künstlich dargestellten Zeugungsorganen ähnlich sind. An solchen höheren Wesen, worunter alles mit inbegriffen ist, was der Japaner kami nennt, und was zumeist mit Gottheiten oder Gott übersetzt wird, wandte sich der Urmensch in seinen Nöten und an jenes Besondere, das in der Sphäre vorherrscht, in der seine Not liegt. Daher kommt der phallische Kult, der als natürlich, schicklich und rechtmäßig ein System der Verehrung, gleich der Sonnen-, Mond- und Feuer-Anbetung, bildet und nur infolge roher Missdeutung mit Unzucht in Verbindung gebracht werden kann.
Im vorhergehenden Absatz schrieben wir, als ob der Gegenstand des phallischen Kults ein einziger Gegenstand wäre: der Zumpt; aber in allen Dingen herrscht die Dualität vor, so auch im tantrischen Kult. Wir sprechen von Phallizismus und die Deutschen vom Phalluskult und lassen absichtlich den Vulvakult beiseite, obgleich dieser, wenn überhaupt, nicht nur um ein Geringes weniger vorherrscht als der Zumptkult. Denn gerade so, wie der Ausdruck Mensch für die ganze Menschheit, d. h. Mann und Weib, gebraucht wird, so dient Phallizismus für das, was richtig Phalloktenismus heißen sollte, d. h. Kult des Phallus (Zumptes) und der Kteis (der Voze). Dieser Dualismus zeigt sich in Indien in der üblichen Nebeneinanderstellung von Linga und Yoni; von Masseba und Ashera in Syrien, in Griechenland des Phallus und der Kteis, in Ägypten des Kreuzes und des Ringes zur Crux-Ansata vereinigt, in China des Yang und Yin, wie man sie im koreanischen Wappen vereinigt sieht, auf Japanisch: futatsu-tom oje genannt und schließlich in Japan von Yoseki und Inseki und im Christentum durch Adam und Eva.
Dieser Dualismus ist ebenso auffällig bei den mehr vermenschlichten Gegenständen der Verehrung, die durch Zumpt und die heilige Voze dargestellt werden. Der Hinduismus ordnet Kali dem Siva bei, dessen Symbole insbesondere Zumpt und Voze sind. Und Minakshi – die örtliche Gottheit in Madura, identisch mit Kali – wird jede Nacht fortgetragen, um das Lager des Sundaresvara zu teilen. Tatsächlich weiht in Indien eine ganze Sekte, die der Shaktas, ihre ganze Aufmerksamkeit dieser weiblichen Seite der Natur; in Syrien ist Astarte dem Baal beigeordnet, in Ägypten Isis dem Osiris, in Griechenland dem Dionysos und die Ariadne und im Norden Europas Freya dem Freyr, und jede dieser Gottheiten empfing ausschließliche Verehrung. So offenbar nötig ist die Dualität zur Zeugung, dass dort, wo ein Gatte fehlt, weibliche Eigenschaften dem männlichen Wesen zugesprochen werden, wie bei Quetzalcotl, dem Gott der Zeugung bei den Azteken.
Ähnlich finden wir in Japan die Paare Kami-musubi-o-kami und Takami-musubi-o-kami: der göttliche Zeuger und die göttliche Erzeugerin und wieder Izanagi und Izanami, der Mann, der einlädt und die Frau, die einlädt, die von eingeborenen Christen mit Adam und Eva verglichen werden, da beide Paare der phallisch-schöpferischen Mythe angehören. Aber in Japan, wo wie in Indien der Phallizismus noch gegenwärtig als lebendiger Glaube besteht, ist

dieser Dualismus leicht nachzuweisen. Ein unzweideutiger Fall ist der von den verschlungenen Ringen aus Bambusgras, die eigens dem Zweck dienen, den Geschlechtsakt darzustellen.
Ebenso bezeichnend ist die Darbringung von Awabi-Muscheln – die Symbole der sakralen Voze – anstatt des Zumpts. Eine Frau entlehnt umgekehrt aus dem Mizusawa-Tempel einen Zumpt und nicht eine Voze, der ihr bei der Entbindung helfen soll. In Yamada wird die Dualität nur insofern anerkannt, als man Votivgegenstände (Weihegaben) beider Geschlechter darbringt. Klarerweise gibt es eine Unterscheidung betreffs der Gottheit, vor der man die Weihegeschenke aufstellt. Die geltende Regel, dort einen Zumpt zu opfern, um einen Gatten oder Sohn zu erlangen und eine Voze, um eine Frau oder Tochter zu erbitten, schließt den allem Zauber innewohnenden Hintergedanken ein, dass Formähnlichkeit mit einem Ding Macht über das Ding sichere. Hierher gehört auch, dass man dem Zumpt auf dem Konsei-Pass nur Zumpte darbringt. Vielleicht stellt sich als eine weitere Einzelheit für den zu jedem fruchtbringenden Ausgange nötigen Dualismus der Brauch dar, Zumpt und Voze in Matsuzawa mit Wein zu begießen, die sich daran laben, wie zufolge der Angabe Hiratas die Zumpte und Vulva auf Onogoroshima eine tauartige Flüssigkeit absondern.
Mit dieser japanischen Vorstellung von Befruchtung vergleiche man den Wasseraufguss mit Heidelbeerkraut und Ringelblumen in dem indischen Kult des Lingam-Yoni. Und letztlich erscheint in der beschriebenen Prozession ein abwechselnd als Mann und Frau gekleideter Schauspieler, womit man die Vertauschung der Gewänder in abendländischen Orgien vergleiche. Die Opfer, die dem Zumpt und der Voze dargebracht werden, sind oft wechselseitig, da das dem Plus- und Minusprinzip in seiner Polarität entspricht. Der Glaube oder der geistige Gegenwert des phallischen Kultes beruht darin, dass die Zeugung von zwei Gottheiten überwacht wird, die zueinander in Beziehungen von Mann und Weib stehen und am besten durch ihre Zeugungsorgane, die man zu Land und im Wasser findet, dargestellt werden. Man verehrt sie also am geeignetsten durch die Darbringung ähnlicher Gegenstände, die vom gleichen oder dem der betreffenden zu ehrenden Gottheit entgegengesetzten Geschlecht sind. Unsere Erklärung dieser Art von Glauben ist klar und unumstößlich und wird gleichermaßen für alle Glaubensbekenntnisse gelten. Die geistige Höhe und der daraus abzuleitende Wert der Götter wechseln einzig und allein und geradenwegs mit der geistigen Höhe ihrer Anbeter. Deshalb: Zeigt mir Euren Menschen, und ich will Euch seinen Gott weisen!

5. Der Hermaphroditismus oder: Über die androgyne Idee des Lebens.

Von dieser sinnvollen Polarität aus gegen wieder einen weiteren Schritt zur rechten Vereinigung, denn das Leben des Menschen können wir unter zwei absolut verschiedenen Gesichtspunkten betrachten: Einmal, wie der Mensch sich zu der Gottheit, der gedachten Ursache als reine Abstraktion und der Essentia von Allem, was ist, verhält, dann aber hinsichtlich der Verhältnisse der Menschen untereinander.

In jeder von diesen Sphären können wir verschiedene Teile unterscheiden, wovon wir aber nur einen Teil genauer untersuchen wollen.

In der ersten Sphäre wollen wir uns mit dem Teil beschäftigen, den man Religion nennen kann, d. h. das Sichverbundenfühlen mit etwas, was wir Gott nennen, und das Streben nach völligem Einswerden, nach einem Sichdurchdrungenwissen vom göttlichen Prinzip, nach der höchsten Harmonie mit Gott.

In der zweiten Sphäre aber den damit analogen Teil, den man Liebe nennen kann, d. h. das Erkennen einer Harmonie zwischen uns und einem anderen Menschen und dessen Harmonie, das Erkennen der Gottheit im Anderen und das Streben eins mit diesem zu werden. Bis dorthin spielt sich dies alles nur im Seelenleben ab; wenn aber diese rein psychische Empfindung ihren höchsten Grad erreicht hat, so reflektiert sich diese Emotion, diese Ekstase auf den Körper; man will also, dass auch die Körper eins werden, und in der Umarmung, dem ersten Ausdruck dieses Strebens, geschieht der Akt, den wir gewöhnlich sexuell zu nennen pflegen.

Diese Liebe möchte ich absolute Liebe nennen und ich glaube, dass sie in dieser Form vielleicht nur beim ersten Liebesempfinden absolut rein sein kann. Sowie einmal sexueller Orgasmus empfunden wurde, kann einer folgenden Strebensäußerung ein Wiederempfindenwollen des bereits gekannten Genusses beigemischt sein. Allerdings ist dies nicht absolut notwendig. Dringt das oben erwähnte Psychische nicht über die Schwelle des Bewusstseins, d. h. wird solch ein Akt nur als direkte Folge eines Ergusses oder anderer rein-körperlicher Zustände verübt, so kann man nicht von Liebe, sondern nur von Sexualität sprechen.

Dieses letztere wollen wir hier nicht weiter untersuchen, sondern uns nur an die erste Form halten.

Wir haben also zwei analoge Fälle. Im ersten Falle ein Sichvereinigen-wollen mit der Gottheit, im zweiten mit einem Menschen. Selbstverständlich ist in dem ersten nur von einer psychischen Vereinigung die Rede, obwohl wir viele Fälle kennen, in denen religiöse Ekstase die höchste Reflektierung auf den Körper bis zu sexueller Erregung hervorbrachte. Vielleicht erklären sich daraus am besten die Versuchungen der Heiligen, wenn sie in ihrer ekstatischen

Anbetung statt des Kruzifixes einen weiblichen Körper vor sich sahen.
Die Heilige Theresia wird z. B. in höchster erotischer, d. h. körperlicher Ekstase dargestellt, zu der sie durch eine ursprünglich geistige Ekstase gelangte, bzw. die masturbatorisch-heilige Betätigung verschaffte ihr den Zutritt zu den hohen göttlichen Sphären oder zu Verbundenheit mit ihrer Gottheit! Der Kommentar dazu sagt: „Dieser Engel hatte in seiner Hand einen Pfeil, der war Gold, und dessen Spitze sehr breit war und mir vorkam, als habe er am Ende ein kleines Feuer; es scheint mir, dass er es verschiedene Male in meinem Herzen geschoben hat und zurückzog. Dabei riss er meine Eingeweide heraus und ließ mich ganz glänzend zurück mit so großer Liebe zu Gott, dass die Gewalt dieses Feuers Schreie verursachte, aber Schreie vermischten sich mit so großer Freude, dass ich nicht wünschen konnte, von einem so angenehmen Schmerz erlöst zu werden, noch Ruhe und Zufriedenheit finden kann außer bei Gott. Dieser Schmerz, von dem ich rede, ist nicht körperlich, sondern nur geistig, obwohl der Körper nicht aufhört, viele Anteile daran zu haben.“
Es kann nichts Befremdendes an sich haben, dass die höchste körperliche Ekstase sich in eine psychische verwandelt, da ja im Menschen, welcher Seele und Körper ist, notwendig der Körper das teilen muss, was im Seelenleben sich abspielt, wie andererseits die Seele durch körperliche Zustände beeinflusst wird. So kann man sich also sehr wohl denken, dass der obenerwähnte sinnliche Erguss als körperlicher Zustand an sich zwar unbewusst bleibt, den betreffenden Menschen aber für erotische Liebesreize empfindlicher macht.
Als sich nun der Mensch der göttlichen Idee bewusstwurde, wollte er sich diese Idee auch vorstellen und, da er sich eine handelnde Idee am leichtesten anthropomorphisch, d. h. nach der Gestalt des menschlichen Körpers geformt denkt, bildete er sich Götterbilder. Die große Gefahr, die darin liegt, dass der Mensch die Bilder mit der Idee verwechseln könne, veranlasste wahrscheinlich Moses zu seinem Verbot, Bilder von der Gottheit zu machen.
Aber wie kann man die Gottheit in höchster Form sich anders denken, wie als vollkommene Harmonie von Allem, was ist, umfassend das Seiende, sich äußernd in allem, und im Vollbesitz jeder Eigenschaft der Natur?
Wir erkennen nun in der Natur zwei große Gruppen von Eigenschaften nämlich

- die aktive, d. h. die schöpfende, erzeugende, generative, die reizende, die handelnde und
- die passive, die empfindende, vegetative.

Da aber die Gottheit sich durch beide Gruppen äußert, so muss die Gottheit die aktiven und passiven Kräfte umfassen, die reizende und die empfindende, die generative und die vegetative – das heißt also nach der Analogie die männlichen sowohl wie die weiblichen Kräfte.
Kann es uns nun wundern, wenn man sich die Gottheit als Einheit dachte, sich materiell als Mannweib, als Androgyne vorstellte?

Die Gottheit, die Harmonie von Allem, von den beiden Prinzipen: Mann und Weib, ward dann auch immer als Androgyne gedacht und dementsprechend abgebildet.
Wir wollen nun auf verschiedene androgyne Götter verweisen, um aufzuzeigen, dass in allen Religionen dieselbe Grundidee vorherrscht:
In Indien finden wir zuerst, dass Gott von den indischen Weisen die aktive Kraft und der in der Schöpfung als passiv betrachtete Stoff genannt wird, und man kann die Ausdrücke: männlich (Purusha) und weiblich (Prakrit) sehr oft in ihren Schriften finden: „Gott besitzt Form, wenn die aktiven und die passiven Kräfte vereinigt sind."
Aber auch Brahma ist androgyn gedacht. Brahma teilt sich, die eine Hälfte war männlich, die andere aber weiblich. Diese wurde Vach (das Wort) genannt. Brahma vereinigte sich mit Vach und erzeugte Viradj. Die Auffassung aber, dass Brahma androgyn ist, war schon dem Griechen Porphyrius bekannt. Sehr oft ward der Shiva mit seiner Gattin so sehr verbunden vorgestellt, dass die Gottheit nur einen Körper bildet, der Shiva ardhanaricvara.
Blavatsky schreibt, dass in einem der ältesten Katechismen von Süd-Indien, Madras, die androgyne Göttin Ardhanari, in der Mitte ihres Körpers das Svastika, Crux ansata, das Henkelkreuz das männliche und weibliche Zeichen hält.

In der Bhagavadgita steht: „Ich bin der Vater dieses Alls, die Mutter, der Schöpfer, der Urvater .... der Laut Om ... Und Sanatsugatiya: Ich allem bin deine Mutter, dein Vater, und ich bin auch der Sohn." Arguna ist aber selbst androgyn. Im Mahabharata, ein episches Gedicht, kommt eine Stelle vor, wo

Arguna der Helden-Krieger, den Kindern des Königs tanzen und singen lehrt, als er sich, als Hermaphrodit, im Palast befand. Wenn wir oben sahen, wie die alten Inder sich ihre androgynen Götter abbildeten, so lehren uns die Abbildungen wie die tibetanischen Buddhisten ihre Schutzgötter darstellten, der männliche Gott steht und an ihm hängt, ihn mit ihren Beinen umschlingend, das weibliche Prinzip, seine Shakti.

Wenn man auch die letzte Abbildung nicht androgyn nennen darf, so ist es doch ihre Idee bestimmt.

In der japanischen Kosmogonie entsteht auch aus dem Weltei der Geist der Erde, und auch dieser ist ein Wesen mit zwei Charakteren, von denen der eine das männliche Element, der andere das weibliche repräsentiert und ersterer Isu no goi no Kami, letzterer Eku goi no Kami genannt wird.

Mithra, die persische Gottheit, ist das geschaffene alles durchdringende, alles belebende Licht. Nun erzählt uns Firmicus: Die Perser teilen den Jupiter in zwei Mächte, seine Natur als zweigeschlechtlich auffassend, und das Bild eines Mannes und eines Weibes begreifend als das Wesen des Feuers. Und sie bildeten das Weib ab mit drei Köpfen und umgaben sie mit fürchterlichen Schlangen. Den Mann nennen sie Mithras. Wenn also die oben erwähnte Mitra die weibliche Hälfte des Feuergottes ist, so würde, wenn die Nachricht des Firmicus wahr ist, diese Mitra dreiköpfig sein und der griechischen Hekate gleichgestellt werden müssen. In allen Religionen des vorderen und mittleren Asiens tritt sehr deutlich ein Dualismus der Geschlechter in den verehrten Wesen hervor. Es ist ein Sonnengott als aktives Prinzip, als himmlischer Herrscher, als mächtiger starker Befruchter. Ihm zur Seite die Mondgöttin als weibliches Prinzip, als Empfängerin. Jener Geschlechtsdualismus in diesen Kulten wird nicht selten in eine Person gelegt, die dadurch Mannweib wird oder ein Weibmann, je nachdem dieses oder jenes Geschlecht vorwaltet. Wie nun jenes Doppelgeschlecht oft in einer Person vereinigt erscheint, so verschwindet hinwieder auch bei der Zweiheit die eine derselben, manchmal im Volksdienste. Sie tritt in den Hintergrund zurück und es wird oft bloß das weibliche Prinzip gefeiert, doch oft mit helleren oder dunkleren Beziehungen auf ein männliches.

In der ägyptischen Religion ist der höchste und erste Gott die Vernunft, der Geist, Mens, Phtha war. Das Licht (man denke an Mithras und Siva) und das Wort, entstammend dem Geist, sind Söhne Gottes. Man denke auch an den Logos des Johannes Evangeliums. Hermes sagt uns in seiner Schrift dann weiter: Die Vernunft, welche Mann und Weib ist, Leben und Licht, hat durch das Wort eine schaffende Vernunft erweckt, welche der Gott des Feuers und die Göttlichkeit des Geistes ist.

Hieraus folgt, dass man vielleicht besser tut in dieser Philosophie, den erstgenannten Mens durch Bewusstsein, oder Träger des Bewusstseins, das primäre Ich zu übersetzen. Denn der Träger des Bewusstseins erkennt in sich die Persönlichkeit, den zweiten Mens, das sekundäre erschaffene Ich. Ferner erkennt der Träger des Bewusstseins im Bewusstsein das aktive Prinzip das Denkende, das Schaffende, das Herrschende und das Passive, das Empfindende, das Sichhingebende, d. h. er erkennt das Mannweibliche des Bewusstseins und also das Mannweibliche der Persönlichkeit. Somit: Das Primäre Ich erkennt, dass das Sekundäre Ich, die Persönlichkeit ist. Phtha ist aber das Ur-Feuer und wird von den Griechen wie uns Jamblichus belehrt, dem Hephaistos gleichgestellt.

Im Museum zu Leiden befindet sich ein Bild des Gottes Phtha, das aus der Spätzeit stammt und sehr deutliche weibliche Brüste besitzt. Wir werden sehen, dass die Ägypter sehr oft nur durch weibliche Brüste und Bart die androgynen Götter abbildeten.

Aus Horapollon erfahren wir, dass Phtha androgyn aufgefasst wurde. Auch Hephaistos schreiben sie mit den Hieroglyphen Skarabäus und Geier, Athena aber mit Geier und Skarabäus. Die Welt schien ihnen aus Männlichem und Weiblichem zu bestehen. Athena aber zeichneten sie als Geier, denn diese Götter allein halten sie für mannweiblich.

Wie aber der Hephaistos = Phtha ist, so ist Athene = Neith. Neith wird im Tempel von Latopolis, dem Sais des Südens, folgendermaßen genannt: Neith die Große, die Mutter des Gottes, (oder die göttliche Mutter), der Vater der Väter, die Mutter der Mutter, er ist Skarabäus-Geier (oder umgekehrt?) Der Skarabäus ist das Symbol für den Einziggeborenen, oder für die Schöpfung, oder für den Vater, für das Weltall, für den Mann, denn die Alten meinten, dass es nur männliche Skarabäen gab.

Aristoteles kennt allerdings auch weibliche, die Geier aber waren für die Alten nur weiblich. Skarabäus-Geier will also sagen Mann-weiblich, gerade so wie Geier-Skarabäus, aber im ersten Falle tritt das Männliche, im letzteren das Weibliche in den Vordergrund. Als zweite Gottheit, die wir androgyn finden, nennen wir Isis. Eine Abbildung stellt die Göttin mit Horus auf ihrem Schoße dar. Creuzer zitiert von Minutoli: Es stellt dieses Relief meines unmaßgeblichen Dafürhaltens Isis dar, und da sie einen Bart oder vielmehr eine Bartscheide hat, in welcher der Bart bei strengem Kostüm eingewickelt war, und mit der Kalautica versehen ist, so dürfte sie, nach Creuzer, die mannweibliche Natur bezeichnen.

Wenn dieses Relief auch einer sehr späten Zeit entstammt, so haben wir doch eine Mitteilung Plutarchs, die uns die androgyne Natur der Isis beweist, wenn nämlich Isis dem Mond gleichgestellt werden darf.
Drexler sagt dazu: „Es ist ein arger, wenn auch weit verbreiteter Irrtum, wenn man meint, die ägyptischen Göttinnen oder ihre Hörner hätten mit dem Monde irgendetwas zu tun – der Mond ist bei den Ägyptern immer ein männliches Wesen.“ Dass der Mond nicht ein männliches, sondern ein mann-weibliches Wesen ist, zeigen uns sowohl gerade die Stelle bei Plutarch und mehrere andere. Plutarch schreibt: Am Neumond, Phamenoth, feiert man ein Fest, welches das Hinabsteigen des Osiris in den Mond heißt. Auf diese Weise setzen sie die Kraft des Osiris in den Mond und behaupten, er habe der Isis, welche die Geburt ist, beigewohnt; sie nennen daher auch den Mond die Mutter der Welt und schreiben ihm eine Zwitternatur zu, weil er von der Sonne erfüllt und geschwängert wird, und dann wiederum selbst zeugende Stoffe in die Luft sendet und herumstreut.
Die Gleichstellung der späteren Griechen von Isis mit dem Mond ist sehr begreiflich, da wirklich die Charaktere beider sehr übereinstimmen.
Die folgenden vier Abbildungen stellen nach Lanzoni, die Göttin Muth dar. Muth aber ist: die Mutter. Auch Isis ist die Mutter der Götter, wie Lanzoni ebenfalls Muth nennt. Plutarch schreibt: Isis wird aber bisweilen auch Muth oder auch Athyri und Methyer genannt.

Die Griechen hatten neben der Aphrodite den Aphroditos, und so hatten die Skandinavier neben ihrer Freya den Friggo. Auch diese Gottheit war androgyn. Friga, welcher der sechste Tag geweiht war, wurde hermaphroditisch gedacht. Sie wurde abgebildet mit den Teilen beider Geschlechter, an einer Säule stehend, in der rechten Hand ein Schwert, in der linken einen Bogen haltend. Nach ihr heißt der sechste Tag Frigedag.
Auch zitiert Worm Albertus Crantzuis, welcher in der Vorrede des ersten Buches von seinem „Sweden“ schreibt: In diesem Tempel [in der Nähe von Upsala] waren die Bilder von drei Göttern verehrt, bevor sie an Christus glaubten ... Die dritte Gottheit Fricco regierte den Frieden und die Wollust, und

ihr Bild zeigte deutlich die Schändlichkeit – des Geschlechtes.

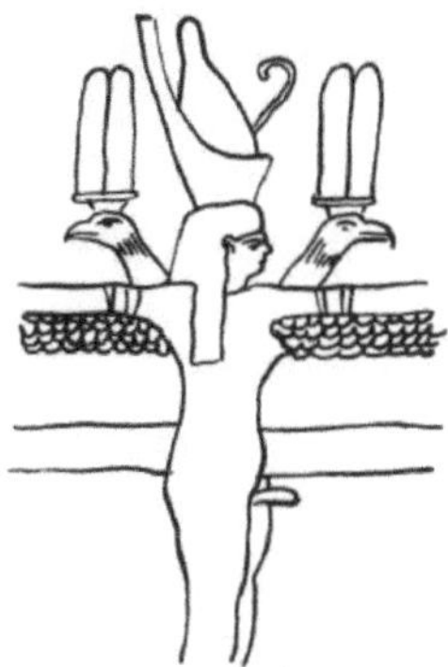

Bei den Skandinaviern ist die schöpferische Gottheit Ymir ebenfalls mannweiblich gedacht. Er wird von den Söhnen Pörs, des Sohnes des Buri, getötet, und aus seinem Körper wird die ganze Welt gebildet, nämlich aus seinem Blut das Meer und das Wasser, aus seinem Fleisch das feste Land etc.
In der jüdischen Religion, welche verbot, sich Bilder der Gottheit zu machen, ist es natürlich unmöglich an Statuen zu beweisen, dass die materielle Darstellung des Gottes androgyner Natur war, aber wir können doch mit logischer Sicherheit beweisen, dass in abstracto Jehovah so aufgefasst wurde. Gott schuf nämlich den ersten Menschen nach seinem Bilde, d. h. so wie der Gott gewöhnt ist, sich zu zeigen pflegt.
Aber wenn wir uns nach jüdischer Auffassung den ersten Menschen androgyn denken müssen, so können wir, wenn wir uns den Jehovah als Bild vorstellen wollen, nur zu einer androgynen Darstellung kommen.
Bei den Juden Moses wird Gott Iao genannt, bzw. der mystische Name Tetragrammaton, welcher nur denjenigen zukam, die ins Heiligste des Tempels eintreten dürfen, ward aber gelesen Iaou, d. h. wer ist und sein wird. „Der Name Gottes ist mit vier hebräischen Buchstaben geschrieben Jod He Vau He, welches alle männlichen und weiblichen Elemente verkörpert.
Selbst der kabbalistische Weltenbaum, der die Gesetze des Kosmos, der kleinen und großen Welt und somit der Gottheit schlechthin aufzeigt, ist rein androgyn gehalten, wie man aus seiner Symbolik, die wir schon an verschiedenen Stellen näher beschrieben haben, ersehen kann. Nur kurz zur Erinnerung: Die 10 Sephiroths entsprechen den 10 Fingern der linken (weiblich) und der rechten (männlichen) Hand.
Deutlich ist, dass der Adam Kadmon, der Vater und die Mutter, androgyn gedacht ist, d. h. in ihm waren die Aktivität und die Passivität vereinigt. Aber auch für den Namen Jehovah, von manch einem IEOUA geschrieben, finden wir diese Androgynität vor.
Wir wollen nun nachweisen, dass auch im Christentum Spuren des

Androgynismus, wenn auch nur solche vorhanden sind.
Sogar in Blavatskys Bd. II, S. 143 aus einer alten Johannes-Übersetzung steht: „Mystisch war Jesus ein Mann-Weib," so ist dies, wie wir später sehen werden, genauer. In den verschiedenen christlichen Sekten aber, welche in den ersten Jahrhunderten des Christentums bestanden haben und seither untergegangen sind, war diese Auffassung sehr verbreitet.
So lehrt uns der Kirchenvater Origenes, dass die Naassenier unter allen Gnostikern den Menschen und den Sohn des Menschen am meisten verehren. Dieser Mensch aber ist mann-weiblich und wird von ihnen Adamas genannt. Sie haben viele und verschiedene lautmagische Hymnen an ihn, wie: „Von dir, Vater, und durch dich, Mutter, die beiden unsterblichen Worte Erzeugers der Äonen, Himmelsbewohner, ruhmreicher Mensch."
Und weiter spricht Origenes wie folgt: „Dass die Mutter der Götter Attis entmannte und sie ihn als Liebling hat, will sagen, dass die glückselige Natur der Hyperkosmischen und Äonischen in der Höhe die männliche Kraft der Seele zu sich gerufen hat. Denn, sagen die Naassenier, mannweiblich ist der Mensch. Denn die Entmannung des Attis bedeutet, dass von den irdischen Teilen der Schöpfung hier unten einige nach den äonischen oben steigen, wo weder Weib noch Mann ist, sondern eine neue Schöpfung, ein neuer Mensch, der mannweiblich ist."
Das Evangelium, worauf die Naassenier ihren Glauben gründeten, das Evangelium secundum Ägyptios sagt denn auch sehr deutlich: „Mein Königreich wird kommen, wenn .... Zwei Eins wird, und das Äußere wie das Innere, und das Männliche mit dem Weiblichen, weder männlich noch weiblich."
Eine andere Sekte, die der Valentinianer, hatten ein System, welches mit der Kabbala in den obigen Punkten übereinstimmt.
Alle Schöpfergottheiten sind in ihrem inneren Wesen nach androgyn, egal welcher Religion nach und welchen Namen sie tragen.
Als letztes Beispiel dieser Gnostischen Androgyne wollen wir das System Simons, des Magiers, schildern: Origenes schreibt darüber: „Zwei Auswüchse gibt es von allen Äonen, ohne Anfang und ohne Ende, aus einer Wurzel, welche ist die Macht: Still, unsichtbar, unkennbar. Von diesen aber erscheint der Eine von oben, und dieser ist eine große Kraft, der Geist von Allem, alles lenkend, männlich; der Andere aber, von unten, der große Gedanke, weiblich, alles gebärend.
Und sich begegnend begatteten sie sich, und brachten hervor den Mitte-Raum, die unkennbare Luft, ohne Anfang und ohne Ende. In dieser ist der Vater, der alles unterstützt und nährt, was Anfang und Ende hat. Und, dieser ist wer war, ist und sein wird, eine mann-weibliche Kraft, wie die von Anfang an bestehende Kraft, welche unendlich ist, ohne Anfang und ohne Ende, seiend Eines. Von dieser aber hinaustretend wird der Gedanke, welcher in der Einheit war, zwei. Er war aber Eines; in sich ihn habend war er allein, aber nicht der

Erste, obwohl Er vom Anfang an bestand, erst als Er sich an sich selber zeigte, ward er der Zweite. Und nicht ward Er Vater genannt, bevor der Gedanke ihn Vater nannte. Als Er sich selbst durch sich selber erzeugte, zeigte Er sich seinen eignen Gedanken, so auch machte der erschienene Gedanke Ihn nicht, aber Ihn sehend, hüllte der Gedanke den Vater in sich, die Kraft, und er ist mannweiblich, Kraft und Gedanke; darum begegneten sie sich, denn Kraft und Gedanke sind in nichts verschieden, da sie eines sind. Aus dem Höheren wird die Kraft, aus dem Unteren der Gedanke gefunden. Und so kommt es, dass was, von ihnen gezeigt wird, Eines seiend für Zwei gehalten wird, denn es ist mannweiblich, das weibliche in sich habend.
So ist auch der Geist in dem Gedanken nicht voneinander getrennt, sie sind Eins, aber Sie werden für Zwei gehalten."
Auch in der Bibel, im N. Testament, sind sehr viele Stellen, welche man wirklich, wenn uns einmal die Übersetzung der abstrakten Begriffe durch körperliche Symbole geläufig geworden ist, in diesem selben Lichte erblicken kann. Es wird wohl nicht nötig sein, mit Nachdruck auf die Übereinstimmung hinzuweisen, welche die griechischen Wörter mit den in den verschiedenen gnostischen Systemen gebräuchlichen zeigen; die Begriffe stimmen ebenso überein.
In den Briefen des Apostels Paulus an die Epheser lesen wir: „Ihr Weiber, seid euren Männern untertänig, wie dem Herrn, denn der Mann ist das Haupt des Weibes, wie Christos das Haupt der Kirche, und Er ist der Retter des Körpers .... Ihr Männer, liebt eure Weiber, wie auch Christos die Kirche geliebt hat, und sich selber für sie hingegeben hat .... So müssen auch die Männer ihre Weiber lieben, wie ihre eignen Körper. Wer sein Weib liebt, liebt sich selber. Niemand noch hasste sein eigen Fleisch, sondern er nährt und pflegt es, wie Christos die Kirche. Denn wir sind Teile Seines Körpers von Seinem Fleisch, von Seinem Bein. Darum wird der Mensch seinen Vater und seine Mutter verlassen und seinem Weibe anhängen, und diese beide sollen im Fleische Eins sein. Dieses Mysterium ist groß."
Finden wir hier nicht dieselbe Bildersprache. Von den alten Kirchenvätern der Orthodoxie, wie auch später noch von Anderen wurden dieselben Symbole gebraucht und angenommen, und die Kirche erhielt diese Tradition. Christos war der Bräutigam, die Kirche die Braut, und sie war wirklich als Weib gedacht. Wie Eva aus der Seite Adams gemacht war, so entstand die Kirche aus Christos Geiste, als er am Kreuz hing. Wir zitieren aus der Einleitung der Biblia Pauperum bei der Beschreibung des XXIVten Bildes. „Die Eröffnung der Seite Christi vor der Kreuzabnahme ist den Vätern der Augenblick des Werdens der Kirche, der Braut Christi und der Sakramente, wie Eva die Mutter der Lebendigen, aus Adam hervorging."
Wir glauben, dass dies alles genügend bewiesen ist, um, wenn wir in Körper-Symbolen uns plastisch diese Allegorien darstellen wollen, annehmen zu müssen, dass auch im Christentum die androgyne Idee deutlich ausgesprochen

wird, und hiermit beweist gerade nach unserer wahren Überzeugung die katholische Kirche ihre tiefe Erkenntnis des Lebens. Auch die großen Mystiker wie Jakob Böhme vertreten in ihren Schriften die androgyne Ansicht.
Wir gaben obige Zitate nur zum Beweis dafür wieder, dass immer und immer wieder dieser Gedanke des Androgynismus den Menschen bewusstwird, und auch, um anzuzeigen, dass die religiöse Ekstase sich in das höchste körperliche Entzücken übersetzt, das wir sexuell nennen.
In der griechischen Religion finden wir die androgyne Idee am schönsten ausgeprägt. Auch hier ist wieder die höchste Gottheit der Zeus, in der Geheimlehre wenigstens, als Mann-Weib gedacht. Man denke nur an die Orphischen Verse:

Zeus war der Erste, Zeus der letzte Herrscher des Blitzes,
Zeus das Haupt, Zeus die Mitte, aus Zeus ist alles bereitet,
Zeus ward Mann, und Zeus ward unsterbliche Jungfrau,

Und aus Zeus selbst entstehen andere Götter, welche selbst wieder androgyn sind. Aus seinem Kopfe entsteht die Athene, die Androgyne, wie wir später unten sehen werden, aus seinem Samen, der im Schlafe ihm entfloss, entstand Agdistis, wieder ein Mann-Weib, und Dionysos entstand eigentlich erst aus seinem Schenkel. Der Agdistis wird durch die Götter entmannt, und so wird er ein Weib, die Große Mutter, Kybele, und aus dem Gliede entsteht ein Mandelbaum. Als dessen Früchte gereift waren, steckte eine Tochter des Flussgottes Sangarios eine derselben in ihren Busen, ward schwanger und gebar den Attis: Und der Attis war der Liebling der Großen Mutter, denn Attis, sagt Kaiser Julian, ist ein Generations-Gott. Er ist der Generator. Aber auch seiner göttlichen Erzeugungskraft ist ein Ende gesetzt; das ist die Entmannung Attis. Nachher nimmt Attis dann weibliche Formen an, und weibliche Kleider, nachdem er durch die Entmannung, gestorben oder durch einen Löwen getötet, und vom Tode wieder erweckt ist.
Entsprechend ist auch der Mythus des Adonis, nur mit Ausnahme der Entmannung: Aber der Adonis ist eine Androgyne.
Schon der Orphische Hymnus singt: Hör mich, den flehenden, o Vielnamiger, guter Demon, Du, mit deinen lockigen Haaren, Du, Jungfrau und Jüngling, O, Adonis. – Der Adonis, der Liebling der Aphrodite, aber auch die Aphrodite ist androgyn.
Aber mehr noch spricht dafür die Anwesenheit der zweiten Androgyne, welche den Spiegel in der Hand hält, mit weiblichen Brüsten, gehüllt in weibliche Kleider und mit einem Bart, ganz übereinstimmend mit der Darstellung der mannweiblichen Aphrodite. Wir haben oben gesehen, dass sehr oft der Androgynismus der Götter durch die Vereinigung der zarten weiblichen Brüste mit dem Barte demonstriert ward.

So sah Dionysos aus!

Die Etymologie des Namens Aphrodite bedeutet die sehr Wollüstige. Kann dieser Name der Göttin auch zusammenhängen, mit dem was man als entblößen bezeichnet, und dass Scham Blöße ist? Diese Etymologie würde eine Stütze in der Tatsache finden, dass auf den Gemälden und Skulpturen, wo Dionysos die Ariadne findend dargestellt wird, immer die Entblößung der Ariadne stattfindet.

Ariadne reitet auf dem Panther, dem Tier;
vgl. Durga auf dem Löwen!

Dann würde also die Ariadne die weibliche Repräsentation des Zeugungsgliedes, d. h. der Zeugung selbst sein, und dann kann sie nur die vom allgemeinen Zeugungsgotte abgelöste weibliche Potenz sein. Die Begattung des Dionysos und der Ariadne wird dann wieder die Harmonie des Alls darstellen. Denn die analoge Venus kann sowohl männlich als weiblich sein, da jede Gottheit vierpolig ist.

Aber auch der Androgyne, der Hermaphroditos, ist der Schöpfer, wie Dionysos es war, und Hermes als aktive, männliche und Aphrodite als weibliche Kraft. Der Gott aber umfasste beide Kräfte. Solche sakralen Bilder wurden in tiefer Religiosität gemacht. Der ganze Körper ist gleichsam durchzuckt von der höchsten körperlich-magischen Ekstase, der halbgeöffnete Mund, die aufgezogenen Nasenflügel, welche die tiefe Atmung des Schaffenden meisterhaft demonstrieren, die starke Kontraktion des Gesäßmuskels, mit dem kräftig gegen das Tuch, auf dem der Gott ruht, angestemmten Beine, und das fast krampfartige Ergreifen der Unterlage mit den Händen, der eingezogene Bauch und das kräftig erigierte Glied, geben den Augenblick des Orgasmus meisterhaft wieder.

Dieses höchst körperlich-ekstatische Moment der All-Natur darzustellen, verrät tiefen religiösen Sinn.

Wenn also diese Gattungen von Hermaphroditen-Bildern die Gottheit in ihrer höchsten hehren Majestät, und in ihrer tiefen mystischen Bedeutung, als aktive Kraft darstellten, so war der Androgyne als passive-nährende Kraft dargestellt auf einer Statue, welche im französischen Clarac als die „nackte Venus bzw. die schlafende Nymphe“ abgebildet ist. Das Motiv der Entblößung, dem wir schon oben begegneten, sind also die Enthüllung der Mysterien der All-Natur.

Wie tief die androgyne Idee in den Geist der Menschen gedrungen war, beweisen die folgenden Analogien der mystischen Bedeutung der Zahlen:

Eins: die Mannweibliche; Geist; Gott; Materie; Chaos; Zusammen- mischung; Finsternis; Schattenwelt; Gähnende Kluft; Tartaros; Styx; Schauer; die Oede; unterirdischer Abgrund; Lethe (Vergessenheit); die harte Magd (d. h. Artemis oder Athene); Atlas; Achse; Sonne; Morpho (d. h. Aphrodite); Burg des Zeus; Bedeutung der Samen; Apollon; Prometheus; das Erzeugte; das Seiende; die Ursache der Wahrheit ; das Zusammenklingen (Symphonia); das Gleiche; das Mitten; das Maßhaltende; das Gegenwärtige; Schiff; Wagen; Freund; Leben; Glückseligkeit; Form; Zeus; Eros; Eintracht; Gottesfurcht; Freundschaft; Proteus; Mnemosyne (Gedächtnis).

Vier: Weibgestaltet, das Männliche aber besitzend; Herakles; Erhebung; der sehr Starke; der Männliche; der Nichteffeminierte; Hermes; Hephaestos; Dionysos; Maiades; der Segenreiche; der Kräftige; Dioskoros; Bassareus (d. h. Dionysos); Zwei-Mütter-habend (Dionysos); das Männliche-vor-sich-anstragender; das Zur-Bakchischen Ekstase-bringende; Harmonie; Urania; Kosmos; Körper; Gerechtigkeit.

Fünf: Androgyne; Frei-von-Zwiespalt; Änderung; Licht; das Äußerste der

tierischen Natur; Nemesis (da dieselbe in guten Verhältnissen das Himmlische, Göttliche und Körperliche in jedem Geschöpf zusammenfügt); Bubastis (Göttin der Fruchtbarkeit); Aphrodite; Kythereia, Zonaea (Epitheta der Aphrodite); Mittellinie; Halbgott; Zwilling; feste Achse; Unsterbliche; Pallas; die, welche wie das Herz in Mitten von allem steht ; die Führerin; die Gleichgewicht-habende; Nicht-miteinem-anderen-verbundene (d. h. in und aus sich selber vollkommen); Orthiatis (abgeleitet vom Epitheton der Artemis Orthia); Melpomene; Nährer; Vorsehung; Natur; Gott; Geist; Seele der Welt; Begattung.
Sechs: der Androgyne, Mannweibliche; Form der Form (Prototyp); Gelenk von allem, was die Seele macht; Harmonie; Unverletztsein; Aphrodite; Gespann; Heirat; Begattung; Liebesgenuss; Friede; Freundschaft; Gesundheit (Hygiea); Hekate-beletis; (doch wohl in Verband stehend mit, hecatebolos, ein Epitheton der Artemis-Hecate); der Drei-wege-habende; man denke an die dreifache Herme); der Zwei-seitige (ober und unter der Erde lebend, man denke an Persephone, Dionysos; Adonis usw.); Perseia; Dreiformige; Amphitrite (die Meergöttin); Thalia; Panacea.
Die Idee des doppelgeschlechtlichen Wesens, die durch eine einfache Zusammenstellung der charakteristischen Kennzeichen beider Geschlechter an einem Individuum einen unbeholfen kindlichen Ausdruck fand, wurde von einer fortgeschritteneren (religiösen) Kunstepoche mit Begierde aufgenommen und weiter ausgebildet. Diese suchte und fand ihre Aufgabe darin, aus der Idee eines doppelgeschlechtigen Wesens heraus ein wirklich neues Gebilde zu schaffen, das die männliche und weibliche Natur vollkommen in sich vereinigt und in dieser Vereinigung ein wirklich neues ganzes und vollkommenes Geschöpf darstellt, einen in sich fertigen neuen Organismus, der zwar mit aller natürlichen Erfahrung in direktem Widerspruch steht, aber durch die überragende Meisterschaft des ausführenden Künstlers einen goldenen Glanz erhält, ohne von einem in der Natur vorhandenen Vorbilde abstrahiert zu sein. Denn wenn es auch wissenschaftlich feststeht, dass Zwittergeschöpfe in der Natur vorkommen und auch im Altertum nicht unbekannt waren, so wird doch niemand im Ernst glauben, dass ein derartiges, noch dazu selten vorkommendes abnormes Naturgebilde einen wirksamen Stoff für die schöpferische Kunst geboten habe, welche für die Vollkommenheit des Göttlichen steht.
Soweit uns bekannt, gibt es keine Denkmäler der androgynen Idee in anthropomorphischer Darstellung, welche die Genitalien der beiden Geschlechter zeigen. Soweit uns griechische Quellen zugänglich waren, fanden wir keine solchen Denkmalen, wohl aber eine Vereinigung der beiden Geschlechtsteile an sich, aber nie in anthropomorphischer Gestalt. Die vereinigte Darstellung der Geschlechtsteile, der wir oft auf den altindischen Monumenten begegnen, können aber nie Androgyne oder Hermaphroditen genannt werden, wenn auch die Darstellung einer analogen Idee beabsichtigt

war. Denn jede Kultur verkörpert anders ihre sakralen Ideen.
Der Sage von Priapus ist die von Hermaphroditus ähnlich, der, als Sohn des Hermes und der Aphrodite von beiden Eltern zusammen seinen Namen erhalten haben soll. Einige glauben nämlich, es sei dieses ein göttliches Wesen, das zu gewissen Zeiten unter den Menschen erscheine und einen Körper habe, in dem männliche und weibliche Elemente gemischt wären; die Schönheit und Zartheit seines Körpers sei einem Weibe fast ähnlich, andererseits habe er die Mannhaftigkeit und die Tatkraft eines Mannes. Solch ein Wesen war in Quan Yin Lam verkörpert! Er gab die Harmonie der Natur wieder als lebende Person, er war das Abbild der Gottheit.
In den Mysterien und in dem Gottesdienst, wo immer drastisch der Inhalt der Mythen der Theologie dargestellt wurde, sind ebenso unzweifelhaft diese Jünglinge aufgetreten als Symbolisierung der Gotteskraft.
Und wie wir oben gesehen haben, gibt es sehr viele Beispiele in der Geheimlehre von Verbindungen der verschiedenen Emanationen der Gotteskraft, welche die menschliche Gestalt betreffend aufgefasst – und wie könnten Menschen in der plastischen Darstellung dieser Theorien, anders als auf die menschliche Gestalt beziehend verfahren – nur als sexuelle Akte dargestellt werden können. Denn in dieser körperlichen Vereinigung, welche mit der psychisch-lautmagischen Ekstase verbunden ist, wird doch am schönsten die göttliche Harmonie demonstriert, und wie in Knossos und Samos der Hierosgamos, die Hochzeit des Zeus und der Hera, wie sie nach der Überlieferung einst geschehen ist, nachgebildet wurde bei einem großen Feste zur Ehre des Zeus, so darf man wohl bestimmt annehmen, dass auch die Verbindung der aktiv erzeugenden Kraft der Androgenen durch Nachbildung gefeiert worden ist: So auch andere Episoden aus den Götter-mythen, wie das sich Hingeben des androgynen Dionysos an den Hirten Prosymnos, d. h. die Verbindung der Sonne mit dem Mond darzustellen, und die des letzteren mit dem All.
Bei so vielen religiösen Festen der Griechen traten als Weiber gekleidete Jünglinge auf, die auf den Ausgleich zwischen Mann und Frau verweisen wollten, um zeugend wirken zu können. Wenn wir einige Feste in alphabetischer Ordnung folgen lassen, so finden wir:

- Ariadneia; dieses Fest soll durch Theseus eingesetzt sein zur Ehre der Ariadne (man denke an die oben geschilderte Bedeutung der Ariadne), Plutarch schreibt in Theseus; „Bei dem Opfer, welches am zweiten des Monats September dargebracht wird, legt sich ein Jüngling nieder und ahmt das Geschrei und die Bewegungen einer Frau in Kindesnöten nach.“
- Anthesterien, dem Dionysos gewidmet: „Als (Apollonius) aber hörte, dass [die Athener] nach der Musik der Flöte üppige Stellungen aufführten und neben der Theologie und der Poesie des Orpheus, bald wie die Horen (Nornen), bald wie Nymphen, und wie Bacchanten

taten, so setzte ihn dies in Erstaunen.“ In seiner Ansprache sagte er weiter: „Ihr aber kleidet Euch noch weiblicher als die Frauen des Xerxes; die Greise wie die Jünglinge und die Epheben.“

- Heraklea: Bei den Coern beginnt der Priester des Herakles in Antimachia das Opfer, in weiblicher Kleidung, den Kopf mit der Mitra bedeckt.
- Lydus: Darum kleiden sich bei den Mysterien des Herakles die Männer in Weiberkleider, da der Samen-Keim nach der Rauheit und Unfruchtbarkeit des Winters zu erweichen anfängt.
- Thargelia, ein Fest der Artemis und des Apollon, ein Reinigungs- und Sühnefest. Hierbei wurden zwei Männer hinausgeführt, um symbolisch das Opfer der Sühnung zu bezeichnen, der eine personifizierte die Männer, der andere aber die Weiber.
- Oschophorien, dem Dionysos und der Ariadne gewidmet. Hierbei führten zwei Jünglinge in Weiber-Kleidern den Chorus an, mit Weinranken voll reifer Trauben.
- Hybristika, ein Fest der Aphrodite. Hierbei waren die Weiber in männliche Gewänder gekleidet, die Männer aber in Weiberkleider gehüllt, und brachten so das Opfer.
- Eusebius erzählt uns, dass auf den Gipfel des Libanon ein Tempel der Aphrodite war, welchen er „eine Schule für Liederlichkeit“ nennt, „für alle obszönen Männer geöffnet, die ihren Körper durch Zuchtlosigkeit beschmutzen. Einige Androgyne, die eher Weiber als Männer genannt werden können, da sie die Würde ihres Geschlechtes ablegten und litten, was Weibern zusteht, verehrten so die Gottheit.“

Jeder, der die Mystik der Alten richtig auffassen kann, wird aber hierin nichts anders sehen als die plastische, konkrete Darstellung des Abstrakten. Aus diesen Zeremonien konnte nur folgen, dass die Götter, in deren Tempel als Demonstration der Theologie Geschlechtsakte zwischen androgynen Priestern und weibmännlichen Priesterinnen als Symbol der Harmonie von Innen und Außen verübt wurden, um die Verbindung des Gottes mit der organisierten Materie, resp. des männlich-erzeugenden Prinzips mit der weiblichen All-Schöpferin zu versinnbildlichen.

*

Wir haben hier den innigen Zusammenhang zwischen der Religion und der Sexualität geschildert, der auch genauso besteht. Und wie in jeder Religion, wenn auch in den neueren nur versteckt als mystische Auffassung der Gottheit sowohl wie der Allnatur die höchste Harmonie des Männlichen-und-weiblichen, im Androgynen besteht, d. h., dass also offenbar im Tiefsten der Menschen-Seele, eine oft unbewusste, heilige Devotion vorherrscht für die Einheit, die Harmonie. Dass die androgyne Idee, die Voll-Harmonie, noch immer, sei es auch größtenteils nur unbewusst, im Seelenleben des Menschen herrscht, können wir am deutlichsten bei den magischen Künstlern erkennen. Denn die Hermetiker sind gerade die Menschen, welche am stärksten von Harmonie erfüllt sind.

6. Der Bacchus-Kult:

Überall auf Erden, wie in Rom, gab es eine Menge von magisch geschulten Priestern, die den Kult zu ihren eigenen Gunsten ausübten. Auch sie vollbrachten das lebende Blutopfer in ihren dafür eingerichteten Tempeln. Dieser Kult nannte sich Bacchus-Kult.

In anderen Ländern hatte derselbe Kult einen anderen Namen, aber die Ideen, die Philosophien und die Riten waren im Grunde genommen die gleichen. Zu diesem Kult zählte der der Ophiten, die Schlangen-Brüder. Sie haben den Namen von der Schlange der Weisheit entlehnt, indisch Kundalini, in Ägypten die Uräusschlange. Diese Schlange stellt auch die Irmin-Säule dar, den Weltenbaum mit seinen kabbalistischen Entsprechungen. Somit wird die Philosophie des Schöpferwortes zu ihrem Weltbild. Diese Gesetze verehrten sie, aber auf gnostische, d. h. auf irdische Weise. Woher der Name, wo der Ursprung des Wortes Gnosis kommt, kann man nicht sagen. Er verliert sich im Dunkel der Zeiten!

Da die Form der Schlange dem Phallus ähnelte, arbeiteten sie mit dem schöpferisch-sexuellen Prinzip. Dieser weisen Schlange zollten sie göttliche Verehrung, mit der Begründung, dass auch sie von Gott erschaffen wurde, zu einem bestimmten Zweck. Ihr Zischen gab ihnen den lautmagischen Ton, den sie für ihre Praktiken benötigten.

Ihre Schriften legten sie durch Namen und Zeichen (Runen), durch Kreise und Zirkel in Zeichnungen nieder. So konnte man auf schnelle und einfache Weise die Lehren verewigen.

Ihre höchste Gottheit ist Adam Kadmon (Hermes), welche die Lehren der Wortmagie den Menschen in Ägypten alias Thot brachte und lehrte. Von ihm stammen sämtliche philosophischen Systeme auf Erden ab. Ihn nennen die Gnostiker den ersten Ausfluss Gottes, dessen Symbol der schöpferische Phallus ist. Ihm gesellen sie Eva zum Weibe, die Materie, als Gegensatz zur oberen Welt. Mit diesem Reich bezeichnen die Ophiten ihr Reich, in dem sie ihre Religion ausüben können. Sie wird mit dem Heiligen Geist verglichen, weil sie für die Ophiten die irdische Gottheit darstellt. Von diesem Weib geht die Begierde aus, der Trieb der Zeugung und Vereinigung. Nun war für sie der Grund für die sexuelle Schöpfung gegeben. Sie hatten den Auftrag, aus Chaos und Finsternis eine lichte Welt zu zeugen.

Aber deren religiös-mystischen Auswüchse entsprachen nicht der Norm in seinem Ausmaß, in seinem ekstatischen Wesen, und sprengt somit den Rahmen

der Gesellschaft.
Deren Wesen, dessen Namen Bacchus war, wird als römisches Abbild des griechischen Gottes Dionysos identifiziert. Bevor diese Verschmelzung der Götter begann, verstand man die Bezeichnung Bacchus als Anrufung des Fruchtbarkeits- und Vegetationsgott Dionysos. Diese rituelle und lautmagische Zitation beinhaltet berauschte Raserei, Ekstase und sexuelle Freigiebigkeit als anhaltende Leitmotive des Kultes.
Eine weitere Identifikationsquelle ist die altitalische Gottheit Liber, welcher der römische Gott der Vegetativen und der animalischen Befruchtung ist. Er wurde auch als Gott des von Sorgen und Mühen befreienden Weines verehrt. Bacchus, heute als römischer Weingott bekannt, war ursprünglich wohl nur ein Beiname von Liber Pater. Man muss bedenken, dass die Stadt Rom mehr Götter hatte, so sagt ein Spruch, als Einwohner!
Die Verehrung Bacchus, auch unter den lateinischen Bezeichnungen Baccha, Bacchanal oder Bacchanalien in Rom bekannt, wurde desgleichen zu Ehren des Gottes Liber und Dionysos vollzogen. Die Einwohner Roms konnten diese sexuell-lautmagischen Kulthandlungen nicht mit ihrem vorherrschenden Bild des Gottes Liber kombinieren. Deshalb beginnt in der römischen Religion die Verschmelzung der beiden Gottheiten sowie eine Verbreitung der bacchischen Kultform in Rom.
Ein Grieche, ein Könner der Kulte, soll schuld daran sein, dass sich der bacchische Virus unaufhaltsam in Rom verbreitete und durch nächtliche Gottesdienste und geheime Rituale Sympathien bei der Bevölkerung weckte. Der Name der Kultstätte, Bacchanal(ia), begründet die Benennung des bacchischen Geheimkultes, welcher als Bacchanalien bezeichnet wird. Der magische Kult bezieht sich auf sexualmagische Anrufungen und Handlungen.
Die Ideologie des Kultes vermittelt die Rettung vor dem Tode durch die Gottheit Bacchus. Folglich bezieht sich die Wirkung der Bacchanalien auf das Astrale, wo die Ursachen gesetzt werden. Die ekstatische Berauschung – hervorgerufen durch Tanz, Gesang und Wein gleicht den fünf M´s im Shakti-Kult des Hinduismus – soll den dadurch erlangten Reichtum des Irdischen vermitteln und zugleich den Menschen über ihren mühevollen Alltag hinweghelfen.
Die Verwandlung des Dionysos-Kultes in den Bacchus-Kult schließt ihn als reinen Frauenkult ein, wie s ihn heute noch gibt. Livius berichtet, dass dessen ungeachtet einer Frau aus Kampanien den Beschluss erließ, dass Frauen und Männer gleichberechtigt an den Ritualen teilnehmen dürfen. Interessanterweise wird der Bacchus-Kult in Kampanien seit dem Sechsten vorchristlichen Jahrhundert praktiziert.
Eine Mischung der Geschlechter in der Entwicklung des Kultes scheint glaubhaft zu sein. Livius beschreibt die Bacchanalien wie folgt: „Zu den Zeremonien kamen die Freuden des Weines und des Mahles hinzu, umso mehr Menschen anzulocken. Wenn der Wein und die Nacht und das Zusammensein

von Männern und Frauen, von Jugendlichen und Älteren jeden Sinn für Scham aufgehoben hatten, kam es zuerst zu Ausschweifungen jeder Art, weil jeder zu dem, wozu er von Natur aus größerer Lust verspürte, das Vergnügen bei der Hand hatte.“

Wegen der Kennzeichen eins Trinkgefäßes mit zwei ausgeschweiften Henkeln, Kantharsos genannt, zumeist in der einen und den Thyrosstab in der anderen Hand, sind diese Götter als Irdisch auszulegen. Diese irdischen Götter verkörpern die Polarität, weswegen man ihre gefürchtete, strafende und ebenfalls kriegerisch erfolgreiche Seite nicht vergessen darf. Sie ahnden ihre Opfer oder Gegner nicht physisch, sondern straften sie durch Raserei und Wahnsinn, um sie dadurch für höhere Sinnesziele zu erwecken.

Die rituellen Zeremonien der Dionysos-Anhängerinnen fanden hauptsächlich im Wald und in Gebirgen statt. Der Gott versetzte seine Begleiterinnen in ekstatischen Taumel und Raserei durch rituellen Tanz, runischen Gesang und eucharistischen Wein. Die Rituale konnten in die Zerreißung von Tieren oder Kindern und das Verzehren von rohem Fleisch (vgl. den Shakti-Kult!) ausarten, welche als Opfer und zur Kräftigung dienten. Die göttliche Kraft von Dionysos (Bacchus) brachte die Frauen dazu, Quellen aus Milch und Honig zu sehen. Interessanterweise ist Honig, in Form von Kuchen, auch ein Bestandteil der Liberalien, ein Fest zu Ehren von Liber und seiner Partnerin Liberia, welches alljährlich am 17. März in Rom zelebriert wurde.

Die rituellen Feierlichkeiten und Ausartungen des Dionysos-Kultes wurden über Jahrhunderte ohne übermäßiges Aufsehen zu erregen in Griechenland abgehalten. In Rom hingegen erlangten der Bacchanalienskandal und seine Bekämpfung geschichtsträchtigen Ruhm, weil sich die gnostischen Könner im Senat bedroht fühlten. Sie wussten, dass man gegen sie magischen Ursachen ins Akasha setzte, die sie nur mit dieser drastischen Gegenwehr bekämpfen konnten mit dem Tod von 7000 Kultanhängern. Durch die hervorgerufenen Volte nahm man massiv auf die Politik Einfluss.

Auch weil viele Adlige, Senatoren oder Sklaven involviert waren, wurde als Grund vor einer feindlichen Übernahme angegeben. Der wahllosen Unzucht mit Freigeborenen und Frauen, sondern auch falsche Zeugen, Siegel, Testamente und Aussagen gingen aus derselben Werkstatt hervor, von dort auch Gifte und heimliche Mordtaten, wobei zuweilen nicht einmal die Leichen zum Begräbnis vorhanden waren.

Übertönt wurden diese kriminellen Schandtaten, laut Livius, von ekstatischem Tanz, Gesang und Paukenschlägen sowie von Beckenklängen. Die Abgeschiedenheit der Grotte und die erpresste Verschwiegenheit der Teilnehmer/-innen verhinderten, dass kein Mensch den Opfern Hilfe leisten konnte. Wie mächtig der Zwang realistisch einzuschätzen war, den Ritualen beizuwohnen und darüber zu schweigen, ist, wenn man die Struktur der mystisch-mächtigen Orden studiert hat, offensichtlich.

Diese daraus erfolgende Beschneidung des Bacchus-Kultes, allgemeiner

gesehen der römischen Religion, sollte die staatliche Führung vor einem Übernahmeangriff der Bacchanten schützen und die Anhänger des Kultes strafrechtlich verfolgen, weil die Regierenden die Macht im Lande behalten und ausüben wollten.
Die gesetzliche Verfolgung der Bacchanten und die Zerstörung aller bacchischen Kultstätten beginnt. Die Heftigkeit der Vernichtung des Bacchus-Kultes zeigt eine Panik des Senates. Dabei ist bewiesen, dass die Wurzeln des Kultes von Bacchus, bzw. Liber, tiefer in Rom liegen als vom Senat und Livius dargelegt. Die Unterdrückung des Kultes, kein endgültiges Verbot, zeigt eine Kontrollmaßnahme zur Überwachung der kultischen Bräuche. Die Beschneidung des Kultes und Überwachung der (führenden) Teilnehmer verhindert eine unerwünschte Ausbreitung dieser moralisch verwerflichen Aktivitäten gegen die regierenden Senatoren.
Aber der Kult lebte im Verborgenen weiter, wie eine Inschrift aus dem zweiten Jahrhundert nach Christus beweist. Die weitere Existenz dieses Kultes bestätigt das Überleben des Bacchus-Kultes, somit konnte der römische Senat die Bacchanalien unterdrücken, aber nicht ausrotten. Deutlich durch diesen Straferlass wird ebenfalls eine ruhigere Form des ekstatischen, aber seriösen Taumels durch Weingenuss, Gesang und Tanz bewirkt.
Die Bacchalien wurden öffentlich ausgeführt mit Festen, Wagen, Statuen usw., sie wurden vom 23. bis 29. Oktober durchgeführt. Es kamen dabei alle dem Dionysos-Kult üblichen mystischen Gebräuche vor.
Auch dass die Priesterinnen mit Phallen bewaffnet waren, ihre sexualmagischen Kulte ausübten, in dem sie den Dildo dem Gott Bacchus stimulierend weihten, ist die gleiche fundierte Tatsache wie die Praktik mit der japanischen Tengomaske zur besseren ekstatischen Verbindung mit ihrer Gottheit, um gewisse Ursachen und Wirkung zeugen zu können.
Um z. B. Babalon anzurufen, intoniert man den Namen der Erdmutter, und imaginiert sie dabei geistig. Gleichzeitig masturbiert man in einem heiligen Akt des Gottesdienstes mit der linken Hand, die passive, weibliche Seite, das magnetische Prinzip, wobei ihr heiliger Name lautmagisch nach den Gesetzen der Quabbalah gesungen wird bis zum Höhepunkt. Man kann dabei an Geld, materielle Dinge denken. Mit der rechten Hand ruft man die Gottheit Baphomet an, den Gott der Erde! Das kann von einem weiblichen oder einem männlichen Könner durchgeführt werden, wobei beide ihren Samen auf einem Blatt Papier mit Siegel auffangen und dann über einer offenen Flamme verbrennen mit dem festen Glauben, den Wunsch zu verwirklichen.
Auch der griechische Gott Pan, der Gott der Fruchtbarkeit, wird durch Liebesmagie angerufen, in dem man seinen Namen in den Raum mit Vokalatem-Technik und seinen Analogien bannt.
Unser Körper stellt den Tempel des kabbalistischen Lebensbaumes dar mit all seinen Gesetzen, Prinzipien des Mikro- und Makrokosmos, sämtlicher Götter. Man sollte ihn ehren und schützen als Achtung vor der Göttlichkeit. Deshalb

fallen für uns Hermetiker sämtliche Übungen zur Steigerung der Lust weg, da wir mit den Göttern, mit den mächtigen Potenzen verbunden sind und selbst zur Schöpferkraft werden.
Am besten erklärt folgende Geschichten diesen heiligen Sachverhalt: In den sakralen Aufnahmezeremonien der Katharer, in ihren extra dafür nach den Gesetzen eingerichteten religiösen Tempelraum, begegnen wir einem Kult ihrer Feierlichkeiten: „Wenn ein Novize aufgenommen wird, heißt es, und zuerst in die Schule der Verworfenheit eintritt, so erscheint ihm nach buchstabenmystischer Anrufung eine Art Frosch, der Gott der Fruchtbarkeit – Baal –, den manche auch Krötenkönig nennen. Einige geben demselben einen schmachwürdigen Kuss auf den Hintern, andere auf das Maul und ziehen die Zunge nebst dem Geifer des Tieres in ihren Mund. Das elektrisiert bzw. belebt sie ungemein! Dieses Tier erscheint manchmal in natürlicher Größe oft auch in der Größe einer Gans oder Ente, in der Regel nimmt es jedoch die Größe eines Backofens an. Wenn nun der Novize weiter geht, d. h. tiefer in der Einweihung voranschreitet, so begegnet ihm ein Mann von wunderbarer Blässe mit schwarzen Augen und so dürr und mager, dass alles Fleisch geschwunden und nur die Haut um die Knochen zu hängen scheint.
Denselben küsst der Novize, wobei er fühlt, dass der Mann kalt wie Eis ist, und nach dem Kusse schwindet alle Erinnerung an den katholischen Glauben bis auf die letzte Spur aus seinem Herzen. Er ist frei für den neuen Glauben. Hierauf setzt man sich zum Mahl, einem Bestandteil des Ritus der fünf M´s, das die Götter lieben, und wenn man sich nach demselben wieder erhebt, so steigt durch eine Statue, wie sie in solchen Schulen neben anderen magischen Gebrauchsgegenständen zu sein pflegt, ein schwarzer Kater von der Größe eines mittelmäßigen Hundes, rückwärts und mit zurückgebogenem Schwanze herab. Diesen küsst zuerst der Novize auf den Hintern, dann der Meister und weiterhin alle übrigen der Reihe nach, aber nur diejenigen, welche würdig und vollkommen sind; die Unvollkommenen aber, welche sich nicht für würdig halten, erhalten vom Meister den Frieden, und wenn alle ihre Plätze eingenommen, gewisse runische Sprüche mit erhobenen Armen hergesagt und die Häupter gegen den Kater geneigt haben, so kommt es nach einem kurzen aufklärenden Gespräch zur sexuellen Vereinigung aller hier anwesenden Schwestern und Brüdern; auch tauschen Männer mit Männer und Frauen mit Frauen ihre Säfte zur Verwirklichung ihrer Wünsche aus. Nach Beendigung der Messe erscheint der angerufene Gott Luzifer und erteilt ihnen ihren Segen, d. h., er sichert ihnen die Erfüllung der Wünsche zu. Dann verschwindet er."
All das sind religiöse gnostische Kulthandlungen, zu deren Umsetzung sämtliche magischen Utensilien benötigt werden wie Säulen, Kreis und Dreieck, der magische Spiegel, ein Brunnen oder ein Wassergefäß, der zum heiligen Akt dazugehört. So vollzogen, bringt die heilige Handlung die Verwirklichung durch das verdichtete Akasha des Spiegels zustande, wie man in der okkulten Geschichte „Exorial" von Gregorius klar und deutlich

erkennen kann.
Auch in den rein magisch zu deutenden Versen der „Nachtfeier der Venus“, dessen Urheber unbekannt ist, liegen im rituellen Kult des Gottes Dionysos und zeigen auf, wie die Riten, die Feiern, die Tänze und die Weihen des Hüters der Geheimnisse abgelaufen sind. Aber noch viel Interessanteres finden wir im nächsten Kapitel über die Kult-Gott.

7. Die Quelle der Dionysos-Mysterien

Dieses nun geschilderte griechische Gedicht „Die Bakchen“ von Euripides gibt uns den authentischen Bericht der zeremoniell-lautmagischen Dionysos-Mysterien wieder, wie er vor Jahrtausenden in Südeuropa gehandhabt wurde:

(Vor dem Palast des Pentheus zu Theben.
Dionysos zieht mit dem Chor der Bakchen ein.)

Dionysos:
Ich, Sohn des Zeus, Dionysos, einst von Semele´
Empfangen, Kadmos´ Tochter, deren Schoß der Strahl
Des Blitzes löste, komme her ins Theberland:
Am Dirke-Born und Bach Ismen, in menschliche
Gestalt verwandelt aus dem Gott, erschein ich hier
Und sehe meiner Mutter Grabmal, die der Blitz
Erschlagen, und des Hauses Trümmer rauchend noch
Hier beim Palast. Die Himmelsglut glimmt fort, und nie
Stirbt gegen meine Mutter Heras Rachetat.
Ich lobe Kadmos, dass er diesen Raum umzäunt,
Der Tochter unnahbare Gruft, und hab ihn selbst
Mit traubenreicher Rebenlaube rings umhüllt.
Von Phrygien, vom goldhaltigen Lyderboden zog
Ich fort, besuchte Persiens sonnenheiße Gaun
Und Baktriens Mauern samt dem stürmerauhen Land
Der Meder, dann Arabien, das von Segen grünt,
Ganz Vorderasien endlich, das, an salziger See
Gelegen, viele schöngetürmte Städt enthält,
An gemischtem, welschem und hellenischem, Volke reich.
Und nun die erste Griechenstadt betret ich hier,
Nachdem ich dort auch meine (magischen) Weihen eingeführt
Und (rituelle) Tänze, um deutlich meine Gottheit kundzutun.
In griechischen Landen hat mein Jubel Theben nun
Zuerst geweckt. Des Thyr-sos (Runenstab) Efeuwaffe empfing

Die Hand, das Rehfell knüpft ich ihnen um den Leib,
Weil meine Tanten, denen dies am mindesten
Geziemt, behaupten, Bakchos sei nicht Zeusens Sohn:
Verführt von einem Manne habe Semele
Die Schuld des Fehltritts Zeusen aufgebürdet, der
Für diese Finte Kadmos′ auch sie tötete –
So prahlt man –, weil der Liebesbund erlogen war.
Drum macht ich, dass sie, toll geworden, biesten fort
Vom Haus: sie wohnen im Gebirg verrückten Sinns.
Die Geräte meiner Weihen drängt ich ihnen auf,
Und aus den Zimmern ist die ganze weibliche
Bevölkrung, was nur Frauen waren, fortgerast:
Samt Kadmos′ Töchtern lagen alle bunt vermischt
Im Schatten grüner Tannen auf dachlosen Höhn.
Denn diese Stadt soll′s fühlen, wollend oder nicht,
Wie schlecht sie war in mein *Verzücktsein* eingeweiht:
Zu Ehren bring ich meine Mutter Semele,
Der Welt als Gott erscheinend, als von Zeus gezeugt!
Es hat der greise Kadmos Würd und Herrschgewalt
An Pentheus abgetreten, seinen Tochtersohn,
Der mir, Natur und Geist verleugnend, trotzt und mich
Ausschließt von Spenden, im Gebet nie mein gedenkt.
Drum will ich ihm und allen Thebern mich als Gott
Nun offenbaren, dann sofort in andres Land
Die Schritte lenken, wenn das hier vollendet ist,
Mich offenbarend. Wollte Thebens Volk im Zorn
Mit Waffenmacht die Bakchen schleppen aus dem Wald,
Wohlan! Mänaden führ ich wider sie zur Schlacht;
Denn darum hab ich Menschenbildung angelegt.
Wohlan, mein Festschwarm, Frauen, die vom Tmolos her,
Von Lydiens Bollwerk, mir gefolgt aus welschem Land,
Ihr, meine Weggefährten und Kameradinnen,
Die Pauken, die im Phrygerland einheimisch sind,
Der Mutter Rhea und meine Erfindung, nehmt zur Hand
Und wandelt hier mit hellem Schall ums Königshaus
Des Pentheus, dass die Kadmosstadt es hör und seh.
Ich eile nach Kithairons Bergesweiten, wo
Die Bakchen sind, und nehm an ihren (rituellen) Tänzen teil.

Chor:
Von dem heiligen Tmolos,
Von dem Land Thrakien herzog
Ich, dem Luftbrausenden springend,

Eine lustreizende Müh, wonnige Arbeit
Dem verzückt Schwärmenden jauchzend.
Wer ist hier am Palast?
An der Straß? Räum er den Weg mir!
Und mit andächtigem Sinn hör
Er mir zu, schweigend; ich sing feierlich, juchhe!
Dionysen dem Brauch nach.

Erste Strophe:

Glücklich der Mensch, der selig
Göttliche Weihen schaut, sein
Leben von Flecken keusch bewahrt,
Der das Gemüt zum Tanz stimmt,
Schwärmet in Wald und Berg, durch
Heilge Verzückung Sünden reint
Und der allmächtigen Bergmutter
Kybele Orgien magisch recht übt
Und emporschwinget den Thyrsos
Und mit Efeu sich die Stirn kränzt,
Sich dem Dienst weiht Dionysens.
Oh, so kommt, Bakchen, o kommt, die
Ihr den lustbrausenden Gott führet,
Den Gottsohn Dionysos,
Von den Waldhöhen der Phrygier
In die weiträumigen Gassen
Griechenlandes, den Gott,

Erste Gegenstrophe:

Welchen die Mutter einst, im
Kreißen mit Wehen ringend,
Brachte zur Welt, dem Schoß entstürzt,
Als sie den Geist verhaucht vom
Schlage des Wetterstrahls beim
Rollenden Donnersturm des Zeus.
Und es nahm Zeus der Kronid ihn
Von der Kindbetterin Kammer
Und verbarg ihn in den Lenden,
Wo, mit Golddrähten befestigt,
Er geheimblieb vor der Hera.
Und den stierförmigen Gott bracht
Er zur Welt, als er gereift war

Von der Zeit, kränzte mit Schlangen
Ihm die Stirn, dass die Mänaden
In die Haarlocken sich flechten
Dies gefangene Tier.

Zweite Strophe:

Semeles Wiege, Theben,
Kränze dich schön mit Efeu,
Prange mit frischem Grün
Schönbeeriger Windenkränze,
Richte zur Bakchosfeier dich mit
Eichen- und Tannenzweigen,
Weiße Büschel von Hermelin
Heft an Krägen von scheckigen
Rehfellen, weih mit dem mutwilligen
Rohrstabe die Hand.
Tanzend sogleich feiert das ganze
Land den Brausenden, welcher den Schwarm
Führt in den Wald, in die Berge, woselbst
Weilet die weibliche
Schar, von Spule und Webstuhl
Wegbiesend durch Dionysen.

Zweite Gegenstrophe:

Oh, du Kuretenkammer,
Göttergeweihtes Kreta,
Wiege des Zeus, o Talgrund,
Wo Korybanten einst in
Grotten den fellbespannten Reif
Schufen, im Dreihelm tanzend,
Mischten phrygischer Pfeifen
Einstimmigen, lieblich ertönenden Hauch
Mit dem Jubel der Lust, reichten
Der Urmutter die Handpauke
Zum Aufjauchzen der Bakchen.
Satyre, rasende, haben sodann
Sie von der Rhea, der Mutter, erlangt,
Sie mit den magischen Tänzen des
Alldreijährigen Fests gepaart,
Des sich freut Dionysos.

Epode:

Und der rasende Schwarm, gehüllt
In das geheiligte Rehfell, hascht
Sich den getöteten Bock, in Lust
Roh zu verzehren den blutig zerfleischeten,
Wenn er aufklimmt zum Forst
Phrygischer, lydscher Höhn,
Und, juchhe! der Brausende voran!
Wonniglich streckt er sich
Von dem schwärmenden Lauf zum Boden
Im Waldesgrün –
Strömet der Boden von Milch dort, strömet von Wein und
Honigseim und duftet wie Syriens Weihrauch!
Und des Verzückten Hand
Schwingt rotflammende Pechglut
Der Kienfackel am Hohlstab im Lauf.
Den schweifenden Schwarm regt er auf,
Emporschnellend durch Jubeln
Und die üppige Lock in die Lüfte verstreuend
Und zujauchzend im Lustgeschrei:
„Kommt, o kommt doch, ihr Bakchen,
Des goldströmenden Tmolos
Reizzierde, singt Dionysen
Beim dumpfbrausenden Tamburin,
Feiert ihn jauchzend, den jauchzenden Himmlischen,
Phrygisches Rufen und Lärmen erfreue ihn!
Wenn lieblich-schöpferischer Flötenklang
Heilig zu heilgen Scherzweisen ertönt, dem
Umrennen im Berg vereint,
Dass die Bakchante vor
Lust, wie das Fohlen zur Seite der weidenden
Mutter, im Sprunge das Bein hochschwingt, das behende.“

(Teiresias tritt auf)

Teiresias:
Wer ist am Tor? Man rufe mir den Kadmos her,
Den Sohn Agenors, welcher, vom sidonischen Staat
Gewandert, diese Theberburg getürmet hat!
Geh einer, melde, dass Teiresias sein begehrt!
Er weiß die Absicht meines Kommens selbst, und was
Ich Greis mit ihm, dem ältren Greis, besprochen hab.

Das Haupt mit Efeuschößlingen bekränzen und
Rehfelle tragen, Thyrsos schwingen wollen wir.

(Kadmos tritt aus dem Haus)

Kadmos:
Mein Bester! deine Stimme hab ich wohl erkannt,
Des weisen Mannes weisen Ruf, im Hause drin
Und komme fertig mit dem heiligen Festgerät.
Mir ziemt´s, den Gott, der meiner Tochter Sohn ist, schön
Und hoch zu ehren, wie´s in meinen Kräften steht.
Wo muss ich nun hintanzen, wohin wandeln? wo
Die greisen Locken schwingen? Führe du mich an,
Der Greis den Greis, du, weiser Mann, Teiresias!
Ich werde, nimmer müde, Tag und Nächte lang
Den Boden schlagen mit dem Stab: mein Alter mag
Ich gern vergessen! –

Teiresias:
Das ist meine Meinung auch!
Ich bin (magisch) verjüngt und aufgelegt zum Reigentanz.

Kadmos:
Soll uns ein Wagen tragen hin ins Waldgebirg?
Teiresias:
Da würde nicht in gleichem Grad der Gott geehrt.

Kadmos:
So komm, ich will dich gängeln treu, der Greis den Greis.

Teiresias:
Uns führt der Gott selbst mühelos zur Stelle hin.

Kadmos:
Sind wir die einzigen Bakchos-Tänzer aus der Stadt?

Teiresias:
Wir sind die einzigen Rechtgesinnten dieses Volks.

Kadmos:
Nun ohne Zögern! Komm und fasse meine Hand!

Teiresias:

Hier, füg und schlinge deinen Arm um meinen Arm.

Kadmos:
Ich sterblich Wesen werde Götter nie verschmähn.

Teiresias:
Wenn unsre List mit Geistern ringt, so gilt sie nichts:
Der Väter Glauben, und was Geltung nach und nach
Fand bei der Mitwelt – kein Vernunftschluss stürzt es um,
Was auch der Scharfsinn noch so fein ausklügeln mag.
Wohl mancher spricht, ich mache, wenn ich tanzen will,
Das Haupt mit Efeu kränzen, meinem Alter Schand.
Allein der Gott setzt keinen Unterschied, ob ihm
Der Jüngling bloß, der ältre Mann bloß tanzen soll.
Er will von allen ohne Wahl gefeiert sein:
Die Zahl ist´s nicht, worein er seine Ehre setzt.

Kadmos:
Weil dir der Strahl des Tageslichts erloschen ist,
Teiresias, so will ich jetzt dein Mittler sein.
Pentheus in Hast kommt eilig zum Palast heran,
Der Sohn Echions, dem ich meinen Zepter gab.
So aufgeregt, was wird er Neues sagen nur?!

(Pentheus tritt auf)

Pentheus:
Ich war verreist; indem ich eben wiederkehr,
So hör ich hier vom neuen Unfug in der Stadt.
Die Frauen haben Haus und Herd verlassen bei
Erlognem Schwärmen und Verzückttun, lagern dort
In schattigen Wäldern, feiern diesen neuen Gott
Dionysos, wer er immer ist, im Reigentanz.
Und volle Krüge stehen mitten in dem Kreis
Des Gelags; und eine duckt sich da, die andre dort
An geheime Plätze und gibt sich Männern hin zur Lust,
Sich stellend als im Gottesdienst Begeisterte –
Doch Liebeslust gilt ihnen mehr als Schwärmerei.
Soviel die Häscher griffen, sind gefesselt mit
Handschellen und im Stadtgefängnis aufbewahrt;
Nun will ich, die noch fehlen, fangen dort im Wald,
Ino, Agauen, deren Schoß dem Echion mich
Gebar, Aktaions Mutter dann, Autonoën.

Sie sollen mir, mit Eisenbanden festgeschnürt,
Den tollen Unfug lassen dieser Schwärmerei.
Ein fremder Gaukler, sagt man, ist erschienen hier,
Ein Zaubrer und Betrüger aus dem Lyderland,
Mit blonden Locken reicher Zier ums Angesicht,
Mit schwarzen Augen, ganz mit Liebreiz angetan,
Der Tage und dunkle Nächte, heilige Jubelweihn
Vorschützend, mit den jungen Fraun beisammen ist.
Doch hab ich ihn nur einmal hier im Hause drin,
So ist sein Thyrsosschlagen, Lockenschwingen bald
Zu End, der Kopf fällt abgetrennt vom Rumpfe hin!
Derselbe, sagt er, sei der Gott Dionysos nun,
Derselbe war in Zeusens Hüften eingenäht,
Der hier verbrannt ist durch die Blitzesflamme samt
Der Mutter, weil sie Zeusens Liebesbund erlog!
Nein, ist es nicht empörend, zum Tollwerden, dass
Der Fremd uns also höhnet, wer er immer ist?
Doch sieh! ein andres Wunder noch! in scheckigem
Rehfell der Zeichenspäher hier Teiresias!
Und meiner Mutter Vater auch, wie lächerlich!
Verzückt den Hohlstab haltend! – Mich, Großvater, schmerzt´s,
So alte Männer so von Sinnen anzusehn.
Sogleich den Efeu abgeschüttelt, gleich die Hand
Vom Thyrsos, mein Großvater, freigemacht! Und du
Hast ihn verführt, Teiresias, willst wieder hier
Den neuen Gott einführen bei der Welt, um Lohn
Zu ernten, wenn du Opferglut und Vögel prüfst?
Dein graues Alter schützt dich noch, sonst müsstest du
Mir zwischen diesen Schwärmerinnen sitzen, fest
Gebunden, für nichtswürdge Weihen, die du bringst!
Wo Frauen zechen froh und frei beim Traubensaft,
An solcher Feier seh ich nichts Ersprießliches.

Chor(führerin):
Du scheust der Frommheit heilge Macht, o Fremdling, nicht;
Du, Sohn Echions, schändest selber dein Geschlecht
Und Kadmen, der die erdgezeugte Saat gestreut!

Teiresias:
Wird schöner Stoff zum Reden einem klugen Mann
Geboten, dann ist´s keine Kunst, beredt zu sein:
Du zeigst wohl Zungenfertigkeit, als wärst du sehr
Verständig, doch in deiner Red ist kein Verstand.

Ein kecker, mächtiger, redefertiger Mann ist stets
Ein schlechter Bürger, wenn der rechte Sinn gebricht
Die neue Gottheit, die du höhnst – ich kann es nicht
Aussagen, welche Herrlichkeit sie bald erlangt
In Griechenland. Zwei Dinge sind die wichtigsten
Dem Menschenleben, Jüngling: Göttin Demeter –
Das heißt die Erde; beide Namen gelten gleich –,
Mit trocknen Früchten sättigt sie die Sterblichen;
Der aber, Semeles Sprössling, kam aufs Gegenteil,
Erfand der Traube flüssigen Trank, macht´ ihn der Welt
Bekannt zur Tröstung mühbeladner Sterblicher
Im Grame, wenn der Rebensaft den Geist belebt.
Er leiht auch Schlummer, der des Tages Hitze und Last
Vergessen macht und ganz allein den Kummer stillt.
Er wird als Spende Göttern dargebracht, ein Gott,
So dass durch ihn den Menschen alles Gute kommt
Du spottest, dass er eingenäht in Lenden war
Des Zeus – ich will dich lehren, wie das richtig ist.
Als Zeus ihn aus der Wetterflamm entrissen hatt
Und zum Olymp das neugeborne Kind gebracht,
So wollt ihn Hera aus dem Himmel werfen; doch
Zeus wusste vorzukehren: sein allmächtger Arm
Riss von dem Äther, der die Erde rings umgibt,
Ein Stück und barg ihn dorten, bis er war gereift.
Der Gott ist auch ein Seher; denn Verzückung und
Begeistrung sind mit Sehergabe nah verwandt.
An Krieg und Schlachten hat er gleichfalls einigen Teil:
Ein Heer in Waffen, das in Reihn geordnet steht,
Zersprengt der Schrecken, eh´s die Lanze noch berührt;
Auch das ist Tollheit, von Dionysen eingehaucht.
Du siehst ihn einst noch auf dem hohen Delpherfels
Mit Fackeln springen, dass der Doppelgipfel hell
Vom Glanze strahlt, und schwingen sein Verzückungsrohr
Und groß in griechischen Landen. – Pentheus, folge mir,
Prahl nicht, dass Macht und Stärke nur die Welt beherrscht;
Und wenn der Glaube, den du hegst, ein irriger ist,
So halt dich nicht für weise. Nimm den Gott ins Land
Und bring ihm Spenden, sei verzückt und kränz das Haupt.
Dionysos wird nicht Frauen ihrer Tugend und
Keuschheit entfremden: im Gemüt und Wesen wohnt
Die Sittsamkeit für alle Fälle und Handlungen.
Beherzige dies: auch in verzückter Schwärmerei
Wird nicht verführt die, welche **wahrhaft sittsam** ist.

Du siehst, dich freut es, wenn um deine Tür das Volk
Sich drängt und Pentheus′ Name hoch gefeiert ist:
Auch jenem, sei versichert, tut die Ehre wohl.
Ich nun und Kadmos, den du höhnst, wir wollen uns
Das Haupt mit Efeu kränzen und zum Tanze gehn,
Ein graues Paar, und dennoch steht der Tanz ihm an;
Ich widerstrebe nicht dem Gott, von dir verführt.
O schlimmer Wahnsinn, welchen keine Arzenei
Vermag zu heilen, und du bleibst nicht ohne sie!

Chor:
Dein Reden macht dem Phoibos keine Unehre, Greis,
Und ehrt in Zucht den großen Gott, den Brausenden.

Kadmos:
Mein Sohn, Teiresias′ Mahnung war ganz treffend! Komm
Und wohn bei uns, nicht außerhalb dem Volksgebrauch!
Jetzt schwankst und irrst du; dein Verstand ist Unverstand.
Und wäre dieser, wie du sagst, kein Gott, so lass
Ihn dennoch gelten, lass den schönen Trug bestehn,
Lass glauben, dass uns Semele einen Gott gebar,
Lass Ehr und Ruhm zuwachsen unsrem ganzen Stamm.
Du kennst Aktaions jammervollen Untergang,
Den Hunde, die er selbst erzog, rohfressende,
Im Waldgebüsch zerfleischten, als er stolz geprahlt,
Er hab im Waidwerk obgesiegt der Artemis.
Dass dir das nicht begegne, komm, ich kränze dir
Das Haupt mit Efeu. Zoll ihm Ehr, dem Gott, mit uns!

Pentheus:
Hinweg die Hand! Geh immer hin und sei verzückt,
Doch mich beschmutz mit deiner Torheit nimmermehr!
Den Lehrer aber deines Unverstandes werd
Ich also strafen: gehe schleunig einer hin
Zu seiner Siedlung, wo er nach den Vögeln späht,
Und wühl und kehr mit Hebeln alles um und um,
Zuunterst-oberst durcheinanderwerfend, und
Die Binden geb er zum Verwehn den Winden hin.
Durch diese Handlung kränk ich ihn am schmerzlichsten.
Ihr aber zieht die Stadt entlang und spürt mir auf
Den weiberhaften Fremdling, der die Fraun verderbt
Durch neues Laster und zum Ehebruch verführt.
Und wenn ihr ihn ergriffen habt, so bringt ihn her,

Gebunden, dass, durch Steinigung hingerichtet, er
Erfahre, dass Verzückung schlimm bei uns gerät!
(Ab)

Teiresias:
O Tor, vermessner, der du nicht weißt, was du sprichst!
Nun ganz verrückt, und längstens nicht recht bei Verstand!
Wir wollen hinziehn, Kadmos, und um Gnade für
Ihn bitten, mag er noch so wild gebärden sich,
Und für die Bürger, dass der Gott kein arges Weh
Zufüge. Folge mit dem Efeustabe mir,
Such meinen Leib aufrecht zu halten, deinen ich!
Nicht schön ist´s, wenn zwei Greise fallen; mag´s jedoch
Geschehn! Gedient muss Zeusens Sohn, dem Schwärmer, sein!
Dass dieser Leidrich deinem Haus, o Kadmos, nur
Kein Leid bereite! Nicht als Seher sag ich dies:
Die Sache gibt´s! Denn gar zu Töriges spricht der Tor!
(Beide ab)

Erste Strophe:

Chor:
Du vernimmst, heilige Scheu,
Denn du schwebst goldenbeschwingt
Ob der Welt, göttlich und hehr –
Du vernimmst hier, was der Fürst
In so keckfrevelndem Hohn
Von dem Luftbrausenden spricht,
Semelens Sohn, höchstem der
Glückseligen Gottheiten
Im kranzduftigen Frohsinn!
Denn er ist´s, der uns beglückt
Und zu Tanzreigen und Scherz
Bei Musikklängen (magisch) erregt
Und die Missstimmung hinwegbannt,
Wenn der Saft rinnet der Trauben
Bei den Festmahlen der Götter.
Und den Mann, efeubekränzt,
Senket der Rauschbecher in sanften Schlummer.

Erste Gegenstrophe:

Für ein zuchtloses Gemüt,

Einen zaumledigen Mund
Ist das End bitteres Leid.
Doch ein friedseliges Tun
Und ein sittsames Gemüt,
Das besteht ruhig im Sturm fort,
Und sein Haus dauert; denn, hoch über Gewölk
Thronend, vernimmt dennoch die Gottheit,
Was der Mensch redet und tut.
Und das Hochweise ist Wahn
Und der unirdische Sinn.
Unser Dasein ist so kurz: wer
Nach dem Hochragenden strebt hier,
Der genießt nicht, was ihm nah liegt:
Das ist Tollheit, so bedünkt mich´s,
Und verkehrtdenkender Männer Weise.

Zweite Strophe:

Hin zur Insel der Liebe
Möcht ich ziehen, nach Kypern,
Und wo Reiz und Verlangen hold
Walten, herzenbezaubernd, dort-
Hin zum sonnigen Lande, das
Hundert Arme des welschen Stroms
Ohne Regen befruchten.
Wo der Musen herrlichster Sitz
An des Olymps Berghange so
Anmutig lacht in Pieria,
Dort führe mich, lärmender und
Voranschwärmender Gott, hin!
Dort herrscht Verlangen, Reiz und Lust,
Dort dürfen frei Bakchen die Weihen feiern.

Zweite Gegenstrophe:

Lustbarkeit und Gelag liebt
Zeus´ Sohn, unsere Gottheit,
Hegt den göttlichen Frieden, wo
Segen quillt und die Jugend blüht,
Gibt harmlosen Erquickungstrank
Ohne Wahl dem geringen Mann
Gleich dem Reichen zu kosten,
Hasst Pedanten, die es verschmähn

Helle Tag und selige Nächt
In Leichtsinn zu verschwärmen
Und klugen Verstands die Hoch-
Und Tiefdenker zu meiden.
Was beim schlichteren Volk gang
Und gäb ist, soll stets mir das Beste scheinen.

(Dionysos wird gefesselt von Dienern des Pentheus herbeigeführt. Zugleich kommt Pentheus wieder aus dem Palast)

Diener:
Hier sind wir, Pentheus, bringen dir den Fang, nach dem
Du fahnden hießest; unsre Jagd war nicht umsonst!
Ganz zahm benahm sich dieses Wild hier, nicht durch Flucht
Zu entkommen sucht´ es, bot die Hände willig dar,
Verblasste nicht, verfärbte nicht der Wangen Rot,
Nein, lachend ließ sich´s binden und verhaften, und
Blieb stehen und kam mir zuvor in meinem Dienst.
Mit Achtung sprach ich: „Fremder Mann, ungern verhaft
Ich dich; denn Pentheus, der mich sendet, heißt mich´s tun."
Die Bakchen aber, die du aufgegriffen hast
Und festgebunden in der Fronfest´ eingesperrt,
Die sind verschwunden, los und ledig fortgeschwärmt
Zum grünen Forste, jubelnd ihrem Brausegott.
Die Banden fielen ihnen von den Füßen frei,
Die Tor und Schlösser taten ohne Menschenhand
Sich auf: ja, viele Wunder wirkt der Mann da hier
In unsrem Theben! Sorge du fürs weitre nun!

Pentheus:
Befreit ihm seine Hände! Im Netz gefangen, ist
Er nicht so hurtig, dass er mir entrinnen kann! –
Ei nun, am Leibe, Fremdling, bist du wahrlich hübsch,
So für die Frauen – was dich auch nach Theben führt!
Die langen weichen Locken – nicht vom Turnen so! –
Umdrängen schön die Wangen, die ganz reizend sind,
Und deine Haut ist weich und zart, recht wie man´s braucht,
Im Schatten wohl behütet vor dem Sonnenstrahl,
Dass deine Schönheit zum Verlieben reizen muss!
Nun sag mir erstlich deinen Stand und dein Geschlecht.

Dionysos:
Ganz ohne Prahlen! und es ist nicht schwer zu tun:

Vom blütenreichen Tmolos hast du wohl gehört.

Pentheus:
Gewiss! vom Bergkreis, der um Sardes Mauern zieht!

Dionysos:
Dort stamm ich her, und Lydien ist mein Vaterland.

Pentheus:
Von wannen bringst du diese magischen Weihen her zu uns?

Dionysos:
Dionysos hat mir´s beigebracht, der Sohn des Zeus.

Pentheus:
So lebt ein Zeus dort, welcher neue Götter zeugt?

Dionysos:
Nein, der der Semele in Liebe hier hat beigewohnt.

Pentheus:
Er zwang dich wohl im Finstern? oder Aug in Aug?

Dionysos:
Ja! Aug in Aug, und seine Weihen gab er mir.

Pentheus:
Der (lautmagischen) Weihen Weise und Wesen nun, worin besteht´s?

Dionysos:
Dies Unverzückten offenbaren darf man nie.

Pentheus:
Und wer sie feiert, welchen Segen bringen sie?

Dionysos:
Du darfst es nicht erfahren; doch ist´s wissenswert!

Pentheus:
Das nenn ich hübsch verschleiern, wo ich hören will!

Dionysos:
Wer bös und unfromm, den verschmähn die heilgen Weihn.

Pentheus:
Du sahst den Gott ja ganz genau: wie sah er aus?

Dionysos:
Wie´s ihm beliebte; in meiner Willkür lag es nicht.

Pentheus:
Nochmals den Quell mir abgelenkt, und lauter Nichts!

Dionysos:
Unkundigen scheint, wer Kluges spricht, nicht klug zu sein.

Pentheus:
Sind wir die ersten, die du suchst mit deinem Gott?

Dionysos:
Das ganze Welschland tanzt in dieser Feier schon.

Pentheus:
Dort herrscht Vernunft auch weniger als in Griechenland!

Dionysos:
Nur andre Sitten, aber hierin mehr Vernunft!

Pentheus:
Geschieht am Tag die Feier oder bei der Nacht?

Dionysos:
Zumeist bei Nacht. Die Dunkelheit ist feierlich.

Pentheus:
Ein schlüpfrig-morscher Boden für die Frauen ist´s!

Dionysos:
Das Laster findet auch bei Tag Gelegenheit.

Pentheus:
Nur Schelmenstreiche sind es, die du büßen musst!

Dionysos:
Und du die Torheit, dein Versündigen an dem Gott!

Pentheus:
Ei sieh, wie dreist der Schwärmer ist, wie wortgewandt!

Dionysos:
Was soll ich leiden? was geschieht mir? nenn die Qual!

Pentheus:
Die weichen Locken schneid ich dir fürs erste ab.

Dionysos:
Die Haare sind dem Gott geweiht; ihm heg ich sie!

Pentheus:
Dann musst du mir den Thyrsos hier einhändigen.

Dionysos:
Nimm selbst ihn ab! Ich trag ihn, er gehört dem Gott.

Pentheus:
Dann wird dein Leib in Kerkermauern eingesperrt.

Dionysos:
Daraus erlöst mich Bromios selbst, sobald ich will.

Pentheus:
Sobald du frei im Bakchenchor ihn rufen kannst!

Dionysos:
Auch jetzo sieht er, was ich leide, und ist mir nah.

Pentheus:
Wo ist er? Sichtbar meinem Aug, wo zeigt er sich?

Dionysos:
Bei mir! Doch unfromm, wie du bist, siehst du ihn nicht.

Pentheus (zu den Dienern:)
Ergreift ihn! rasch! Er höhnet mich und Thebens Volk!

Dionysos:
Ich sag besonnen: Unbesonnene, lasst mich los!

Pentheus:
Ich aber, euer Gebieter, sage: bindet ihn!

Dionysos:
Du lebst und weißt nicht, was du tust noch wer du bist.

Pentheus:
Pentheus, Echions und Agaues Sohn, bin ich.

Dionysos:
Der Name ist recht geeignet, Unheil herzuziehn!

Pentheus:
Nun fort mit ihm! legt bei den Pferdekrippen ihn
In feste Banden, dass er finstre Nacht erblickt!
Dort magst du tanzen! Diese, die du mitgebracht,
Der Missetat Mitschuldige hier, verkaufen wir
Entweder, oder ihre Hand soll Mägdedienst
Uns tun am Webstuhl, dieses Paukenlärms entwöhnt.

Dionysos:
Ich gehe; denn wir brauchen nicht zu dulden, was
Uns nicht beschieden! Diese Misshandlung jedoch
Bestraft der Gott wohl, dessen Sein du leugnest, bald.
Denn was du mir tust, tust du ihm und sperrst ihn ein.

Strophe:

Chor:
Acheloos´ göttliches Kind,
O du, jungfräuliche Dirke!
Du empfingst einst ja des Zeus Kind
In der abkühlenden Flut,
Da es Zeus, der es erzeugt, rafft´
Aus der nie sterbenden Brandglut
In die Hüft und also ausrief:
„Dithyramb, komm zu mir her,
Dass mein Mannesschoss dich aufnimmt!
Ich erklär, Schwärmender, so soll
Dich das Volk Thebens benennen!“

Und du willst, selige Dirke,
Meine Lusttänze verschmähn jetzt,
Meine kranzgezierten (allmächtigen) Reigen?
Mich verleugnen, mich verstoßen?
Oh, gewiss lockt dich dereinst noch
Dionysens Traubensaft, wird
Dir des Lustbrausenden Labe wert sein!

Gegenstrophe:

Seine Abstammung beweist
Er vom Erdboden und Lindwurm,
Dieser Pentheus, von Echion,
Von dem Erdmenschen, gezeugt,
So ein Unmensch wie die
Erdriesen, so wild Himmlichen trotz-
Bietendes mördrisch Ungeheuer!
Ach, in Fesseln wird er bald mich,
Des Berauschers Dienrin, schließen,
Und in dunkler Kerkernacht hält
Er bereits drinnen im Haus fest
Den Genossen meiner Festreihn!
O du, Sohn Zeusens, oh, sieh her!
Mit Gewalt ringen und Not hier,
Dionys, deine Verkündger!
O erschein, schwing am Olymp hin
Deinen goldschimmernden Thyrsos,
Und den Trotz hemme des grimmen Mannes!

Epode:

Auf dem wildhegenden Nysa,
Auf den korykischen Gipfeln,
Dionys – wo in der Welt hebst
Du im Tanzreigen den (mächtigen) Stab?
In den baumschattigen Hallen
Des Olymps etwa, woselbst
Bei den Wohlklängen des Orpheus
Sich die Waldbäume versammelt´
Und das Wild lauschte den Liedern?
O Pieria, wie beglückt!
Dich verehrt Bakchos, er naht dir
Mit dem tollschwärmenden Chor, führt

Die verzückt tanzenden Fraun
Durch den schnellrauschenden Fluß Axios und
Über des Lydias Fluten, der ein
Wohlstandspendender, segenaus-
Teilender Vater ist, so hör ich,
Fette, rossenährende Aun
Tränkt mit klarem Gewässer.

Dionysos (im Palast:)
Io, Bakchen, ihr Bakchen, io!
Höret, vernehmet meine Stimme!

Chor:
Was für ein, was für ein Ruf?
Woher tönt des Jauchzenden Geschrei nach mir?

Dionysos (von drinnen:)
Holla! wiederum ruf ich, ich,
Semelens Sprössling, der Zeussohn!

Chor:
Herr und Gebieter, oh!
Komm doch herbei, o Brausender, o Tönender, zu unsrem Chor!

Erster Halbchor:
Brausender Gott, ai, ai! der Erdboden bebt!

Zweiter Halbchor:
Schütterung, wunderbar!
Ah! ah! ah! o seht! des Pentheus Palast,
Sogleich wird er zertrümmert ganz vom Sturze sein.

Erster Halbchor:
In dem Palaste weilt der Gott: bet ihn an!

Zweiter Halbchor:
Ich bet an! O seht!
Wie sich die Marmorknäuf heben vom Säulenschaft!
Der Brausende zertrümmert innerhalb das Haus.

(Der Palast stürzt ein)

Dionysos (von drinnen:)
Zünde die lodernde Fackel der Blitzglut!
Brenne, verbrenne die Wohnung des Pentheus!

Erster Halbchor:
Ah! ah! siehst du nicht die Glut, nicht die Flamm!
Über dem geweihten Grab Semeles, die
Einstens vom Himmelsstrahl zurückblieb und Donnerschlag?

Zweiter Halbchor:
Nieder zur Erde die Glieder, die zitternden,
Nieder, Mänaden; denn
Der Herr naht, der Sohn des Zeus,
Und hat das Haus hier unterst-oberst eingestürzt!

(Dionysos tritt heraus)

Dionysos:
Welsche Frauen, so verschüchtert, so gelähmt von Furcht und Angst
Liegt ihr hier am Boden? Sicher habt ihr´s also wohl verspürt,
Wie Dionys das Haus des Pentheus schüttern machte! Nun empor
Eure Leiber! lasst das Zittern, fasset euch und seid getrost!

Chor:
O mein höchstes Heil, mein Licht in jubelvoller Schwärmerei,
Welch ein Trost in meiner öden Einsamkeit ist´s, dich zu sehn!

Dionysos:
Hat euch Kleinmut angewandelt, als man mich hineingeführt,
Mich zu stoßen in des Pentheus öde finstre Kerkernacht?

Chor:
Konnt ich anders? wer beschirmt´ uns, wenn ein Unfall dich betraf?
Doch wie bist du frei geworden aus des frevlen Mannes Hand?

Dionysos:
Selber war ich mein Erretter sonder Müh mit Leichtigkeit.

Chor:
Hatt er mit Strickbanden dir denn nicht die Hände festgeschnürt?

Dionysos:
Eben hier erfuhr er Hohn. Denn mich zu binden meinend dort,

Hat er mich, am Wahn sich weidend, nicht berührt, nicht angefasst.
An der Krippe, wo er mich anschließen wollte, einen Stier
Findend, warf er dem um Bein und Klauen rasch den Strick herum,
Schnaubte laut vor Wut und Eifer, troff am ganzen Leib von Schweiß,
Biss die Zähne in die Lippen, während ich ganz nah dabei
Ruhig sitzend allem zusah. Mittlerweil erscheint der Gott
Bakchos, macht das Haus erbeben, lässt von seiner Mutter Grab
Feuer lodern. Er, das sehend, meint´, in Flammen steh das Haus,
Rannte hastig hin und wider, hieß die Diener Wasserflut
Schleppen, und sein ganz Gesind ist jetzt in Arbeit, ganz umsonst!
Dies Bemühen wieder lassend, weil er mich entflohen glaubt´,
Und ein blankes Schwert ergreifend, rannt er in das Haus hinein.
Drauf, so schien mir´s, mein Vermuten sag ich, schuf der Brausende
In der Halle ein Luftgebilde, und auf dieses stürmt´ er ein,
Hieb und stach die helle, leere Luft, als träf er tödlich mich.
Und zudem noch diesen Schaden hat ihm Bakchos angetan:
Seine Wohnung liegt in Trümmern, ganz zu Boden hingestürzt,
Weil der Gott mich sah in bittren Banden. Endlich sank er hin
Vor Erschöpfung und entfiel das Schwert ihm. Er, ein bloßer Mensch
Wagt´ es, mit dem Gott zu ringen! Ganz gelassen aber ging
Ich, um Pentheus unbekümmert, hier zu euch heraus indes.
Doch mir scheint – ich hör ja Tritte schallen innerhalb – er wird
Auf der Vorflur gleich erscheinen. Was nur wird er sagen jetzt?
Leichtlich halt ich stand vor ihm, und wenn er noch so heftig tobt:
Denn Gelassenheit und Ruhe ziemt dem weisen Manne wohl.

(Pentheus stürzt aus dem Haus)

Pentheus:
Man höhnt mich schrecklich! denn der Fremdling ist entflohn,
Der eben festgebunden lag in Kerkerhaft!
Ha, ha! Da ist der Mann ja! Was ist das? wie kommst du denn
Heraus von drinnen auf die Flur an meinem Haus?

Dionysos:
Halt an! ein ruhiges Wesen walte in deinem Zorn!

Pentheus:
Der Haft entschlüpft? da außen hier? Wie ging das zu?

Dionysos:
Ich sagt es doch, du hörtest doch: Er macht mich frei!

Pentheus:
Wer denn? Du führst seltsame Reden stets im Mund!

Dionysos:
Er, der der Welt die traubenreiche Rebe schuf.

Pentheus:
Ei, hübsch! Von Bakchos also rühmst du diesen Schimpf?
Nun heiß ich alle Tor und Türme sperren rings!

Dionysos:
Wie? dringt ein Gott nicht durch verschlossne Mauern auch?

Pentheus:
Klug bist du, klug! Nur leider da nicht, wo du sollst!

Dionysos:
Da grad am meisten, wo ich´s sein soll, bin ich klug!
Indes vernimm erst jenes Mannes Meldung, der
Vom Waldgebirg kommt, irgendwas dir kundzutun.
Ich bleib dir sicher, werde nirgendshin entfliehn.

(Ein Bote kommt)

Bote:
Pentheus, Gebieter hier in diesem Thebervolk,
Vom Berg Kithairon komm ich, dessen Scheitel nie
Die Flockendecke glänzend reinen Schnees verlässt.

Pentheus:
Und welche wichtige Meldung bringst du mir von dort?

Bote:
Die wunderbaren Bakchen sah ich, die von hier,
Die weißen Beine schwingend, fortgebieset sind,
Und komm im Drang, zu melden dir, Fürst, und der Stadt,
Wie über alle Wunder Großes dort sie tun.
Doch möcht ich wissen, ob ich auch freimütig darf
Dasselbe künden, ob in Demut mäßigen.
Denn schüchtern macht mich, König, dein aufbrausendes,
Jähzornig Wesen und dein herrisch stolzer Sinn.

Pentheus:
Zu gefährden hast du nichts von mir; sprich immerhin!
Denn auf die Wahrheit bös zu sein geziemt sich nicht;
Jedoch je mehr das, was du sagst, erstaunlich ist,
Je ärger werd ich diesen Erzverführer hier,
Der Frauen solche Künste beibringt, züchtigen.

Bote:
Die Rinderherden klommen weidend eben auf
Zur höchsten Bergesspitze, als die Sonne hoch
Die Strahlen nach der Erde schoss in heißer Glut:
Da sah ich Frauenchöre unten drei an Zahl.
Den ersten führt′ Autonoë, deine Mutter war
Des zweiten Haupt, des dritten Ino Führerin.
Sie schliefen alle, sanft vom Schlummer aufgelöst,
An Tannenzweige lehnend teils den Rücken, teils
Auf Eichenlaub am Boden ruhend mit dem Haupt,
Nachlässig sittsam, keineswegs so, wie du sagst,
Berauscht vom Weinkrug, dass sie unter Flötenschall
Auf Buhlerei ausgingen in der Einsamkeit.
Und deine Mutter, stehend mitten in der Schar,
Begann zu jubeln, als des Hornviehs Brüllen ihr
Zu Ohren drang, um fortzuscheuchen jeden Schlaf.
Sie sprangen auf, ein Wunder edler Sittsamkeit,
Vom Augenlid den tiefen Schlummer werfend schnell,
Noch ledige Mädchen, junge und ältre Frauen auch.
Die Locken lässt man auf die Schultern fallen erst
Und bringt das Rehfell, wo der Bänder Schleifen sind
Gelöst, in Ordnung, gürtet Schlangen, die vertraut
Die Wangen lecken, um das scheckige Vlies herum.
Die nahmen Rehe und Junge wilder Wölfe auf
Die Arme, reichten weiße Milch aus schwellender
Brust, welche, jüngst entbunden, ihre Säuglinge
Verlassen hatten. Efeukränze setzt′ man auf
Und Eichenzweige und blütenreiches Windenlaub.
Und eine nahm den Thyrsos, schlug an Felsen hin,
Woraus ihr perlend Bronnen Wassers sprudelten;
Und eine andere stößt den Hohlstab in den Grund,
Und einen Weinquell sendet ihr der Gott empor.
Wer aber nach schneeweißem Trank Begehren trug,
Der scharrte mit den Fingerspitzen nur den Grund
Und hatte Milch hersprudelnd. Süßer Honigseim
Troff quellend aus des Thyrsos Efeurohre, dass

Du sicher, wärst du Zeuge des gewesen, fromm
Dem Gott gehuldigt hättest, den du jetzo schmähst!
Da kamen wir zum Wechselstreit gemeinen Rats
Zusammen, Schaf- und Rinderhirten, gegenseits.
Da trat ein redefertger Pflastertreter auf
Und sprach im Kreise: „Ihr Siedler auf den heiligen
Gebirgesmarken, lasst des Pentheus Mutter uns,
Agaue, hier wegfangen aus dem Bakchenfest
Und Dank vom König ernten!" Wohlgesprochen schien
Uns dies: wir duckten uns zur Lauer wohlversteckt
Ins Laub der Büsche. Zur bestimmten Stunde dann
Begann das Thyrsos-Schwingen zur verzückten Feir,
Und: „Bakchos!", scholl´s im vollen Chor, „der Brausende,
Der Sohn des Zeus!" Der ganze Bergforst jauchzte mit,
Das Wild und alles ward erregt und rannt umher.
Da hüpft´ Agaue grade in meiner Näh vorbei,
Und sie zu haschen strebend, sprang ich rasch hervor,
Das Dickicht räumend, wo ich meinen Leib verbarg.
Sie aber schrie: „Ihr meine flinken Doggen, hier
Die Männer machen Jagd auf uns; kommt, folget mir!
Folgt mir, die Hände mit dem Thyrsos wohlbewehrt!"
Durch eilige Flucht entkamen wir der bakchischen
Zerreißung, doch die Rinder, welche grasten, fiel
Der Haufe mit stahlunbewehrten Händen an.
Da sah man diese ein wohlgenährtes brüllendes
Kalb auseinanderzerren mit der Arme Kraft,
Von andren wurden Färsen reißweis rasch zerfleischt.
Hier sah man Rippen, Füße mit zweispältgem Huf
Hinauf-, hinabgeschleudert. Stücke Fleisches, die
An Tannen hingen, troffen, überdeckt mit Blut.
Und Stiere, die voll Übermut sonst ihren Zorn
In die Hörner setzten, straucheln auf den Boden hin,
Von hundert jungen Frauenarmen angefasst.
Und schneller war die Fleischbekleidung abgeschlitzt,
Als deines königlichen Auges Wimper zuckt.
Im Lauf gehoben, Vögeln gleich, hinschwebt die Schar
Die Flurenstrecke, die den Bach Asop entlang
Fruchtreiche Ähren sprießen lässt dem Thebervolk.
Nach Hysiai und Erythrai, die dort unterhalb
Der Wand Kithairons siedeln, fällt mit Feindeswut
Der Schwarm hinein, zuunterst-oberst alles ganz
Umkehrend: Kinder reißt man aus den Häusern fort,
Und jede Bürde auf ihren Schultern schwebte frei,

Von keinem Band gehalten, Erz und Eisen selbst
Fiel nicht zum dunklen Grunde. Auf ihren Locken glomm
Ein Feuer, das nicht sengte. Nun griff zornentbrannt
Das Volk zu Waffen, so verheert vom Bakchenschwarm.
Da war, o Fürst, ein schrecklich Schauspiel anzusehn.
Die Frauen schlug kein Lanzeneisen blutig je,
Sie aber, Thyrsosstäbe schleudernd aus der Hand,
Sie machten Wunden, zwangen auszureißen bald
Vor Fraun die Männer. Sichtlich war ein Gott dabei!
Zum Orte kehrt´ man wieder, wo der Lauf begann,
Zu jenen Quellen, die der Gott entspringen ließ,
Sich reinzuwaschen, und die Schlangen leckten dann
Die Tropfen Blutes aus dem Angesicht hinweg
Mit ihren Zungen, dass die Wange frisch erglänzt´.
Drum nimm, Gebieter, wer er immer sei, den Gott
In unsren Staat auf, der in andren mächtig ist
Und dann im Ruf steht, wie ich höre, dass er hat
Der Welt den Weinstock, der den Kummer stillt, verliehn.
Denn wo der Wein fehlt, fehlet auch die Liebeslust
Und jede Freude, die die Welt erquicken kann!
(Ab)

Chor:
Freimütig meine Meinung vor dem Herrscher hier
Zu äußern ist gefährlich! Dennoch sei´s gesagt:
Dionysens Gottheit weichet keinem andren Gott!

Pentheus:
Ganz nahe schon, wie Feuersbrunst, umlodert uns,
Ein Schimpf für Griechen, diese Bakchenschwärmerei.
Drum nicht gezaudert!

(Zu einem Diener)
Mach dich auf, begib dich zum
Elektrator, heiß alle Schildgewappneten
Und Reisgen schneller Rossgespanne entgegenziehn,
Und wer die Lanze schwinget und wer Pfeile schnellt
Vom Bogenstrang. Wir rücken aus zum Kriege mit
Den Bakchen. Nein, das übersteigt ja alles gar,
Von Weibern das zu dulden, was uns hier geschieht!

Dionysos:
Du folgst mir zwar nie, hörst auf meine Worte nicht,

Pentheus, und schwer von dir beleidigt, warn ich dich
Gleichwohl, die Waffen nicht zu zücken wider ihn,
Den Gott. Sei ruhig! denn der Brauser duldet´s nicht,
Dass man im Jubelforste seine Bakchen stört.

Pentheus:
Du willst mich meistern? Bist du, aus der Haft entflohn,
Damit zufrieden oder suchst erneute Straf?

Dionysos:
Ich brächt ihm Opfer, statt als Mensch genüber Gott
Zu löken wider seinen Stachel zornentbrannt.

Pentheus:
Ja, opfern will ich – Frauenblut, wie man´s verdient,
Ein Mordgemetzel in Kithairons Waldrevier!

Dionysos:
Ihr werdet Reißaus nehmen; dann ist´s schimpflich, wenn
Vor Bakchenstäben Eisenrüstung liegenbleibt!

Pentheus:
Verzweifelt ist der Handel mit dem Fremden hier,
Der, zwingt man oder lässt man ihn, nie schweigen will!

Dionysos:
Mein Bester, sieh! die Sache macht sich ganz bequem!
Pentheus:
Wodurch? Ich soll wohl meiner Sklaven Sklave sein?

Dionysos:
Ganz ohne Waffen führ ich dir die Frauen her.

Pentheus:
Oho! das ist ein tückischer Anschlag wider mich!

Dionysos:
Wo denkst du hin? Nur retten will dich meine List!

Pentheus:
Ein Bund und Plan ist´s, dass das Wesen fortbesteh!

Dionysos:
Ganz wohl, ein Bund ist´s mit dem Gott, des sei gewiss!

Pentheus:
Bringt mir heraus die Rüstung, und du schweige still!

Dionysos:
Ah! Sprich, magst du nicht sie hübsch im Forst beisammen sehn?

Pentheus:
Jawohl, gewiss! ich gäbe schweres Geld darum!

Dionysos:
Woher entsteht dir diese Lüsternheit darnach?

Pentheus:
Um ihrem Weinrausch recht mit Ärger zuzusehn!

Dionysos:
Und dennoch sähst du lüstern, was dir Ärger schafft?

Pentheus:
Gewiss! so heimlich sitzend unterm Tannenbusch!

Dionysos:
Allein auch heimlich kommend, wirst du ausgespürt.

Pentheus:
Das hast du wohl gesprochen! sichtbar also denn!

Dionysos:
So lass dich führen, tritt mit mir die Reise an!

Pentheus:
Tu´s ohne Säumen und gewinn dir diese Frist!

Dionysos:
Erst lege feine Byssos-Kleidung um den Leib.

Pentheus:
Was? soll ich Mann zum Weib mich machen? und wozu?

Dionysos:
Nicht umgebracht zu werden in der Mannestracht.

Pentheus:
Da hast du recht! sprichst wie ein Weiser frührer Zeit!

Dionysos:
Dionysos hat mich ausgebildet also fein.

Pentheus:
Wie lässt sich´s hübsch einrichten nun nach deinem Rat?

Dionysos:
Ich will dich selbst ankleiden drin in deinem Haus.

Pentheus:
Zu welcher Tracht? weiblicher? Nein, ich schäme mich!

Dionysos:
So ist die Lust, den Bakchen zuzusehn, verraucht?

Pentheus:
In welchen Anzug wirst du mich verkleiden? Sprich!

Dionysos:
Schlicht um die Schläfe kämm ich dir das Haar hinab.

Pentheus:
Das zweite Stück der Mummerei, worin besteht´s?

Dionysos:
Ein Rock bis an die Knöchel, um den Kopf ein Band.

Pentheus:
Geht´s so noch weiter? fügst du dann noch mehr hinzu?

Dionysos:
Ein scheckig Rehfell, einen Thyrsos in die Hand.

Pentheus:
Ich kann unmöglich Weibertracht anlegen! nein!

Dionysos:
So fließt dein Blut im Kampfe mit den tollen (allkräftigen) Fraun!

Pentheus:
Ja, recht! ich muss als Späher erst zu ihnen gehn!

Dionysos:
Viel klüger ist´s! Sonst machst du Übel ärger nur.

Pentheus:
Wie aber komm ich unbemerkt durch Kadmos´ Stadt?

Dionysos:
Durch menschenleere Gassen hin! ich führe dich.

Pentheus:
Mir alles lieber, als der Bakchen Hohn zu sein!
Nun lass im Haus uns überlegen, was wir tun.

Dionysos:
Wie dir´s beliebt! Zu allem bin ich dienstbereit.

Pentheus:
Ich gehe, werd entweder dann in voller Wehr
Ausrücken oder deinem Ratschlag folgen hier.

(Ab ins Haus)

Dionysos:
Ihr Fraun, der Mann setzt in die Falle schon den Fuß,
Besucht die Bakchen, wo er mit dem Tode büßt.
Dionysos, tu das Deinige nun: du bist nicht fern!
Lass uns ihn strafen! Bring ihn erst von Sinnen, hauch
Ihm leichte Wut ein! Denn besonnen wird er wohl
Sich nie entschließen, Weiberkleidung anzuziehn,
Verrückten Geistes aber legt er bald sie an.
Ich will zum Spott den Thebern ihn preisgeben, so
Vermummt als Weib ihn führend durch die ganze Stadt
Nach seinen frühern allgewaltgen Drohungen!
Ich geh, dem Pentheus umzutun den Schmuck, mit dem
Ins Totenreich er scheidet, von der Mutter Hand
Zerrissen! Kennenlernt er dann den Sohn des Zeus
Dionysos, der vollkommen als gewaltger Gott

Der Welt sich offenbarte und höchst wohltätiger!
(Ab in das Haus)

Strophe:

Chor:
Werd ich wieder die Nächte durch
Im Tanze die weißen
Füße drehn, hochjubelnd den Hals
In kühltauige Lüfte hin
Werfend, wie in der grünen Lust
Blumger Matten das Reh umhüpft,
Das der schrecklichen Hatz entfloh
Aus Wildzaun und Geheg und
Über knotige Garne weg,
Wenn der Jäger den Hundelauf
Stets anregt mit gellendem Schrei,
Und es rennet mit Sturmeseil
Rastlos über die Fläch am Bach,
Freut sich endlich der Menschenöd
Im stillen laubschattigen Wald,
Im kühlen Gehölze.
Was ist klug und die schönste Gunst,
Welche Menschen von Göttern kommt,
Als ob dem Scheitel des Feinds
Sieggekrönt zu halten die Faust?
Alles Schöne gefällt stets!

Gegenstrophe:

Spät zwar, aber gewiss stets greift
Ein göttlicher Arm ein,
Richtet jeden, der in der Welt
Missetaten verübt und nicht
Fromm das Heilige ehret, von
Unvernünftigem Wahn erfüllt.
Lange Zeiten verbirgt er sein
Nahen täuschenderweise
Und erhaschet den Frevler. Nein,
Nie muss unser Verstand und Tun
Stolz verschmähn den geltenden Brauch!
Klein ist wahrlich das Opfer, wo
Göttlich Walten sich offenbart;
Und was ewige Zeiten und

Natur geweiht haben – die
Obmacht des zu erkennen!
Was ist klug und die schönste Gunst,
Welche Menschen von Göttern kommt,
Als ob dem Scheitel des Feinds
Sieggekrönt zu halten die Faust?
Alles Schöne gefällt stets!

Epode:

Glücklich, wer dem Sturme der Wogen
Heil entkam und den Hafen fand!
Glücklich, wer obsiegt´ in Gefahren!
An Glücksgütern und Wohlstand kommt
Einer andern zuvor gar vielfach.
Tausend Hoffnungen schwellen noch
Tausend Herzen; die einen
Krönt das Glück, und die andern
Sieht der Träumer zerrinnen.
Wer von Tage zu Tag beglückt
Lebt, den preisen wir glücklich.
(Dionysos kommt aus dem Haus zurück)

Dionysos:
Du, der Versagtes anzuschaun so lüstern ist,
Nach Unersehntem sehnlich rennt, Pentheus, erschein,
Heraus von deiner Wohnung komm und lass dich sehn
Im vollen Anzug einer tollen Schwärmerin,
Belauscher deiner Mutter und des Frauenchors!
In eine Kadmostochter bist du hübsch vermummt!
(Pentheus erscheint)

Pentheus:
Ei doch, die Sonnenscheibe seh ich doppelt gar,
Die Häuser doppelt und die siebenmündige Burg;
Du scheinst mir vor mir herzugehn in Stiergestalt,
Ja, deinem Kopf sind Hörner angewachsen? Wie?!
So ganz verstiert? Sag, ob du wirklich bist ein Tier!

Dionysos:
Der Gott geleitet, der uns sonst nicht gnädig war,
Jetzt ausgesöhnt! Nun siehst du´s, wie du´s sehen musst!

Pentheus:
Von mir, was hältst du? schein ich nicht der Ino Gang,
Agauen, meiner Mutter, Gang zu führen so?

Dionysos:
Leibhaftig glaub ich, wenn ich dich seh, sie zu sehn.
Doch hier die Locke ist weggerückt vom rechten Platz,
Steht unterm Band nicht, wo sie hingeordnet war.

Pentheus:
Ich hab sie vorwärts drinnen und empor geschnellt;
Da ward sie denn verschoben beim verzückten Sprung!

Dionysos:
So lass mich, der für deinen Anzug sorgen muss,
Sie wieder zierlich legen. Halte still den Kopf!

Pentheus:
Hier, schmück mich auf! Dir überlass ich´s ganz und gar.

Dionysos:
Und locker ist der Gürtel, dass die Falten nicht
In gleichen Wellen nach den Fersen fallen mehr!

Pentheus:
Auch mir bedünkt´s so, eben nur am rechten Fuß!
Jedoch von da an steht der Rock am Knöchel recht.
Dionysos:
Dein bester Freund wohl werd ich heißen, wenn du dort
Die Bakchen sittsam wider dein Erwarten siehst!

Pentheus:
Mit der rechten Hand so fass ich wohl den Thyrsos recht,
Wie Fraun ihn tragen? oder mit der linken hier?

Dionysos:
Die rechte Hand muss halten und der rechte Fuß
Ihn stützen. Trefflich hat dein Geist sich umgekehrt!

Pentheus:
Ich vermag Kithairons Waldrevier durch Schulternkraft
Mitsamt den Bakchen aufzuheben, meinst du nicht?

Dionysos:
Sofern du willst, vermagst du´s. Ja, dein früherer Sinn
War nicht der rechte: jetzo steht er, wie er soll!

Pentheus:
Sind Hebel nötig? oder reißt mein Arm ihn los,
Indem ich Brust und Schultern stemm ans Bergeshaupt?

Dionysos:
O nein, verdirb die heilgen Nymphensitze nicht,
Die Siedlung Pans nicht, wo sein Pfeifenspiel ertönt!

Pentheus:
Ganz richtig! Frauen muss man nicht durch Körperkraft
Besiegen! Unterm Tannengrün versteck ich mich!

Dionysos:
Ja, ein Verstecken spielst du ganz so, wie´s gebührt,
Als hinterlistiger Lauscher beim Mänadenchor!

Pentheus:
Ich mein, sie werden so wie Vögelchen im Busch
In ihrem trauten Nestgehege sitzen dort.

Dionysos:
Das eben willst du spähen, darum gehst du hin
Und fängst vielleicht sie, wenn du nicht gefangen wirst.

Pentheus:
So komm und führ mich mitten durch die Theberstadt;
Ich bin ja hier der einzige Mann, ich wag´s allein!

Dionysos:
Du ganz allein bringst dieses Opfer hier der Stadt,
Drum harret dein ein Abenteuer, wie´s gebührt.
So folg mir: meine Führung führt zum Heile hin,
Zurückgeleitet anderswer.

Pentheus:
Die Mutter, ja!

Dionysos:
Der Welt zum Staunen!

Pentheus:
Eben darum wandl ich hin.

Dionysos:
Zurückgetragen!

Pentheus:
Lauter Wonne und Süßigkeit!

Dionysos:
In Mutterarmen!

Pentheus:
Muss es denn so üppig sein?!

Dionysos:
Jawohl, so üppig!

Pentheus:
Wert ist´s freilich meine Tat!
(Ab)

Dionysos:
Gewaltger Mann! ja, ein Gewaltempfinden soll
Dir werden, eine Glorie, die zum Himmel strahlt!
Streck aus die Hand, Agaue, greift, ihr Schwestern, zu,
Ihr Kadmostöchter! Diesen Jüngling führ ich her
Zu einem Wettkampf großer Art: und Sieger werd
Ich sein und Bakchos! Alles andre lehrt die Tat.
(Ab)

Strophe:

Chor:
Herbei, flinke Jagdhunde der Wut, zum Forst,
Wo das Gelag der Kadmosjungfrauen schwärmt!
Stachelt und hetzt sie los
Auf den vermummten Mann in Weibskleidung toll-
Wütig, den Belauscher weiblicher Mänadenschar!
Zuerst wird die Mutter ihn vom kahlen Felsen
Oder der Kuppe erspähn
In dem Versteck, den Laurer, und den Bakchen schrein:
„Was für ein Spürer hier geriet günstgen Laufs

In das Gebirg aus Theben, ihr Mänaden, her?
Wessen Geburt ist der?
Nein, den trug ganz gewiss kein Weib je im Schoß!
Eine Hyäne wohl, eine Gorgone wohl
Von afrikanscher Art!
Nun tobe, Rache, tobe glänzend, schwertbewehrt!
Die Kehl ihm entzwei! schlachte gnadlos
Dieses verruchte, pflichtlose Echionskind,
Bodengezeugte Brut!“

Gegenstrophe:

Der mit vermessnem Sinn und mit verwegnem Mut
Zu den geheimen Weihen Dionysens und
Der Bergmutter schleicht,
Rasenden Geistes, wahnsinniger Leidenschaft,
Will dem Unüberwundenen Gewalt antun!
Ein demütges Herz gegen das Heilge schlicht und
Ehrlich bewahren, heißt
Leben von Schicksalsschlägen stets ungekränkt.
Nach Weisheit und sonstigem erhabnem Glanz
Mag ich von Neide frei streben. Oh, möcht ich nur,
Wandelnd im Schönen, stets
Jeden Tag, jede Nacht leben beglückt und fromm
Und pflichtlose Ungebühr bannen und
Ehren die Himmlischen!
Nun tobe, Rache, tobe glänzend, schwertbewehrt!
Die Kehl ihm entzwei! schlachte gnadlos
Dieses verruchte, pflichtlose Echionskind,
Bodengezeugte Brut!

Epode:

Erschein ein hundertköpfiger Drache, ein Stier vor ihm
Oder ein feuergelber Leu anzuschaun!
Herbei, Bakchos, wirf lachenden Angesichts
Dem Wildschützen bei deiner verzückten Schar heiliger Fraun,
Wenn er ihr naht, die Todesschling um den Hals!
(Ein zweiter Bote tritt auf)

Zweiter Bote:
O Haus, das einst in Griechenland so reich geblüht
Des greisen Manns von Sidon, der die Erdgeburt,

Die Saat der Lindwurmszähne, streut′ ins Ackerland,
Wie muss ich dich beklagen, wenn auch Sklave nur!

Chor:
Was gibt es? Bringst du Neues von der Bakchenschar?
Bote:
Dahin ist Pentheus, tot Echions edler Sohn!

Chor:
O Fürst, deine Macht, Brausender, gibt sich kund!
Bote:
Was war das? wie? was soll das heißen? willst du gar
Das große Unglück meiner Herrschaft höhnen, Weib?

Chor:
Ich bin fremd, in fremdem Laut jubl ich: denn
Vor dem Gefängnis bang zittern, es ist vorbei!

Bote:
Und Theben scheint dir männerarm so völlig, dass
Es nicht, dich strafend, seinen König rächen kann?

Chor:
Nur Dionys, nicht Theben, übt
Gewalt über mich!

Bote:
Ich kann dir′s nicht verdenken; nur frohlocken ob
Geschehnen Unglücks, Frauen, ist nicht eben hübsch.

Chor:
Wie starb? sag, erzähl mir, und in welcher Art
Der Unrecht verübend unfromme Mann?

Bote:
Wir ließen hier der Theber Heimatwohnungen
Im Rücken, überschritten dann Asopos′ Bett
Und traten auf Kithairons schroffes Hügelland,
Pentheus und ich – ich folgt ihm als Begleiter – und
Der Fremdling, unser Führer, hin zur Festesschau.
Und uns empfing nun erstlich dort ein grünes Tal,
Vorsichtig schleichend, mit den Lippen jedes Wort

Nur leise flüsternd, um zu sehen ungesehn.
Es war ein Hohltal schroffumragt, von Quellen feucht,
Von Fichten dicht beschattet, wo die Bakchenschar
Dort ruhte, und anmutsvolle Arbeit war zur Hand.
Die kleidet´ einen leer gewordnen Thyrsosstab
Mit neuer Efeuranken laubigem Ringelkranz,
Und andre sangen, Fohlen gleich vom Wagenjoch
Gelöst und frei, ein bakchisch jubelnd Wechsellied.
Pentheus, der unglückselge, der die Bakchenschar
Nicht übersah, sprach: „Fremdling, hier auf diesem Platz
Erreicht mein Blick der Bakchen Schliche nicht so recht;
Auf einer Anhöh, einem Tannenwipfel würd
Ich frei der Bakchen schändlich Treiben überschaun.“
Jetzt aber sah ich eine Wundertat des Manns.
Der Fremde fasst´ ein himmelragend Tannenhaupt
Und bog es, bog es nieder auf den dunklen Grund.
Denn wie ein Bogen oder rundgeschweiftes Rad,
Gezeichnet nach dem Zirkel, zieht die Kreisesbahn,
So krümmt´ – ein übermenschlich Wunderwerk! – und zog
Den Waldesschössling jener mit der Hand zum Grund,
Setzt´ auf die Tannenäste Pentheus, meinen Herrn,
Und ließ den Wipfel wieder steigen grad empor,
Sacht und behutsam, dass er nicht ward fortgeschnellt;
Und schwindelnd ragt´ er in die Schwindelhöh hinein
Mit meinem Herrn, der auf der höchsten Spitze saß!
Er sah die Bakchen minder, als ihn diese sahn:
Und kaum erblickt´ man droben auf dem hohen Sitz
Den König, als der Fremdling auch verschwunden war,
Und eine Stimme schallte durch die Lüfte her,
Dionysens, wie mir dünket: „Auf, ihr jungen Fraun,
Hier bring ich euch den Frevler, welcher meine Weihn
Und mich verhöhnte! Darum auf und straft ihn jetzt!“
Und dieses rufend, ließ er plötzlich Feuersglanz
Zum Himmel und zur Erde strahlen wunderbar.
Still war die Luft, im dichten Forste regte sich
Kein Blatt, man hörte keinen Laut von keinem Tier.
Sie, die den Schall nicht deutlich wahrgenommen, stehn,
Gespitzten Ohres lauschend, werfen hin und her
Den Blick, da rief´s zum zweiten Mal! und deutlich ward
Dionysens Ruf von Kadmens Töchtern jetzt erkannt.
Sie flogen fort in rascher Eile, Tauben gleich,
Spornstreichs mit ausgestrecktem windesschnellem Lauf,
Agaue, seine Mutter, samt dem Schwesternpaar

Und allen Bakchen, über Gießbachhöhlungen
Und Brüche springend, toll beseelt von einem Geist.
Und als sie Pentheus auf der Tanne sitzen sahn,
So warf man erstlich Kiesel in geschwungnem Wurf,
Geklommen rasch auf eine Felsbastei, nach ihm
Hinüber, schleudert′ Fichtenäste durch die Luft,
Und andre wirbeln ihre Thyrsosstäbe hin
Nach ihm, dem unglückselgen Ziel, doch frommt′ es nicht!
Zu hohen Standpunkt – höhern, als er wünschte –, hat
Der arme Lauscher sonder Hilf und ohne Rat!
Da stemmt man endlich Eichenäste ein und sprengt
Mit eisenloser Hebelkraft die Wurzeln los.
Und als die Arbeit nicht zum Ziele fördern will,
So spricht Agaue: „Kommt und stellt euch ringsherum
Und packt den Baum an, Bakchen, dass das Wild darauf
Uns nicht entrinne, nicht verrate unsres Gottes
Geheime Reigen.“ Tausend Hände fassten rasch
Die Tanne, und aus dem Boden war der Baum gewühlt.
Vom hohen Sitze fliegt er jählings hoch herab
Und stürzt zum Boden unter tausend Ach und Weh,
Pentheus. Er wusste, sein Verderben war ihm nah.
Nun hub den Mord die Mutter erst als Priestrin an,
Losstürzend auf ihn. Von der Stirne warf er schnell
Die Bind, auf dass die Arme ihn kennen möchte und nicht
Erwürgen, flehend rührt′ er ihre Wangen an
Und sprach: „Ich bin es, Mutter, bin dein eignes Kind,
Pentheus, der Sohn Echions, den du selbst gebarst!
Erbarm dich, liebe Mutter, und ermorde nicht
Um meiner Missetaten willen deinen Sohn!“
Ihr stand der Schaum am Munde, und ihr verdrehter Blick
War stier; sie hatte kein Bewusstsein, wie′s gebührt,
Besessen vom Verzückungsgott: sie hörte nicht!
Mit ihren Armen packt sie seine linke Hand,
Den Fuß in seine Rippen eingestemmt, und reißt
Die Schulter aus dem Arme, nicht durch Leibeskraft!
Denn ihrem Arm lieh diese Leichtigkeit der Gott.
Und Ino griff jetzt auf der andern Seite an,
Zerriss sein Fleisch; Autonoë samt der ganzen Schar
Der Bakchen drang ein. Durcheinander tönt das Schrein:
Wehlaut von ihm und Stöhnen, weil er atmete,
Von ihnen Jubel. Eine trug den Arm davon,
Den Fuß die andere samt den Schuhen, bloßgelegt
Vom Riss die Rippen diese. Blutbefleckter Hand

Warf jede Pentheus´ Glieder, Bällen gleich, umher.
Gesondert liegt die Leiche, teils auf starrendem
Gesteine, teils im tiefen dichtverzweigten Holz,
Kein leichtes Finden! Aber sein unselig Haupt
Hat seine Mutter, der es in die Hand geriet,
Auf ihren Stab als eines wilden Löwen Kopf
Gesteckt und trägt es durchs Gebirg Kithairon hin.
Die Schwestern ließ sie beim Mänadenchor zurück
Und zieht, der unheilvollen Beute jubelnd, her
In dieser Mauern Räume und ruft den Bakchos an,
Den Jagdgenossen, der den Fang gelingen ließ,
Den Sieger – sie, die Tränen erntet von dem Sieg!
Ich weiche diesem Jammeranblick aus und geh
Von dannen, eh Agaue noch dem Hause naht. –
Bescheidenheit und fromme Scheu vor Heiligem
Ist wohl das Schönste und zugleich das Weiseste
Gewiss für irdische Menschen, die es recht verstehn.
(Ab)

Chor:
Singe dem Bakchos Lob unser Chor,
Juble dem Untergang lauten Schalls
Des Sprösslings vom Geschlechte des Lindwurms, der,
In Weibskleidern vermummt, den Hohl-
Stab, den heiligen Thyrsos nahm
Sich zu gewissem Tod,
Indem der Stier zum Untergang ihn leiten muss!
Thebische Bakchen, ja,
Ihr habt errungen stolzen Ruhm, Triumph und Sieg,
Tränen und Weinen euch!
Die bluttriefend Hand an sein Kind zu legen ist
Ein großartger Kampf!
Jedoch da seh ich zum Palast in Eile her
Agauen, Pentheus´ Mutter, ziehen, stierverdreht
Die Blicke; empfangt des Jubelgottes Schwärmerei!

(Agaue tritt auf, Pentheus´ Kopf auf dem Thyrsosstab)

Strophe

Agaue:
Asiens Frauen, hört!

Chor:
Sage, was will dein Ruf?

Agaue:
Aus dem Gebirge bring ich die gefällte kraus-
Behaarte göttliche Beute heim!

Chor:
Ich seh´s, oho! ich nehm dich auf als Schwärmerin!

Agaue:
Gefangen ohne Schlingen durch der Hände Kraft,
Dieser Bergleu, das Jungwild,
Wie´s zu schaun ist hier!

Chor:
Wo in der Einsamkeit?

Agaue:
Kithairon –

Chor:
Der Kithairon?

Agaue:
Hat ihm den Tod gebracht!

Chor:
Wer traf zuerst ihn?

Agaue:
Mein ist die Ehre voran!
Glückselge Agaue heiß ich im festlichen Chor!

Chor:
Wer sonst noch?

Agaue:
Des Kadmos –

Chor:
Des Kadmos –?

Agaue:
Geschlecht schlug
Mit mir, ja mit mir
Dies Wild nieder!

Chor:
Glücklich ob dieses Fangs!

Gegenstrophe

Agaue:
Nimm an dem Schmause teil!

Chor:
Ich an dem Schmaus? O weh!

Agaue:
Ist noch ein junges Tier: unter dem Kamm die Wang
Umbuscht ihm eben der zarte Flaum!

Chor:
Er ziert ihn wirklich gleich dem Haarwuchs eines Wilds!

Agaue:
Und Bakchos hat, ein kluger Jäger voller List,
Auf das Wild hier die Bakchen
Losgehetzt im Sprung.

Chor:
Der Fürst kennt die Jagd!

Agaue:
Dein Mund lobt –

Chor:
Er erhebt dich!

Agaue:
Und die Kadmeer und
Pentheus, mein Sohn erst!

Chor:
Preisen die Mutter, gewiss!

Agaue:
Die diesen Fang, den Löwengezeugten, gewann!

Chor:
Unmenschlich!

Agaue:
Unmenschlich?

Chor:
Erfreut´s dich?

Agaue:
Ich rühm mich!
Ein großartges Werk
Hab ich getan zum Stolz und Ruhm unsrem Land.

Chor:
So zeige denn den Siegesraub, seltsames Weib,
Mit dem du herzogst, auch den Bürgern in der Stadt.

Agaue:
O ihr, im schönen Festungsbau der Theberstadt
Einwohner, kommt, auf dass ihr diesen Fang beschaut
Des Wildes, das wir Kadmostöchter wältigten –
Nicht mit Thessaliens hakigtem Geschosse, nicht
Mit Gruben oder Netzen, bloß mit festem Griff
Weißarmiger Hände! Lohnt sich´s dann zu prahlen noch,
Gewehr auch anzuschaffen noch vom Lanzenschmied,
Wenn wir mit diesen Händen den da fingen und
In Stücken ganz des Wildes Glieder rissen? Wo,
Wo ist mein alter Vater nur? Er komme her!
Pentheus, mein Sohn, wo weilt er? Eine Leiter soll
Er bringen, ihre Sprossen lehnen hier ans Haus,
Um an den Dreischlitz festzunageln diesen Kopf
Des Löwen, den ich von der Jagd mitbringe hier.

(Kadmos tritt auf mit Dienern, die die Leiche Pentheus´ bringen)

Kadmos:
Hierher mit eurer unglückselgen Bürde! tragt
Die Reste Pentheus´ vor das Haus, ihr Diener, hin,

Die ich mit tausend Mühen habe aufgesucht
Im Forstrevier Kithairons und hier bringe. Ganz
Verschleift, und keinen Teil beim andern, fand ich sie
Im schlupfenreichen Walde liegen überall.
Der Töchter ungeheure Tat vernahm ich wo,
Schon innerhalb der Mauern wandelnd längs der Stadt
Mitsamt dem Greis Teiresias von den Bakchen her,
Und kehrte wieder nach dem Forst und bringe nun,
Gemordet von den Bakchen, meinen Enkel her.
Die Gattin Aristaios´ nun, Autonoë,
Weiland Aktaions Mutter, samt der Ino sah
Ich noch im Walde, wahngestachelt, jammervoll.
Die andre, sagt man, sei hierher mit tollem Fuß
Geeilt, Agaue. Diese Nachricht trifft auch zu:
Ich seh sie – ein unseliger Anblick! – leider hier.

Agaue:
Mein Vater, hoch, am höchsten kannst du rühmen dich:
Denn Heldentöchter sind dir, wie die Erde nie
Sie sah, entsprossen! Alle mein´ ich, doch voran
Mich selber, die ich Spindel und Webstuhl verließ
Und stieg so hoch, Waldtiere mit der Hand zu fahn!
Auf meinen Armen bring ich, wie du siehest, hier
Den frischerrungnen Siegeslohn, auf dass man ihn
Am Sims befestige. Nimm ihn hin in deine Hand
Und lade, stolz dich brüstend wegen meines Fangs,
Zu einem Mahl die Freunde. Denn glückselig, ja!
Glückselig bist du, weil wir solche Taten tun!
Kadmos:
Maßloses Elend! Jammer, den kein Aug erträgt!
O blutiger, mit unseliger Hand vollbrachter Mord!
Ein Opfer ohnegleichen, Göttern hingestreckt,
Zu dessen Schmaus du Theben und mich laden willst!
Weh, weh, das Unheil, deins zuerst und meines dann!
Der Gott hat grausam, aber leider billig uns
Vernichtet, uns so nah verwandt, der Brausende!

Agaue:
Oh, welch ein mürrisch Wesen ist das Alter doch!
So kalt und finster blickend! Wäre nur mein Sohn
Ein rüstiger Jäger, schlüge seiner Mutter nach,
Indem er samt den Theberjünglingen im Wald
Nach Tieren schösse! Der versteht es leider nur,

Sich gegen Heiliges aufzulehnen. Lass uns ihn
Gemeinsam abziehn von der Lust an klugem Leid!
Wo weilt er? will ihn keiner vor mein Angesicht
Herrufen, dass er meinen Sieg, mein Glück erblickt?

Kadmos:
Weh, wehe! wenn ihr eurer Handlung je bewusst
Euch werdet, welch ein grässlich Leiden! Und verharrt
Ihr ewig so in diesem Zustand, seid ihr zwar
Nicht glücklich, aber euer Elend fühlt ihr nicht!

Agaue:
Was gibt es denn hier Schlimmes oder Trauriges?

Kadmos:
Nun richt einmal zum Himmel erst den Blick empor.

Agaue:
Nun gut! Wozu die Mahnung? Sprich, was soll mir das?

Kadmos:
Ist´s noch derselbe? scheint er dir verwandelt jetzt?

Agaue:
Viel heller nun, viel reiner und durchsichtiger!

Kadmos:
Und ist die Unruh aus dem Herzen endlich weg?

Agaue:
Das Wort versteh ich nicht so recht: doch kommt mir, scheint´s,
Die Besinnung, und die frühere Stimmung schwand hinweg.

Kadmos:
So kannst du hören und erwidern unverwirrt?

Agaue:
Von meinen frühern Reden, Vater, weiß ich nichts.

Kadmos:
Wem hast du einst zum Ehebund die Hand gereicht?

Agaue:
Dem Saatgewächs Echion ward ich angetraut.

Kadmos:
Und welchen Sohn gebarst du deinem Ehgemahl?

Agaue:
Pentheus, der Eltern gegenseitges Liebespfand.

Kadmos:
Und wessen Antlitz hältst du hier in deiner Hand?

Agaue:
Ein Löwenhaupt – die Jägerinnen nannten´s so.

Kadmos:
Betracht es einmal recht genau: die Müh ist klein!

Agaue:
Ha, welcher Anblick! Gott, was trägt hier meine Hand?!

Kadmos:
Betracht und prüfe und überzeug dich ganz genau.

Agaue:
Ich seh den größten Jammer! Oh, ich armes Weib!

Kadmos:
Was meinst du? sieht es wirklich einem Löwen gleich!

Agaue:
Nein, nein! des Pentheus Haupt ist das! Ich armes Weib!

Kadmos:
Entstellt von Blut, noch eh du wusstest, wer er war!

Agaue:
Und wer erschlug ihn? wie geriet´s in meine Hand?

Kadmos:
Unselge Wahrheit! ach, zur Unzeit kommst du jetzt!

Agaue:
Sprich nur! Was werd ich hören? ach, mir klopft das Herz!

Kadmos:
Du warst´s und deine Schwestern, die ihn töteten.

Agaue:
Und wo geschah es? Hier im Haus? An welchem Ort?

Kadmos:
Dort, wo die Meute Aktaion einst zerfleischte, war´s.

Agaue:
Was trug den Unglückselgen zum Kithairon hin?

Kadmos:
Den Gott zu höhnen und dein Schwärmen, ging er hin.

Agaue:
Und wie gerieten wir dahin? in welcher Art?

Kadmos:
Ihr wurdet toll und schwärmtet mit der ganzen Stadt.

Agaue:
Dionys hat uns vernichtet, ach, nun merk ich´s wohl!

Kadmos:
Den ihr verhöhntet, seine Gottheit leugnetet!

Agaue:
Wo, Vater, sind die teuren Reste meines Sohns?

Kadmos:
Ich bring sie hier, mit vielen Mühen aufgesucht.

Agaue:
Sind auch die Glieder alle wieder hübsch gefügt?

Kadmos:
Bis auf das Haupt in deiner unglückselgen Hand.

Agaue:
Da! nimm es zur Bestattung mit dem andern Leib.
Wie aber ward von unsrem Wahn Pentheus berührt?

Kadmos:
Euch war er gleich, verschmähte so wie ihr den Gott,
Darum verstrickte er alle in ein Verderben, euch
Und diesen hier, vernichtet′ unser Haus und mich,
Mich, der entblößt von männlicher Nachkommenschaft,
Den Sprössling deines Schoßes da, unglücklich Weib,
So schmählich und so jammervoll gemordet sieht!
Du einzige Hoffnung, einzige Stütze meines Stamms
Und Hauses, teurer Enkel, meiner Tochter Sohn,
Du warst der Stadt ein Schrecken! Keiner mochte je
Dem Greis ein Leid zufügen, auf dein fürstlich Haupt
Hinsehend, denn er hätt es nach Gebühr gebüßt!
Jetzt werd ich achtlos fortgestoßen aus dem Haus,
Weiland der große Kadmos, der den Theberstamm
Gesät, die allerschönste Saat geerntet hat!
O teurer Mann – denn ob du schon verschieden bist,
Du bleibst mir doch das liebste Wesen, teures Kind –,
Du wirst mich nicht mehr hier beim Kinn anfassen und
Großvater nennen, liebend angeschmiegt, mein Kind,
Und sprechen: „Wer verletzt dich, alter Mann, wer tut
Dir was zuleide? Wer betrübt, wer kränkt dein Herz?
Großvater, sag mir′s, dass der Frevler Straf empfängt!“
Nun bin ich elend, du vernichtet jammervoll,
Erbarmenswert die Mutter, ihre Schwestern arm!
Wenn irgendwer sich über Götter noch erhebt,
Der blicke hier auf deinen Tod und sei bekehrt!

Chor:
Dein Leiden schmerzt mich, Kadmos: deinem Enkel ist
Verdientes widerfahren: doch dich trifft es hart!

Agaue:
Du siehst, mein Vater, wie so tief gestürzt ich bin . . .
. . . .

(Eine große Lücke hat uns das Folgende geraubt. Agaues Klagen und Selbstanklagen wurden durch das Erscheinen des Dionysos unterbrochen. Unser Text setzt gegen Ende seiner Rede wieder ein.)

Dionysos:

. . . .
Zum Drachen umgewandelt sein, auch wird dein Weib
Zum Tier gemacht, Lindwurmsgepräg annehmen, sie,
Des Ares Kind Harmonia, mit dir Sterblichem
Vermählt – ein Rinderwagen trägt euch beide, so
Spricht Zeusens Offenbarung. Welsche führst du an,
Wirst viele Burgen brechen mit zahllosem Heer,
Doch endlich, wenn sie Phoibens heilgen Sehersitz
Geplündert, wird elende Wiederkehr zuteil.
Dich aber rettet Ares samt Harmonien,
Versetzt dein Dasein in der Seligen Aufenthalt.
Das sprech ich nicht als eines irdischen Vaters, nein,
Als Sohn des Zeus! und hättet ihr, als euch es nicht
Gefiel, zur Demut euch entschlossen, euer Hort
Verblieb der Zeussohn, und ihr konntet glücklich sein!

Agaue:
Dionys, wir flehen: ja, wir haben sehr gefehlt.

Dionysos:
Zu spät erkennt ihr´s, habt mich, als es galt, verkannt.

Agaue:
Wir haben´s eingesehen; doch du strafst zu hart.

Dionysos:
Von euch auch ward mein göttlich Wesen arg verhöhnt.

Agaue:
Doch sei ein Gott nicht Menschen gleich an Leidenschaft.

Dionysos:
Es war das längst vom Vater Zeus mir zugesagt.

Agaue:
Ach, unser Elend, greiser Vater, war verhängt.

Dionysos:
So fügt euch endlich dem, was unabwendbar ist.
(Verschwindet)

Kadmos:
O meine Tochter, schrecklich ist das Leiden, das
Dich armes Weib und deine Schwestern, deinen Sohn
Und mich betrifft! Zu fremden Völkern muss ich, Greis,
Ziehn aus der Heimat. Ferner führ ich, sagt der Spruch,
Gemischte welsche Scharen wider Griechenland,
Und meine Gattin, Ares´ Kind, Harmonien, soll
In wilder Drachenbildung, Drache selbst, ich auf
Die heilgen Herde und Gräber leiten unsres Volks,
An der Spitze roher Haufen, und ich werde nie
Erlöst von Leiden, nimmer ruhig werden, selbst
Jenseits des Acherons tiefgestürzter dunkler Flut!

Agaue:
Und ich, mein Vater, zieh ins Elend, dein beraubt!

Kadmos:
Was schlingst du deine Arme um mich, du armes Weib,
Wie um den grauen abgelebten Schwan sein Kind?

Agaue:
Wohin, gestoßen aus der Heimat, wend ich mich?

Kadmos:
Mein Kind, ich weiß nicht: deines Vaters Hilf ist nichts.

Agaue:
Leb wohl, du mein Haus, mein Heimatland,
Leb wohl, ich verlass dich, verbannt, und zieh
In das Elend hin!

Kadmos:
Zieh hin, mein Kind, doch umgehe den Ort,
Der Aristaios´ Sohne den Tod gab.

Agaue:
Wie beklag ich dich, Greis!

Kadmos:
Wie beklag ich dich, Kind,
Wie bewein ich das Los deiner Schwestern zumal!

Agaue:
Grausam, grausam ist die Unbild, die
Dionysos der Fürst hier über dein Haus
Rachsüchtig verhängt!

Kadmos:
Grausam auch ward er beleidigt von euch
Und entbehrte die Ehre im thebischen Land.

Agaue:
Leb, Vater, nun wohl!

Kadmos:
Unglückliches Kind,
Leb wohl, doch es ist unmöglich für dich!

Agaue:
So geleitet mich hin, Diener, zum Ort, wo
Sich die Schwestern der Flucht anschließen im Leid!
Dann such ich ein Land,
Wo der Kithairon-Greuel mich nicht sieht,
Wo den Kithairon nimmer mein Blick schaut,
Kein bakchischer Stab herrscht, welcher mich mahnt –
Ich gönn ihn andern Mänaden!

8. Von erotischen Symbolen in der Freimaurerei.

Lehren und Bräuche der Freimaurer beruhen vermutlich auf alten Überlieferungen. So schildert der Maurerei-Forscher Schauberg in seinem *Vergleichenden Handbuche der Symbolik der Freimaurerei*, dass noch heute die Zuerkennung des maurerischen Meistergrades ganz in den Formen der Mysterien des ägyptischen Gottes Hiram vor sich gehe, deren Zweck die Überwindung der Schrecken des Todes war.
Konform den Alten nennen auch die Freimaurer Gott – die Natur – den obersten Baumeister aller Welten, und fühlen sich als dessen Jünger, als Baumeister-Maurer.
Freimaurer, die wenigstens nach außen hin ihre Religion ungern mit den alten Mysterien in Relation bringen, behaupten vielfach, dass sie außer den Erkennungszeichen, dem Rituale und den Symbolen keine weiteren eigentlichen Geheimnisse haben. In Wahrheit aber scheint die Freimaurerei auch das große Mysterium zu besitzen.

Den eigentlichen Gegenstand des maurerischen Geheimnisses bilden angeblich bestimmte naturphilosophische Lehren und bestimmte sozusagen damit zusammenhängende Ziele.

Der Maurerei-Schriftsteller Pike schreibt in seinem Werk: *Morals and Dogma* (1881): „Die drei blauen Grade (Lehrling, Geselle, Meister) sind bloß die äußere Vorhalle oder der Vorhof des Tempels. Ein Teil der Symbole wird hier nur dem Einzuweihenden mitgeteilt, und dieser wird absichtlich durch falsche Auslegungen irregeführt". Dann weiter a. a. O.: „Die Lehren der Höchsteingeweihten würden, der Menge, wenn man sie darlegte, als närrisches Zeug erscheinen. Was dem Weisen Symbol, ist für die gemeine Menge Idol oder sonst unverständlich, wie ägyptische Hieroglyphen vorüberziehenden Arabern..." Auch meint Pike, dass die Welt für die letzten zentralen Geheimnisse noch nicht reif sei.

Als die zutreffendsten Sinnbilder des freimaurerischen Weltenbaumeisters bezeichnet Pike die aus den unzüchtigen heidnischen Mysterien wohlbekannten Symbole der männlichen und weiblichen Fruchtbarkeit. Hierin liege die tiefste Bedeutung der ganzen freimaurerischen Symbolik.

Darnach sehen die Freimaurer das Gesetz der Zeugung, der Fortpflanzung in der Natur als das größte Mysterium an.

Der Brauch der Symbole lebte und lebt heute noch in den geheimen, wie öffentlichen Institutionen fort. Die Symbolik hat ihre eigene Sprache, und wer sie versteht, dem enthüllt sie sich in der verständlichsten Form.

So findet man in den alten und mittelalterlichen Gelehrtenschulen und Geheimsozietäten verschiedene Sinnbilder, die alle das größte Mysterium, das Gesetz der Zeugung in der Natur darstellen. Das bedeutendste Sinnbild ist das gleichseitige Dreieck. Die altägyptischen Priester bezeichneten damit den Ursprung aller Dinge; des Denkens, Wissens, Geistes, des Lichtes. Alle griechischen und römischen Denker haben gleichfalls damit das große Geheimnis verdeckt.

Auch die Alchemisten, sowie die Freimaurer, verbergen in diesem Symbol ein Mysterium.

Auf Grund ihrer Theorie entwickelten sie das Gesetz der drei Prinzipien, der Dreiheit in der Einheit. Die Drei-Prinzipienlehre wandte man analog auf jedes Ding in der Natur an, da man annahm, dass das Gesetz der Dreiheit allgemeine Geltung habe.

Das Dreiheitsgesetz spielt in der Maurerei auch eine Rolle, und das gleichschenkelige Dreieck dient hier als Symbol der Fortpflanzung.

Erst in den höchsten Graden erfahren die Brüder das Mysterium des Dreieckes. Ihre eigentliche Theorie basiert mithin auf dem Gesetz der Zeugung, die dazu da ist, dem Individuum die Unsterblichkeit zu sichern, denn nur in seinen Nachkommen lebt der Mensch fort. Der Kern dieser religiös-freimaurerischen Anschauung ist, dass das menschliche Geschlecht erhalten bleiben müsse.

Nach Pike war dieser Lehre zufolge von allem Anfang an Zeugung und nicht Schöpfung. Man kennt nur zwei Uranfänge: Form (Geist) und Materie, Feuer und Wasser, Mann und Weib, Positiv und Negativ usw. Die Vollkommenheit existiert nur aus diesen beiden Prinzipien, und das Produkt ihrer Vereinigung ist die Schöpfung (das Kind).

Bei den Freimaurern ist das Dreieck das Symbol der Zeugung: Mann, Weib und Kind. Die Interpretation ist verschieden. Die Alchemisten betrachten die 3 Endpunkte als die 3 Prinzipien, die Maurer hingegen die Seiten des Dreieckes als Glieder des Symbols ihres Mysteriums.

Die beiden Säulen repräsentieren die beiden Prinzipien: das generative und das vernichtende – Mann und Weib. Die schimmernde Säule (Jakin) bedeutet das generative (Mann), die dunkle Säule (Boaz) das vernichtende Prinzip (Weib). Der Samen des Weibes bleibt unfruchtbar, wenn er den Samen des Mannes nicht empfängt. Jakin bedeutet den Phallus; Boaz die Vagina. Durch die Vereinigung der beiden Säulen gehen beide Formen in der Vermischung zu Grunde. So zeugt der Tod das Leben. Jakin und Boaz sterben in der Vernichtung, und die Wiederauferstehung der Menschheit geht in Mac-Benac vor sich. Was beim Menschen in der Befruchtung vor sich geht, ist natürlich auch in der ganzen Natur zu beobachten. Und eben aus diesem Grunde betrachten die Freimaurer die Copulatio (Empfängnis) als eine wahrhaft religiöse Handlung, ein menschliches Priesteramt.

Ein wichtiges uraltes Symbol des Fortpflanzungsgesetzes ist auch der fünfeckige flammende Stern, das pythagoräische Pentalpha, usw. Dieser fünfspitzige Stern, bestehend aus drei verschränkten Dreiecken – Symbol des dreifach herrschenden und tätigen Gottes –, stellt den menschlichen Körper, das göttliche Licht, die fünf Grundkräfte der Welt dar.

Der flammende Stern symbolisiert also das Prinzip des Lebens in der Natur, jenen Geist, der Alles hervorbringt und erzeugt. Der in dem Stern stets vorhandene Buchstabe „G“ bedeutet Generativ. Auch wird „G“ als Generators ausgelegt, um damit die Ordnung, Schönheit und wundervolle Weisheit der göttlichen Macht zu verherrlichen. Sie begreift auch die Lehre und die Verhältnisse von Allem, was Vermehrung oder Verminderung leiden kann, in sich. Und so stellt „G“ auch die geschlechtliche Handlung in geometrischer Weise dar. Es bedeuten demnach die Linien ∧ den Mann und die Linien < das Weib.

Eine dem Fünfeck verwandte Figur ist das Sechseck (Hexagramm). Es besteht aus zwei ineinander geschobenen gleichseitigen Dreiecken.

Die Maurer betrachten das Sechseck als Sinnbild des Schöpfers und der Schöpfung und analog des Geistes und des Stoffes, des Himmels und der Erde, des Mannes und des Weibes.

Eine wichtige Figur ist auch das Kreuz. Damit hängen in der Maurerei die Unsterblichkeitsmysterien des Hiram zusammen. Darin spiegelt und spielt sich nach ihrer Auffassung das ewige Drama des Erden- und Weltenlebens, des

Lebens der Gottheit und Menschheit in Zeit und Raum ab. Alles ist dem Wechsel und dem Tone unterworfen.
Das Rosenkreuzersymbol, ein gleichschenkeliges Kreuz, aus dessen Mitte eine Rose entspringt, enthält die hohe und verborgene Lehre der Natur in ihrer Gänze und ist sehr alten Ursprunges. Was die Neulinge sub rosa (unter dem Siegel der Verschwiegenheit) erfahren hatten, mussten sie geheim halten, und so hier das bedeutende Symbol des Kreuzes, der Unsterblichkeit, die durch die Zeugung nur bewahrt werden kann.
Die Kreuzfigur bedeutet eine Bindung oder Vereinigung, dann Zerstörung oder Auflösung. Die beiden Linien als Wesen betrachtet, vereinigen sich miteinander, erzeugen ihre Wirkung und vernichten sich sodann. Es ist das Schicksal aller Wesen, das durch dieses Sinnbild am einfachsten veranschaulicht wird.
Der aufrechte Balken stellt den Phallus dar, der waagrechte Balken hingegen versinnbildlicht den Tod. Der aufrechte Balken durchbricht den waagrechte; er ist daher ein deutliches Symbol des Lebens, das den Tod besiegt. In der Vereinigungsstelle beider Balken geht der Sieg des Lebens über den Tod vor sich.
Auch die Kreuzform, die in zwei Testikeln oder einen schwalbenschwanzförmigen Auslauf ausgeht, beweist obige Interpretation. Der senkrechte Balken mit den Testikeln stellt umso auffälliger den Phallus dar.

In der Alchemie bedeutet dieses Symbol die Zeugung des Goldes. Die sonderliche Form wird oft auf das Herz bezogen, was fraglich richtig sein dürfte.
Die Steinmetzzeichen, die noch heute an mittelalterlichen Kathedralen usw. zu finden sind, unterliegen derselben Symbolik wie das Kreuz. Sie haben meist kreuzende Balken.
Dass die Maurer das Mysterium dem Altertum entlehnt haben, ist wahrscheinlich, da der Phallus-(Vulva)kult uralt ist, und er in allen Zeiten denselben Lehren der Unsterblichkeit geweiht ward.
Erwähnt sei, dass den Maurern die Sonne als Symbol des Mannes und der

Mond als das der Frau gilt.

9. Der freimaurerische Magnus Hirschfeld:

Hirschfeld erzählte Franz Bardon in einem Gespräch über die Sexualität: „Im Sex geht es ums Leben, um die Entwicklung der Menschheit. Sex bedingt das Leben, ist das Maß aller Dinge!“ Hirschfeld war Freimaurer und kannte die sexuellen Riten, die sie ausübten, um Macht und Einfluss zu gewinnen. Diese Handlungen sind die Schöpfung der Magie. Es gibt hierin einen aktiven und passiven Verkehr, gleich wie beim Evozieren. Die Freimaurer treffen sich zu sexuellen Handlungen, in denen viele Männer (auch Frauen), Templer, miteinander verkehrten, weil sie der Meinung waren, dass man dadurch mehr Kraft stauen kann. Jedoch war das ein Irrtum, weil sie durch die verführerischen bzw. einseitigen Akte ein völlig verdrehtes Bewusstsein haben. Nur Plus und Minus in der gleichen Stärke ist dazu in der Lage! Diese Feste wurden hinter verschlossenen Türen und hohen Mauern getätigt, weil sie die Reinheit der Riten bewahren wollten. Die Menschheit ist zu unreif, zu einseitig, diese auch nur annähernd zu verstehen.
Auch Ludendorff war Freimaurer, weil er sich schulen wollte; denn dies war nur im Orden möglich. Infolgedessen hasste er alle niederen Winkellogen, weil sie die reine Lehre verdrehten und den Sexus verschämten. Die F.S., der O.T.O. und alle anderen Orden benutzen den Trieb für niedere Zwecke, die nichts mit der Reinheit der göttlichen Zeugung zu tun hatten. Und genau das war für ihn das A und O!
Hirschfeld erzählte weiter: „Die Jugend ist rein in ihrer ursprünglichen Form, denn das Fluid ist es auch. Deshalb erscheinen die Götter – wie Luzifer – als kleiner nackter Junge. Der *Golden Dawn* wurde von Mathers gegründet, weil er keine Spaltung in schwarz und weiß wollte. Er wollte unter allen Umständen die Mitte hervorheben! Deshalb ist die erste Tarotkarte die Sexualität des Lebens. Sie betont beide Seiten!“
Hirschfeld war homosexuell, weil die Templer mit beiden Geschlechtern sexuellen Verkehr hatten. Das verwirrte ihn so sehr, dass er sich dem Mann hingab. Er war der Meinung, wie die Griechen, dass ein Mann mit einem Mann (oder zwei Frauen) schöpferisch besser arbeiten konnten. Dabei fehlt immer das Plus oder das Minus. Deswegen nehmen die Gnostiker Drogen, um das Fehlende zu ersetzten. Aber davon bekommen sie geistige Aussetzer, werden wahnsinnig wie viele bekannte Okkultisten wurden.
Nur der Weg der Mitte macht frei und bindet dich an das eigentlich wichtige Wesen. An die Gottheit! Die beiden Liebenden in der ersten Karte drücken das klar aus.
Die Freimaurerei hat den Auftrag, die Menschheit voranzubringen. Deswegen

sucht sie immer fähige Leute aus und gibt ihnen die nötigen Mittel für ihre Forschung und Arbeiten, die die Menschheit bereichern sollte. Aber gleichzeitig sollen diese Werke – Zeitschriften, Bücher, Artikel usw. – die Neugierigen in die Loge locken.

Ohne Ausgleich bringt die Sexualmagie nichts. Deswegen schrieb F. Bardon vom so sehr benötigten Seelenspiegel, wo man seine Mängel darin erkennen kann. Dazu gehören Gedankenkontrolle, Gedankenzucht und die Gedankenstille. Stille ist die Zucht, die Abwehr sämtlicher schädlicher Gedanken; man darf nichts hören, nicht sehen, es ist alles still; man lernt sich selbst kennen. Die Intuition wird verstärkt, das Gewissen wird angeregt,

Bei der Gedankenkontrolle muss man den ganzen Tag scharf beobachten. Man erkennt seine eigene Unzulänglichkeit, welche Gedanken einen in jeder Situation bestürmen, man merkt, dass man keine Macht über sie hat, dass nicht nur ein Satz, sondern mehrere Wörter auf einen los prasseln. Der Schüler muss es schaffen, dass die Gedanken nicht durcheinander auftauchen, sondern sich wie in einem Roman ein Wort, ein Satz auf den nächsten bezieht. Dadurch bekommt man noch mehr Intuition, die innere Stimme meldet sich, die Ideen mitteilt, die sehr wichtig sind für das künftige Ziel. So ist das Leben aufgebaut, man lernt sein wahres inneres Ich kennen.

Für die Gedankenkontrolle ist der Seelenspiegel sehr wichtig, denn dadurch kann man sein Unterbewusstsein richtig kennenlernen. Man wird immer besser und veredelt sich so sehr, dass man die fünf Sinne unter Kontrolle hat. Das Optische hat mit ihnen als beherrschender Faktor – Wille – zu tun, denn der Wille ist das entscheidende Prinzip im Leben. Darum legt F. Bardon so viel Wert auf diesen Sinn, denn seinen Übungen haben fast alle mit ihm zu tun wie z. B. die Stauungen, Ladungen, die Imagination der Farben, Tiere, Menschen, Gegenden, Bewusstseinsversetzung, Götter usw. Die Gottheit erscheint nur, wenn man die fünf Sinne in Verbindung mit den Göttern bringt, denn dann werden aus den fünf irdischen Sinnen die fünf Hellsinne!

Erst dann kann man Sexualmagie ohne Gefahr betreiben, wie es im Kundalini-Yoga anschaulich dargestellt wird. Da gibt es keine Perversität, es gibt dann nur die schöpferische Liebe, die aus der All-Liebe, Allmacht, Allweisheit und Allgegenwart besteht!

Manch ein fehlgeleiteter Mensch unterlag dem Wahn, dass die Geschlechtsliebe eine Sache des freien Willens sei und dass man sich ihr nach Belieben widmen oder entziehen könne. Aber die Natur ist stärker als der Wahn und der menschliche Wille.

Charakterliche Unausgeglichenheit verursacht sexuelle Störungen wie z. B. der Sex mit Tieren. Er wird deshalb getätigt, weil man im Augenblick des Höhepunkts dem Tier den Kopf abhackt bzw. tötet, um die Kraft des Blutes zu nutzen. Ebenso der Sex mit Leichen, dessen Geruch, Gestank, Verwesung, Kälte und Grauen den Trieb verstärkt und gewisse Ideen bindet.

Der sexuelle Verkehr mit Statuen, Götterbildern und anderen Nachbildungen

dieser Wesenheiten dienen der Belebung derselben. Und dieses ästhetische Motiv gehört zum religiösen Fetischismus, dem Phalluskult, der Nachäffung von alten Schöpfersagen, den Taten der Satyren usw.
Auch Opium zaubert glühende, glänzende Bilder einer exzessiv gesteigerten Fantasie vor die Seele, häufig perversen Inhaltes, so wie der Mensch gestrickt ist; noch stärker wirkt Haschisch, der die Sinne verwirrt; der Äther bewirkt eine starke Erregung der Sexualorgane, eine Vibration des Fleisches und der Seele. Was kann man gegen solche Probleme tun?

- geistig und körperliche Ruhe
- suggestive Behandlung
- geeignete Literatur
- Atemübung auf Triebbeherrschung
- bewusst Essen und Trinken
- Gesprächstherapie, u. a. mit seiner Gottheit
- wissenschaftliches Verständnis der sexuellen Anomalien, denn jeder hat in dieser Richtung einen Mangel;
- man sollte es als reine Willenserkrankung ansehen, die durch die Stählung dessen beherrscht wird;
- der Wille ist die Energie und die stärkste Waffe, seine Feinde zu bekämpfen und sich selbst zu beherrschen;
- nichts schwächt den Willen so sehr als die Herrschaft blinder und abnormer Triebe.

Der Dichter Goethe sagt dazu sehr weise:

Noch ist vieles zu erfüllen,
Noch ist manches nicht vorbei:
Doch wir alle, durch den Willen
Sind wir schon von den Banden frei!

Die gezielte und therapeutische Willensschulung ist unerlässlich. Kein Alkohol, dafür Sport und Wanderung, die Vita Sexualis bedarf der Beruhigung, d. h. auch keine Masturbation.
Man hat den Sexus mit einem mächtigen Strom verglichen, der, in seinem natürlichen Bett eingedämmt, dem ganzen Land ein nie versiegender Quell von Segnungen ist, der aber, sobald er mit elementarer Gewalt aus den Ufern tritt, alles überflutend unsägliches Leid über die Bevölkerung bringt. Man muss diesen Strom nur in eine andere schöpferische Richtung fließen lassen, bewusst mit seinem allmächtigen Willen, der zum Glauben zählt, und er wird zum persönlichen Glück werden.

*

Die Reinkarnation, die Wiedergeburt eines geistigen Individuums nach Jahrtausenden wurde in der suchenden Philosophie oft in Erwägung gezogen.

Wir Esoteriker haben aber längst die Beweise für die Theorie der Wiedergeburt. Bei der Liebe auf den ersten Blick handelt es sich eben um das Zusammentreffen zweier Wesen, die sich während ihres ersten Erdenwallens geliebt haben. Dieses Erinnerungsvermögen, an das frühere Leben, ist eine Funktionswirkung des sechsten Sinnes (der Intuition), jenes rein geistigen Organismus, der uns befähigt, bei bestimmter Einstellung mit der transzendentalen Welt in Berührung zu treten. Nur so viel sei jenen Lesern, die sich als Materialisten reinsten Wassers fühlen, gesagt: Nichts berechtigt die fünf Sinne, über die wir verfügen, einen Sinn abzuleugnen, den wir nicht besitzen, der anderen Wesen aber zu eigen ist, Wesen die wir eben mit den Gesichts-, Geruchs-, Geschmacks-, Gehörs und Tastsinne nicht wahrnehmen können; wie die Wesen der fünf Elemente. Der Grottenolm, dem die Augen fehlen, hat keine Vorstellung von der Welt des Lichts. Die Sonne ist ihm ein Ammenmärchen! Er glaubt nur an das, was er fühlt oder hört – alles, was er nicht wahrnehmen kann, ist für ihn nicht existent.
Genauso verhält es sich mit dem höchsten organischen Wesen der Erde, dem Menschen, der aber doch die Ansätze zur Entwicklung des ihm fehlenden Sinnes zeigt, und zwar teilweise rudimentär im Zentralnervensystem, im Unterbewusstsein, im somnambulen Zustand.
Die Liebe auf den ersten Blick hat oft schon furchtbares Unheil und Tragödien (vgl. Romeo und Julia), die sich in grauer Vorzeit abspielten, wiederholen lassen. Kleopatra, Lucrezia Borgia, Semiramis, Katharina II. sind wieder auferstanden.
Doch auch die unzähligen Egos der dämonischen Frauen Ägyptens, Babylons, Chaldäas und Griechenlands und aller Zonen und Epochen leben heute in ihren alten Gestalten in modischer Hülle unter uns, denn der Geist formt die Körper. Ebenso ihre männlichen Zeitgenossen, und der Zufall führt sie zusammen, jener Zufall, der Gesetz ist. Die Reinkarnation findet historische Beispiele auch in der neuesten Zeit. So ist Lenin die Wiedergeburt des Kosakenhelden Stenkarazin und in seinem Heimatlande an der Wolga nennen ihn die Bauern nur mit diesem Namen. Ein spiritistischer Zirkel nannte sich Ayschas Wiederkehr. Ayscha ist eine unsterbliche Priesterin im Gebiet des Himalayas – niemand anderes als die lesbische Griechen Sappho, die mit sehr vielen jungen Mädchen geschlafen hatte, obwohl ihr der Roman eines Engländers die Rolle einer Göttin zuweist.
Diese dämonischen Weiber, schon aus dieser landläufigen Bezeichnung klingt das Übersinnliche heraus, und die dämonischen, grausam-gierigen Frauen der Jetztzeit mit Sphinxaugen und Schlangenleibern sind nichts anderes als Dämonen selbst. Deren Sadismus und Masochismus sind rudimentäre, durch Kultur abgeschliffene Urinstinkte aus der Urzeit der dritten Rasse.
Die Erzählungen eines Geschehnisses mag theoretischer Erörterung vorangehen: Als ein Freund in Budapest vor Jahren einem Spiritistenklub angehörte, brachte ein neues Mitglied, ein junger Arzt aus Belgrad, seine

Geliebte in unsere Gesellschaft, die sich als sehr brauchbares Medium erwies. Um ihren wahren Namen zu schützen, müssen wir hier eine Geschichte erfinden, dessen Kern der Wahrheit entspricht. An anderer Stelle wird ausführlicher gesprochen. Das kaum 20-jährige Mädchen hatte der Arzt auf der Straße aufgelesen, denn im tiefsten Schlamme der Großstadtprostitution gedieh diese blasse, lichtscheue Menschenpflanze zu einem reizvollen und doch unheimlichen Geschöpf: Aus gutem Hause stammend, hatte sie den Hang zu ungezügelten sexuellen Lastern hinausgetrieben in den Trubel der Großstadt. Unbeschreiblich waren der Zynismus und die Frivolität dieses noch jungen Wesens; es lebte auf in der Gemeinschaft und sonnte sich in der Schamlosigkeit. Dabei war Ilka G. ein wunderschönes Weib mit klassischen Zügen, einem grausamen Zug um den sinnlichen Mund und blitzenden, doch unheimlich kalten Augen. Sie erzählte sichtlich wollüstig erregt von dem schrecklichen Tode eines ihrer ersten Verehrer, der sich vor ihren Augen vergiftet hatte und unter Krämpfen zu ihren Füßen starb. Dieses Medium war eine Sadistin, mehr noch, sie war die Verkörperung des Sadismus selbst, der noch nach Jahrtausenden in ihrer Seele schlummerte. Das sogenannte Spiegelphänomen, das leider noch wenig gekannt ist, wurde in diesem Zirkel einige Male beobachtet. Der Vorgang ist dieser: Das Medium wird in einem durch das Schöpferwort hervorgerufenen Trancezustand vor einem Drehspiegel geführt, der im Dunklen bleibt, während eine Lichtquelle das Gesicht des Mediums hell erleuchtet. Wiederholt bringt nun als Spiegelbild dasselbe Gesicht in fremder Haartracht und in merkwürdiger Kleidung, oft alt, oft aber mit Kinderaugen zutage. Bei Ilka G. war der Versuch nie gelungen. Endlich, eines Abends, war dieses Medium sichtlich berauscht und (sexuell) erregt in unseren Kreis gekommen. Wir hatten nun Gelegenheit, den Versuch mit dem Spiegel zu wiederholen. Was sich uns zeigte, war so überraschend und grausig schön, dass jeder, der das Spiegelbild der berauschten Dirne gesehen hat, es nie mehr vergessen wird. Die Züge des Mediums erschienen wie in Grausamkeit und Wollust versteinert als Katherina und fast gleichzeitig als Sphinx. Einige Sekunden lang konnten wir das Spiegelphänomen bewundern, bis es sich im Nebel auflöste und uns das schlafende Gesicht des Mädchens entgegenblickte.

Leidenschaften in ihrer Höchstentwicklung in Gestalten der Geschichte verkörpert und immer wiederkehrend, sind Symbole! Das Medium Ilka G., die in Wahrheit einen ganz bekannten Namen hatte, trug Züge und Gestalt Katherinas, die Seele, welche diesen Leib belebte, ist der unsterbliche Funke jener Lebensflamme, die einst das Urbild Katherinas III. belebte. Das Spiegelbild zeigte sie als solche in der Zwittergestalt der Sphinx. Die Sphinx aber ist einerseits als Urbild weiblicher Wollust, die lächelt und sich in sexueller Ekstase wiegt, wenn ein Leben unter blutigen Qualen stirbt.

Woher stammt diese geheimnisvolle Leidenschaft der grausamen Liebessehnsucht?

Wir müssen weit zurückblicken durch den Nebel der Jahrmillionen, als die Astralkörper, die unsterblichen Geister, die heute in Menschenleibern wohnen, die ersten Wesen der Urzeit belebten, die Riesen, deren grausame Blutgier und Hungerstillung noch denselben Ursprung hatten, wie der Genuss der geschlechtlichen Vereinigung. Diese Rasse wälzte sich im Blut der Opfer, während sie sich paarten. Blutdurst und Begattungstrieb kamen gleichzeitig auf ihre Rechnung. Diese Triebe sind in vielen menschlichen Seelen rein erhalten geblieben. Der Sadismus ist so alt wie die Welt. Es gibt aber mehr männliche als weibliche Sadisten, umgekehrt bei den Masochisten, weil eben das Männliche zufolge seiner physischen Übermacht mehr das herrschende Elemente ist.

Woher stammt nun aber im Manne der Sklaventrieb, nach seinem literarischen Vertreter Sacher-Masoch Masochismus genannt?

Beim Weibe erklärt sich wie manches als Zuchtergebnis, als verstärkter Hang zur Hingabe. Beim Manne aber liegt sein Ursprung im früheren Leben. Römische Hetären hielten sich Sklaven, die ihnen Spielzeuge grausamer Lust waren, so auch Aspasia, die Geliebte des Perikles. Die Hetäre Thales führte Sklaven mit sich, von denen viele auch ihre Geliebten waren. Phryne verfügte über einen Heerbann von lebendem männlichem Eigentum. Der männliche Stolz wurde von weiblicher Grausamkeit gebrochen. Tausende lagen zu Füßen der erotischen Kleopatra – und ab und zu durfte einer von ihnen ihre Liebesgunst genießen. Hier verschmolz der Schmerz der Erniedrigung mit dem Liebesgenuss! Die Mischung seelischer Widersprüche erhöhte die Ekstase. Der Sklaventrieb wurde erst geboren – im Sklaven! Die unsterblichen Seelen aber suchten sich neue Hüllen. Sie fanden diese in der Brust von Kaisern und Fürsten, aber sie behielten ihren erworbenen Trieb!

Die Reinkarnation eines solchen Sklaven der Megalostrate in dem Medium Giovanni T. aus Florenz wurde bei einer Seance erwiesen. Der junge Mann war, wie allgemein seinen Freunden bekannt, ein Masochist, der Dirnen zu Füßen lag und sich in Sklavenrollen gefiel. Tausende von Männern tragen das Erbe ihres Lebens vor Jahrtausenden als Sklaventrieb mit sich. Auch die mannigfachen Perversitäten sind dunkle Erinnerungen an erzwungene Dienstleistungen in einem früheren Leben. Es ist nicht unsere Aufgabe, des Näheren auf diese einzugehen. Man untersuche aber die abscheulichen Auswüchse der Geschlechtsliebe – ferne im Schein der Sonne vergangener Weltepochen findet sich Geisel und Messer!

Unsterbliches Leben, wie merkwürdig sind deine Wege! Du führst zwei Wesen zusammen, die sich vor Jahrtausenden liebend in die Augen blickten, und lässt sie aus Liebe auf den ersten Blick wahnsinnig füreinander entbrennen. Aber du lässt sie auch gemeinsam in die Ewigkeit einkehren, dieselben Menschen, die sich vor unendlichen Zeiten gemeinsam den Tod gaben, du lässt sie sich wiederfinden und gemeinsam aus den Leben scheiden.

Der Selbstmord unglücklich Liebender, die Vereinigung durch den Tod suchen, bedeutet aber ein furchtbares Erwachen im Jenseits, ein Erwachen in neuer Sehnsucht und Enttäuschung. Denn drüben gelten nicht die Schwüre von Hüben und unbarmherzig trennt das ewige Gesetz die Seelen, die sich doch hier ewig verbinden wollten.

Der sechste Sinn, jener unentwickelte, halb geistige, halb physische Organismus, welcher die vierte Dimension, das Astrale, mehr ahnt als fühlt, jener Sinn, der uns fehlt, um mit dem Jenseits, der Welt der Geister und Götter, in Verbindung stehen zu können, ist eben allzu oft der dunkle Trieb zu Verbrechen und Begierden, die den normalen Menschen abscheulich und unnatürlich erscheinen, dem er aber oft unbewusst Tribut zollt!

Besonders die verbrecherischen widernatürlichen Geschlechtstriebe bei Mann und Weib, deren Ursachen weder die Sexualforscher Krafft-Ebing noch Lombroso erklären konnten, finden hier restlose Enthüllung.

So stelle ich denn auch den Satz auf, an dem ich kein Jota hinzufügen noch wegnehmen lasse: Alle widernatürlichen Geschlechtsregungen sind Erbstücke aus einer Zeit früheren Lebens, da diese nicht nur natürlich, sondern Lebensbedingungen waren. Entweder wurden sie zu Lebensgewohnheiten durch den Zwang, den das Mächtige gegen das Schwache ausübte oder durch den Einfluss des Kampfes ums Dasein zur Rasseeigentümlichkeit.

Unsterblich sind die Seelen und finden immer neue Wohnungen in sterblichen Hüllen von Menschen. In der Hülle des Kulturmenschen unterdrückt die Erziehung die alten wenigen Triebe zur Grausamkeit, zur Lust der Unterwerfung, zum Trieb der gleichgeschlechtlichen Liebe, die aus Zeiten der Geschlechtslosigkeit stammt, wo sich verwandte Seelen fanden.

Hier ist das Geheimnis der gleichgeschlechtlichen Liebe, der lesbischen und der Knabenliebe enthüllt!

Sexualempfinden, Seelenwanderung, irrende Geschlechtsliebe und der 6. Sinn, welche Brücke verbindet diese ungleichen Ufer? In den Urbildern der Schöpfung nimmt diese Triebfeder alles irdischen Seins einen gewaltigen Raum ein. Ja, man kann sogar behaupten, dass das böse Prinzip im Geschlechtstrieb seinen Sitz genommen hat. Dadurch wird der Sexus zum okkulten Geheimnis, der einem Herrn über ihn zum Schöpfer des Universums machen kann, einem Sklaven zum Dämon der Wollust!

*

Viele sexuelle Abartigkeiten sind jetzt zur gesellschaftlichen Gewohnheit geworden und werden anerkannt und völlig toleriert. Das gilt für Mann und Frau. Die stärkere Wollust der Frau ist sogar begründet: Man hat vielfach unter den Physiologen gestritten, ob die Natur gegen eines der Geschlechter parteiisch gewesen sei, indem sie ihm einen volleren Becher bei dem Liebes-Gastmahl gewährte. Obgleich eine derartige Frage durch Experimente und genaue Versuche positiv nicht zu lösen ist, glaube ich doch mit genügender Sicherheit die Behauptung aufstellen zu können, dass die Frau in der Liebes-Umarmung sehr viel mehr genießt als der Mann, natürlich immer die

Ausnahmen, welche von individuellen Zuständen herrühren, bei Seite lassend. Außerdem ist die Mode rein sexuell ausgerichtet, um seine Geschlechtsorgane zu präsentieren, wie das Max Macruse in „Handwörterbuch der Sexualwissenschaften“ aufzeigt. Der wahre und letzte Grund der Mode liegt sozusagen in der Erotik!
Der Wollust-Apparat der weiblichen Geschlechtsteile ist viel komplizierter als jener der männlichen. Die Scheide bildet beim Weibe das Hauptorgan des Genusses und findet ihr Gegenstück in der männlichen Rute; doch hat diese nur die Eichel dem komplizierten Vorhofe des Venustempels, den Brustdrüsen und sogar dem Munde des Uterus entgegenzusetzen, welch letzterer bei vielen Frauen Quellen ungeheuren Genusses ist, aber auch wieder bei anderen, wegen seiner übermächtigen Empfindlichkeit, die Berührung eines fremden Körpers nicht ertragen kann.
Der für den Geschlechtsgenuss bestimmte Apparat des Weibes hat eine viel ausgedehntere Oberfläche als der des Mannes. Die Frau besitzt eine größere Empfindlichkeit als der Mann und nimmt deshalb alle Eindrücke äußerer Gegenstände viel stärker wahr. Beim Begattungsakte verhält sich die Frau fast gänzlich passiv und doch bleibt ihre ganze Aufmerksamkeit, da nicht die geringste Kraftanstrengung an der Bewegung teilnimmt, dem erotischen Sinne zugewendet. Die Frau leidet nach den Geschlechtsgenüssen nur an einer leichten Mattigkeit, verursacht durch die Erschöpfung des Nervensystems, und kann sich also sehr viel schneller als der Mann der Wiederholung des Aktes unterziehen. Sie ist physisch immer zum Beischlaf bereit, während der Mann es nur zeitweise ist. Viele Frauen haben mehrere Samen-Ergüsse in dem Zeitraum, in welchem der Mann nur zu einem einzigen fähig ist. Die Frau, obgleich sie das Klopfen des Busens und die häufigen Begierden unter weiten Kleidern verbirgt, sehnt sich doch mit stärkerem Gefühl als der Mann nach diesen Genüssen, weil dieselben für sie, wegen des Mysteriums, das ihr von der Scham und den sozialen Gewohnheiten auferlegt wird, noch verführerischer sind.“

*

Anschließend möchte ich einen Bericht aus Hirschfelds Zeitschrift „Jahrbuch für sexuelle Zwischenstufen unter besonderer Berücksichtigung der Homosexualität“ über *Helena Petrovna Blavatzky, ein weiblicher Ahasver. Lebensbild von Hans Freimark* wiedergeben. Ich fasse diesen zusammen, damit man sieht, dass viele Freimaurer bzw. geschulte oder medial begabte Menschen, wie viele Okkultisten bereits schrieben, homosexuell bzw. bisexuelle Neigungen besitzen, die durch ihr Verhalten ans Tageslicht kommen.
HPB wurde am 31. Juli 1831 als Tochter des Generals Peter von Hahn und seiner Gattin Helena Fadeeff zu Jekaterinoslaw (Russland) geboren.
Das zarte Kind, dessen sensitive Veranlagung es sowieso schon in einer innigen Verbindung mit der innerlichen Sphäre hielt, fand durch die

Erzählungen und Berichte seiner Wärterinnen, seiner Gespielinnen, keine Ablenkung von seinem Hange zu mystischen Träumereien, sondern wurde geradezu angehalten, ihnen stetig nachzugehen und sich in ein Land zu begeben, welches jenseits allem Irdischen in ihm bestand. Trotz dieser nicht ungefährlichen Neigung war in Helena eine bubenhafte Lebendigkeit rege, welche sich nicht zügeln lassen wollte, und sich gänzlich ablehnend gegen jeden Unterricht verhielt. Obwohl von rascher Auffassungsgabe, suchte sie dennoch sich dem Zwang der Lehrstunden zu entziehen. Anstatt auf der Schulbank zu hocken und den weisen Ermahnungen ihrer Erzieherinnen zu lauschen, tollte sie lieber auf ungesattelte Kosakenpferde, nach Mannesart reitend, durch die Steppe. Oder sie verkroch sich in einem Winkel des weitläufigen Hauses ihrer Großeltern, bei denen sie lebte, um die Gestalten und Figuren ihrer Innerlichkeit als eine stumme Prozession an sich vorüberziehen zu lassen und deren wortlosen Mitteilungen zu lauschen. Alle Eigenschaften ihres Charakters traten schon damals mit großer Entschiedenheit hervor und ließen mehr einen Mann als eine Frau vermuten: Sie trug zwei deutlich unterschiedene Naturen in sich, so dass man dachte, es wären zwei Wesen in einem Körper; das eine schadenfroh, streitsüchtig und hartnäckig — in jeder Weise lasterhaft; das andere zum Mystischen und Metaphysischen neigend, gleich der Seherin von Prevorst.

Mit 17 Jahren heiratete sie aus freien Stücken einen Mann, der ihr Vater hätte sein können; einige Monate später verließ sie ihn, ohne sich viel Gedanken darüber zu machen, reiste in die weite Welt, ohne jemand zu verraten, wohin, und hielt sich zehn Jahre lang so verborgen, dass selbst ihre nächsten Verwandten oft durch Jahre ihren Aufenthaltsort nicht kannten.

Späterhin gestand sie den Ihrigen, dass sie nur deshalb R. W. Blavatzky geheiratet habe, um der Kontrolle ihrer Verwandten überhoben zu sein. Der Staatsrat Blavatzky, der von seinen Gattenrechten ihr gegenüber nie Gebrauch zu machen wagte, und den sie nach dreimonatlicher Ehe, welche eigentlich keine war, als Jungfrau, wie sie stets emphatisch betonte, verließ.

Ihr Widerwille gegen Sex zwischen Mann und Frau lag in ihrer Wesensart begründet. Sie entfloh. Auf einem Dampfer, auf welchem sich die Flüchtende befand, eine von ihrem Gatten veranlasste Visitation drohte, legte sie auf den Rat des Kapitäns Matrosenkleider an. Die müssen ihr trefflich zu Gesicht gestanden haben, denn der Madame Blavatzky suchende Beamte ließ den jungen Heizer unbehelligt. So sehr verkörperte sie als junges Mädchen das Männliche! In Konstantinopel angekommen, traf sie eine frühere Bekannte, die Grätin K., mit der sie ein *intimes Bündnis* schloss. Gemeinschaftlich bereisten die beiden Freundinnen Griechenland und Ägypten. Hier, bereits wenige Monate nach dem Entstehen, scheint ihre Freundschaft mit der Gräfin K. zu Ende gekommen zu sein. Sie trennt sich von dieser und suchte neue Freunde(innen) für ihre Zwecke.

Etwas weniger einfach scheint anfangs die Erklärung der Tatsache, dass nie ein

Mann zu Helena Petrovna auf deren abenteuerlichen Kreuz- und Querzügen durch die alte und die neue Welt in intime Beziehungen trat, oder, wenn man will, dass sie selten einem Manne begehrenswert dünkte. Worin bei ihr der Grund der Abneigung gegen das Geschlechtliche und seine männlichen Vertreter lag, hat sich uns bereits erschlossen, nicht so das, was einer geschlechtlichen Anziehung ihrerseits auf die Männer hinderlich war. Dem Worte Solovyoffs, eines ihrer ehemaligen Freunde und späteren Gegners: „Männer, als solche, existierten nicht für sie", gesellt sich der Ausspruch Olcotts, der seine *verehrte Madam* ein vermännlichtes Weib nennt.

Mag nun auch diese Vermännlichung in jüngeren Jahren nicht zu sehr ins Auge gefallen sein, sondern erst mit fortschreitendem Alter sich stärker herausgebildet, haben, immerhin wird sie ihrer Jugend einen gewissen Schutz gewährt haben.

Helena Petrovna dürfte sich dessen bewusst gewesen sein, als sie ohne Begleitung, dem in ihr ruhenden Abwehrmittel vertrauend, die Indianerterritorien Amerikas besuchte, um sich, nach Sinnetts Angaben, mit den Geheimnissen der indianischen Zauberer bekannt zu machen. Dabei passierte es der eifrigen Forscherin, dass die Medizinmänner ihre Künste anwandten, nicht um sie aufzuklären, sondern um sie ihrer Barschaft und Wertsachen zu berauben.

Da sie über mediale Fähigkeiten verfügte, lagen ihre Verwandten ihr unaufhörlich mit Bitten um Seancen in den Ohren. Sie war schwach genug nachzugeben, bis sie eines Tages an einem schweren psychischen Anfall erkrankte, einer seelischen Erkrankung. Diese äußerte sich in Statuierung eines zweiten, mit ihrem Wachbewusstsein intermittierenden Ich, welches, entsprechend Helena Petrovnas Veranlagung, sich als Mann gerierte, wie wir dies auch in analogen Fällen finden. Es scheint, als ob das Unbewusste des Menschen stets den seinem äußeren Geschlecht entgegengesetzten Wesenspol verkörpert. Ungeachtet ihrer männlichen Züge besaß H. P. B. dennoch eine ziemliche Zahl weiblicher, unangenehm weiblicher Eigenheiten, auch war es gerade die Passivität ihres Weibseins, auf Grund deren sich die okkulten Phänomene, welche mit ihrer Person untrennbar verbunden sind, darstellen konnten. Das wirkende Etwas, der Inszenator dieser mystischen Erscheinungen, zum größten Teil wohl ihr Unbewusstes, kleidete sich in das Gewand ihrer latenten Männlichkeit.

Sie beteiligte sich an dem blutigen Scharmützel von Mentana, es wäre nicht das erste Mal gewesen, dass sich Madame in einen Monsieur Blavatzky verwandelt hätte. Viele meinen, dass diese Metamorphose der Kern der Legende des Seelentausches auf dem Schlachtfelde sein, die Olcott erzählt. Doch das ist nur eine Legende! Mehr nicht!

Sie erzählte die unglaublichsten Mären über ihr Vorleben, oder glaubte sie vielleicht an diese Gebilde uneingedämmter Einbildungskraft? Es wäre möglich, denn die Zwiespältigkeit ihrer Natur ließ sie nicht immer klar sehen

über sich selbst. Heute abgründigster Weisheit voll, war sie morgen nichts als ein schwatzendes, Nichtigkeiten aufbauschendes altes Weib. Olcott kommt zu dem das Schwankende ihres Wesens gut begründenden Schluss: „Es scheint fast, als ob sie sich immer zwischen ihrem inneren Selbst von Mann und Weib teilte, und daher blind war gegen die Schwächen und Fehler ihrer körperlichen Hülle.“ Das deutet eindeutige auf eine homosexuelle Frau!
Zu einem Porträt lieferte Mad. Blavatzky eine eigenhändige Ergänzung, in welcher sie sich bezeichnet als „ein altes Weib, dessen kalmückisch-buddhistisch-tartarische Gesichtszüge niemals, selbst nicht in der Jugend, sie hübsch erscheinen ließen, ein Weib, dessen plumpe Haltung, dessen seltsame Sitten und männliche Gewohnheiten genügen, um jede elegante Dame der guten Gesellschaft außer Fassung zu bringen.“
Bezeichnend für Helena Petrovnas männliches Empfinden ist die Art, mit der sie Olcott für sich zu gewinnen wusste. Er weilte noch in Chittendeu zur Beobachtung der Eddyschen Manifestationen, während sie bereits nach New York zurückgekehrt, ihn mit Briefen bombardierte, in denen sie alle Künste ihrer Beredsamkeit aufbietet, die Repräsentationsfigur des Kolonel ihren Zwecken dienstbar zu machen. Sie tituliert den eben erst Kennengelernten mit „Lieber Freund“ und sucht ihm in jeder Weise zu schmeicheln. Um das überraschend schnell erfolgende Angebot ihrer Freundschaft als Kameraden zu motivieren, vielleicht auch, um in Olcott jeden Gedanken an ihre Weiblichkeit von vornherein auszuschließen, unterzeichnete sie ihre Zuschriften an ihn mit „Jack“ oder „Jack Blavatzky“. Wieder einmal wird „Madame“, wenn auch nur in ihren Briefen zu „Monsieur“. Olcott, dem wir obige Charakteristika verdanken, knüpft hieran die Mitteilung, dass in den in späteren Zeiten an ihn gerichteten Mahatmabriefen Helena Petrovna vielfach als „unser Bruder H. P. B.“ bezeichnet wurde wie manch ein Schwuler von einem anderen mit Schwester bezeichnet oder mit dem weiblichen Titel „Sie“ angeredet wird.
Einen weiteren drastischen Beleg für Madame Blavatzkys bizarre unberechenbare Handlungsweise, zugleich auch einen Beweis für die Stellung, welche sie dem Mann in ihrem Leben einräumte, bietet die Geschichte ihrer zweiten Ehe, welche sie in Amerika mit dem Armenier Betanelly, ungeachtet ihrer noch bestehenden Ehe mit Staatsrat Blavatzky, einging. Betanelly, ein bedeutend jüngerer Mann, fühlte sich von der interessanten Frau lebhaft angezogen. Er setzte ihr täglich zu, sich mit ihm zu verbinden, er wolle weiter nichts, als für sie sorgen dürfen. Helena Petrovna, seines ständigen Anschmachtens müde, sowie durch materielle Beweggründe veranlasst, willigte ein, die Seine zu werden, jedoch nur unter der Bedingung, dass sie ihren „eigenen Namen behielt“, dies wohl der Nützlichkeit halber – und weiter, dass Betanelly „keinen Anspruch auf die Privilegien der Hochzeit machen dürfe.“
Die auf solcher Basis geschlossene Ehe währte nicht länger als ihre erste. Sobald sie merkte, dass die von ihrem Verehrer vorgeschützten bewundernden

Gefühle sich mehr und mehr wandelten zu Begehrungen und als ihr daher gewisse Zumutungen unausbleiblich schienen, verließ sie ihren Anbeter.
Olcott erzählt von angeblicher Besitznahme ihres Körpers durch den Meister und dessen Genossen. Oft sollen an einem Abend mehrere dieser Typen sich kenntlich gemacht und an der „Isis" geschrieben haben. Das Beachtenswerte der Olcottschen Notiz besteht in dem Zeugnis der Männlichkeit aller sich kundgebenden Individualitäten. Olcott wie auch Helena Petrovna und ihre Anhänger vertreten die Meinung, dass jene Wesenheiten die sagenhaften tibetanischen Mahatmas seien. Wir können jedoch mit gutem Grunde annehmen, dass die geheimnisvollen Eindringlinge nichts anderes als Personifikationen des Unbewussten H. P. Bs. waren. Die mannigfachsten Tatsachen, welche klarzulegen hier zu weit führen würde, stützen diese Annahme, welche dennoch eine Beeinflussung der Mittlerin vonseiten individueller unsichtbarer Wesenskräfte nicht ausschließt. Die Beeindruckung, sei es durch das eigene, oder des Unterbewussten dritter, ist ausschließlich möglich bei Vorhandensein einer über das Gewöhnliche gesteigerten Empfängnisfähigkeit. Diese hervorstechende weibliche Eigenschaft fand sich bei Helena Petrovna ziemlich ausgeprägt; ihr Inwirksamkeittreten wurde nicht behindert durch das Mannhafte H. P. Bs. Letzteres war vielmehr eine günstige Ergänzung des ersteren. Während zumeist bei den, dem Mystischen zugeneigten Frauen nur eine gesteigerte Rezeptivität besteht, welche, da eine leitende Willensgewalt nicht vorhanden, sich in Phantasien, ohne äußere Erfolge, verpufft, vermochte Helena Petrovna, dank der Eigenart ihrer Veranlagung, der Welt doch etwas mehr zu hinterlassen als die Hirngespinste eines hysterischen Weibes, welches nicht mit den Tatsachen ihrer monatlichen Blutungen klarkam! Weiters brachte sie eine schwere Erkrankung an den Rand des Grabes, weil sie weder seelisch noch körperlich ausgeglichen war. Diese geistig-seelische Krisis, welcher Helena Petrovna entgegensteuerte, kam während ihres Würzburger Aufenthaltes, wohin sie sich nach ihrer Rückkehr aus Indien über Italien begeben hatte, zum Ausbruch.
All dies und viele Verleumdungen hielt sie nicht stand und sichte dahin. Durch Tage und Wochen ziehen sich die bereitenden Todeswehen. Sie fühlt die nahende Nacht, der sie wunschlos entgegengeht. Nur noch eine Bitte ist wach in ihr: In einem folgenden Dasein eine „männliche Inkarnation" vornehmen zu dürfen, „und ihre Erwartung, dass diese Hoffnung sich verwirklichen würde, war sehr zuversichtlich."
Helena Petrovna tat in ihren letzten Tagen mehr und mehr das Irdisch-Weibliche von sich, ihres Geistes Mannheit rang sich durch und verhalf ihr kraft dem innerlich Weibhaften ihrer Seele, der heiligen Mütterlichkeit, die sie für ihr Werk empfand, zu ihres Daseins Verklärung in einem Sterben in Schönheit.
Kaum war H. P. Bs. sterbliche Hülle verbrannt, so wob schon die Legende geschäftig ihre Fäden. Wie einst die junge Christenheit die Auferstehung des

Meisters von Nazareth ersah, so ließ die schwärmerische Fantasie ihrer Anhänger diese die ihrige erleben. Dieser Gestalt beließ man alle Helena Petrovna charakterisierenden Züge, vor allem ihre Männlichkeit.
Doch in ihnen einen sich in glücklicherer Übereinstimmung als zumeist die beiden Prinzipien des Lebens, das männliche und das weibliche, der aktive Wille und sein passives Gesetz. Während in den meisten Menschen, der eine Wert den anderen überwiegt, so dass wir neben Instinktnaturen mit brutalem uneingedämmten Wollen, Individualitäten treffen, welche an dem in ihnen ruhenden unbewussten Gesetze, ohne rechts noch links zu schauen, wie an einer güldenen Kette emportasten zu dem gewissen Siege, gelangt in den Priestern, den Künstlern, kurz den Mittlern zwischen der Welt der Erscheinungen und deren transzendentem Wesensgrunde, Wille und Gesetz zu annäherndem oder völligem Ausgleich. Sie sind es daher, welche sowohl den stillen Individualitäten, deren Dasein ein vegetatives ist, hingebracht in unverbrüchlichem, nie fragendem Gehorsam an ein Geahntes, wie auch den herrischen Naturen, die in den überschäumenden Gefühlen ihrer Selbstherrlichkeit sich jeglicher Verpflichtung gegen ihre Daseinsteilhaber enthoben, glauben, den Sinn des Seins und Werdens nahebringen. Eine solche Priesterin war Helena Petrovna nicht!

10. Das kultisch-sexualmagische Geschlechtsleben der Japaner:

Im Glauben der Japaner hat das Geschlechtliche einmal eine große Rolle gespielt und die letzten Spuren dieses Glaubens sind heute noch nicht verschwunden. Denn was man etwas grob als Phalluskult bezeichnet, ist im Wollen, Denken, Fühlen und Handeln des ganzen Volkes seit unvordenklichen Zeiten so fest verankert, dass alle Bemühungen der Regierung, im Anschluss an westliche, d. h. europäische Sitten solche rückständigen Anschauungen auszurotten, lediglich einen äußeren Erfolg haben konnten.
Wenn der Kult der Geschlechtsteile auch aus der Öffentlichkeit verschwunden ist, so haben sich doch beim Landvolk in abgelegenen Gegenden Überbleibsel genug erhalten.
Volkskundler Coghill besuchte den Tempel eines Kultes auf einer kleinen Insel bei Kamakura, der alten Hauptstadt Japans. Der Phallus war der einzige Gegenstand der Verehrung in diesem Tempel. Er war in verschiedener Größe vorhanden, darunter ganz kolossale in mehr oder weniger naturgetreuer Darstellung. An der ziemlich naturgetreuen Darstellung mancher Stücke hätte Coghill sehen können, dass die Auffassung dieser kosmischen Sinnbilder bei den Gläubigen doch etwas anders sein musste, als er sich vorstellte. Denn für die Gläubigen waren es eben gar keine Sinnbilder, sondern diese Gegenstände

waren eben wirklich der Gott. Die Frauen, die Coghill vor diesen Phallen inbrünstig beten sah, hatten gewiss kein Sinnbild vor sich und legten die Votivphallen sicherlich vor keinem Sinnbild nieder, sondern sie verehrten das schöpferische Prinzip! Diese Votivphallen waren zum großen Teil sehr einfach aus einem Stück Holz aus dem benachbarten Wald geschnitzt. Coghill machte noch eine sehr merkwürdige Beobachtung: Er sah, wie zusammengeballtes feines Seidenpapier, das die frommen Frauen vorher an ihre Geschlechtsteile gedrückt hatten, um es mit den weiblichen Säften bzw. Kräften – masturbatorisch zu weihen – dem Priester überreicht und von diesem unter Gebeten in einem großen Becken vor dem Götterbild verbrannt wurde zur Erfüllung des Wunsches. Der Reisende war überrascht, wie ernst und ehrfürchtig es bei diesen Handlungen zuging.
Beim Tempel auf der kleinen Insel handelt es sich offenbar um einen angesehenen Kultort und die Frauen werden wohl Wallfahrerinnen gewesen sein, die durch ihre symbolisch-rituelle Handlung Kindersegen erflehen wollten.

Balkenvorsprung in Gestalt eines Phallus an der Säule eines Schreines zur Abwehr schlechter Einflüsse.

In Japan müssen phallische Götter also einmal in sehr hohem Ansehen gestanden haben, wie die Anzahl der Tempel beweist, die ihnen einst gedient haben, von großen bis zu den kleinsten, den bäuerlichen Stiftshütten, die eigentlich weiter nichts als ein Regendach waren. Manche waren schon vergessen, wenn sie in abgelegenen Gegenden, in den Bergen oder in Wäldern lagen, wenn auch gerade diese einsamen Heiligtümer einmal die angesehensten gewesen sind. Dann werden diese verfallenen Kultstätten unheimliche Orte, denen man aus dem Weg geht, weil man aus den guten Geistern, die einst dort herrschten, im Laufe der Zeit böse hat werden lassen, wie dies in fast allen Ländern der Erde der Fall war. Einen solchen alten Tempel mitten im Walde fand ein französischer Marineoffizier und hat aus ihm einen Phallus mitgebracht, der 29 cm lang war und 14 cm Umfang hatte. Die Bewohner fürchteten sich in seine Nähe zu kommen, namentlich nachts.

Heute sind Phallustempel in Japan verboten; sie liegen, wenn auch noch wohl erkennbar, in Trümmern. Aber die Phallen sind noch überall anzutreffen, eigentlich in jedem Hause; sie werden dort in der Nähe des Hausaltars, der in keinem Hause fehlt, aufgehoben. Auch Votive und Weihegaben haben ihre alte Form beibehalten, wenn auch in der Öffentlichkeit meistens ein Pilz aus ihnen geworden ist, wie wir noch sehen werden, oder Holzstücke von der Form der japanischen Schachfiguren.

Wie Prof. Dr. Haberer berichtet, opfert die Mutter schon bei Beginn des kindlichen Lebens solche Holzstücke, im Glauben, dadurch die Gefahren der Geburt leichter überwinden zu können. Aber wenn auch in der neuen Ära in Japan der alte Kult verboten ist und verfolgt wird, so sind solche Ersatzstücke des Phallus doch nicht überall gebräuchlich und Prof. Haberer hat selbst in Fischerdörfern gesehen, dass man bei verhältnismäßig primitiven Menschen den Phallus in deutlicher Nachahmung seines Urbildes vorzieht. Zu gewissen Zeiten trägt ein Japaner das Emblem dieses Kultes, einen aus einem großen Rettich geschnitzten und bemalten Phallus, in Begleitung der Hausbewohner in den Zimmern, der Küche, dem Abort umher, indem er einen rituellen Spruch (Tantras) dazu sagt und den Phallus dabei schwingt. Die Begleiter, beiden Geschlechtern angehörend, erwidern mit lauten Rufen unter Gelächter, um die Freude der schöpferischen Betätigung auszudrücken.

In diesem Sinne spielt der Phallus, bei dem von Professor Haberer berichteten Vorgang seine Rolle. Wir können dies aus einer ähnlichen Reinigungszeremonie schließen, die bei Frühlingsanfang vorgenommen wird und die uns vielleicht einen Fingerzeig bietet für die Formel, die beim Schwingen des Phallus hergesagt wurde, wenn auch hier an Stelle des Phallus der Kteis (die Vulva) getreten ist. Aber bei Abwehrzauber sind beide ja als gleichwertig anzusehen.

Wenn der Winter in den Frühling übergeht, mit anderen Worten, in der Nacht vor Frühlingsanfang, etwa der dritte Tag des zweiten Monats, japanisch Risshu, ist die Zeit Setsubun. In dieser Nacht wird das Mamekaki vorgenommen. Dieser Brauch besteht darin, dass man in einem Hause getrocknete Bohnen umherstreut, um die bösen Geister zu vertreiben. Dabei schreit man so laut als möglich: „Glück, komm herein! Teufel, geht hinaus!" Nach dem alten Stil wurde diese feierliche Handlung an der Jahreswende, entweder am Abend des letzten Dezembers oder am frühen Morgen des ersten Januars vorgenommen, während sie jetzt auf Setsubun verschoben ist. An der Bedeutung des Brauches ändert sich dadurch nichts, und auch nichts an der Bedeutung der Bohnen, die als Sinnbild oder vielmehr als Stellvertreter des weiblichen Geschlechtsteils zu gelten haben. Sinngemäß bezeichnet man es in der Gassensprache als Mamekaki, Bohnenstreuen, wenn eine Frau hinfällt und dabei ihren Geschlechtsteil entblößt. Denn Mame (japanisch Bohne und Erbse) ist ein häufig gebrauchtes Wort für den Kteis (Vulva). Aber mit Mame bezeichnet man auch die sogenannte Fica, d. h., wenn man eine Faust macht und den Daumen zwischen dem zweiten und dritten Finger hindurchsteckt, und diese Geste bedeutet auf der ganzen Erde den weiblichen Geschlechtsteil, den Cunnus, und gilt überall als Abwehrzauber. Im Japanischen sagt man auch für die Fica: Menigiri (wörtlich als der Frauengriff zu erklären; me, Frau, kann auch die Vulva in der Volkssprache bezeichnen). In der Provinz Sagami herrscht der Glaube, dass man umhersprühendes Feuer beruhigen kann, wenn man mit dem Menigiri darauf zugeht und die Zauberformel spricht: „Yama de no koto wo wasure ta ka?" (Hast du das Vorkommnis auf dem Berge vergessen?) oder: „Yama ni iru koto wo wasureta ka!" (Hast du vergessen, dass du auf dem Berge bist?). Die Bedeutung dieser Fragen scheint vergessen zu sein. Wir Hermetiker wissen aber, dass man gewisse Buchstaben oder Worte mit ihren Ideen bzw. Gesetzen konzentriert nur aussprechen muss, damit sie Wirkung zeigen. In der Provinz Kyushu macht eine Frau, die in der Nacht auf der Straße einem betrunkenen Mann begegnet, heimlich die Runen-Geste der Fica in ihrem Ärmel, um sich gegen unvernünftige Angriffe desselben zu schützen.

Tengu Maske.

In den oben erwähnten beiden Fragen an das Feuer kommt das Wort Yama vor und, wenn auch der Sinn dieser Fragen heute vergessen ist, so kann man doch vermuten, dass gerade das Wort Yama in irgendeiner Beziehung zu der Geste der Fica stehen muss. Yama ist ein Berg oder Hügel. Ein Yama-no-kami würde dann zunächst ein shintoistischer Berggott sein.

Wir können vermuten, dass allen diesen Berggeistern etwas von den alten Fruchtbarkeitsdämonen anhaftete. Anders ist es nicht zu erklären, wenn Yamabushi, die Bergbewohnerin, heute ein Gassenwort ist, das den Cunnus (die Vulva) bedeutet. Im Volke halten sich ja solche alten Überlieferungen am längsten. Als Beweis hierfür mögen einige Senryus (alte Sprüche) dienen: „Ein dicker langnäsiger Kobold besucht eine Bergbewohnerin jede Nacht." Dieser Kobold, der Tengu, wird auf Bildern mit einem frischen, roten Gesicht, mit einer sehr langen Nase und einem Paar Flügel dargestellt. Die Gestalt des Tengu geht wahrscheinlich auf den indischen Garuda zurück und gelangte über die chinesische Zwischenform des T'ien-kou (d. i. Himmelshund) nach Japan. Das Volk glaubt, dass der Tengu auf Bergen und in Wäldern wohnt und häufig Leute nach heimlichen Stellen verschleppt. Er ist also ein richtiger alter Berggeist, der jedenfalls einmal ein kräftiger Zeugungsdämon oder Fruchtbarkeitsgott war – deshalb die lange Nase! –, als der Glauben noch solche Gestalten für das Gedeihen der Natur nötig hatte. Die Menschen, die vom Tengu entführt werden, bezeichnet das Volk als „Tengu-no-Joro", als Buhlerin des Tengu oder als Ganymed des Tengu, denn dieser Kobold macht dem Glauben nach zwischen männlich und weiblich keinen Unterschied, er verschleppt in seinen einsamen Wald Männlein oder Weiblein, wen er gerade erwischt. Sein Name ist heute ein Gassenwort für einen erigierten Penis geworden und so fristen die Namen der Yamabushi und des Tengu heute als Cunnus und Penis ihr Dasein.

Dass man von der Tätigkeit des Tengu im Volke noch eine deutliche Vorstellung hat, beweist das nachfolgende scherzhafte Geschichtchen:

„In dem Ema-do – das Ema-do ist eine Tempelhalle, wie sie jeder Shintotempel besitzt, in der die Emas, die als Weihegaben gestifteten Bilder von Pferden, aufgehängt sind. Ema sind Votivbilder ursprünglich nur von Pferden, später auch von anderen Gegenständen, die wahrscheinlich auf ein tatsächliches Pferdeopfer zurückgehen. Die Gottheit Kompira wird auf der Insel Shikoku in einem großen im 9. Jh. gegründeten Tempel als Gott der Seefahrer verehrt – des Kompiraheiligtums gibt ein Mann seiner Geliebten seinen erigierten Penis in die Hand, um ein Chon-no-ma (einen Koitus in aller Eile) von ihr zu erhalten. Der Frau war das ganz recht und sie steckte sich den Penis in ihre Scheide. Dabei sagte sie: `Sieh mal an, was du für ein großes und prächtiges Ding hast! Das ist ja beinahe so groß, wie die Nase von dem Tengu dort!´ Dabei zeigt sie auf das an die Wand des Ema-do gemalte Bild. Der Tengu blickte mit einem neidischen Auge herab und sagte zu ihr: `Ich bin ganz unglücklich, aber wenn du wieder einmal allein hierherkommst, dann werde

ich dir ein Ersatz für ein Harikata sein!´"
Das Harikata ist das bekannte Werkzeug zur Selbstbefriedigung der Frauen, und Folklorist Satow meint, dass das Geschichtchen ein Beweis dafür wäre, dass über die rituellen Bedingungen wissende Frauen zuweilen eine Maske des Tengu, eines göttlichen Wesens, als Stellvertreter für einen nachgemachten Penis bei einsamer Selbstbefriedigung benutzen, um leichter in Ekstase zu gelangen zum Erfüllen der Wünsche. Die dargestellte Szene scheint eine dahingehende Anspielung zu enthalten; es kann aber auch bedeuten, dass die Frau sich gegen den Angriff des Mannes wehrt und ihn dabei an der großen Nase packt.

Phallusschrein für den Hausaltar.

Dass die immer lüsternen Berggeister auch als Bezeichnung der Dirnen herhalten müssen, ist nicht weiter verwunderlich. Ein Senryu besagt das in unzweideutiger Weise: „Eine gewerbsmäßige Bergbewohnerin (d. h. eine Dirne) beseitigt das Stirnhaar," mit anderen Worten: Sie entfernt das Schamhaar. Über die Depilation (Haarentfernung) würde es sich um die Frage handeln, ob die Entfernung der Schamhaare einen Hintergrund hat, der auf Glaubensansichten schließen lässt. Es mag eine Furcht vor bösen Geistern hineinspielen, vielleicht auch die Ansicht, dass die Schamhaare dem Wesen des Kteis als Abwehrmittel gegen diese bösen Geister widersprechen. Der Kteis ohne Schamhaare wird so auch seinem glückbringenden Stellvertreter,

der Muschel, ähnlicher.
Es gibt alte Riten, die eine Spiegelung des Cunnus im Wasser des Reisfeldes beabsichtigen. Bei der Wichtigkeit des Gedeihens der Reisfelder muss es von besonderem Wert sein, böse Geister, die der Entwicklung der jungen Pflanzen schaden könnten, fernzuhalten und hier greift der Mensch auf ein uraltes Zauberabwehrmittel zurück, das Zeigen der schöpferischen Vulva, für das sich noch aus unserer Zeit für die verschiedensten Gegenden Beispiele beibringen ließen.
Nebenbei sei bemerkt, dass die wandernden Priester der Shingonsekte gleichfalls Yamabushi genannt werden. Diese Bergbewohner sind wohl die letzten Nachkommen ehemaliger Zauberpriester, die als Vertreter der Wachstumsgeister bei Vertreibung böser Einflüsse Hilfe leisteten. Noch heute werden sie bei vielen Gelegenheiten zum rituellen Besprechen, durch Tantras, herbeigerufen und wir werden einem solchen Yamabushi noch in einer Geschichte begegnen.
Dass dem Wort Yamabushi in seiner alten Bedeutung noch ein in der Überlieferung begründetes Verstehen anhaften muss, zeigt die Verbindung, in die es häufig mit dem Tokko gebracht wird. Tokko ist heute ein Gassenwort für den Penis, obwohl es eigentlich richtigerweise ein sehr heiliges Sinnbild der Buddhisten ist. Im Sanskrit heißt das Tokko Vajra und das ist der Donnerkeil, der als Demantkeule in der indischen Götterlehre seit den ältesten Zeiten eine große Rolle gespielt hat und diese Rolle in der heutigen indischen Glaubensphilosophie noch spielt. In der lamaistischen Religion ist das Dordsche, wie hier der Donnerkeil heißt, geradezu zu einem Abzeichen eines Lamas geworden, der ohne sein Dordsche nicht zu denken ist. Es ist allerdings meistens zu einem Zierstück aus Messing geworden, dem niemand mehr die ursprüngliche Bedeutung ansieht. Diese steckt im runischen Hagal-Stab! Und doch ist dieser heilige Gegenstand, mag er nun Vajra, Tokko oder Dordsche heißen, weiter nichts als ein Phallus mit seiner Vulva in seiner ursprünglichsten Bedeutung. Und wenn heute Vajradhara, der Träger der Demantwaffe, im buddhistischen Tantrismus eines der vornehmsten Symbole ist, mit denen der Stand der Vollendung, die reine Leere bezeichnet wird, so ist dieser Vajradhara doch nur eine Abwandlung des Schiva. Und Schiva ist der Phallus und seine Gattin, die Schakti, ist der Kteis, oben und unten – Man- und Yr-Rune. Und Vajradhara mit seiner Schakti, die bekannten Darstellungen Yab Yum Chud Pa, der Vater, der die Mutter umarmt, sind weiter nichts als eine ungeschminkte Wiedergabe des Koitus zweier Menschen.
Das Tokko, der Donnerkeil der buddhistischen Priester in Japan, ist auch für diese, wie für Teufelsaustreiber und Geisterbeschwörer, eine Art tantrisches Zepter, das die unwiderstehliche Kraft des lautmagischen Gebetes, der Meditation und der Beschwörung versinnbildlicht.

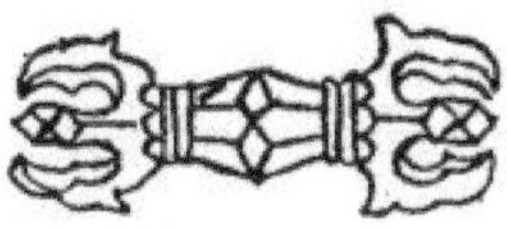

Tokko bzw. der Hagal-Runen-Stab.

San-o no Daigongen (Provinz Gumma): Weibliche Figur, deren Geschlechtsteile von leidenden oder kinderlosen Frauen mit roter schöpferischer Farbe bestrichen werden.

Daikokuten, der Gott des Reichtums, wird in der Umgangssprache Daikoku genannt. Satow sieht in ihm lediglich eine Umgestaltung des Phallus, der in seiner glückbringenden Eigenschaft auch sonst im Volksleben eine große Rolle spielt. In der Gassensprache bezeichnete Reikoku während der Yedo-Periode sowohl den Koitus, als auch den Penis und den Cunnus; die wörtliche Bedeutung von Reikoku ist das Ding da. Damit würde Daikoku das große, starke, mächtige Ding sein, also als Gott des Reichtums nur als Phallus erklärt werden müssen. Dass Koku aber auch als Cunnus angesehen wird, beweist die Bezeichnung der Beischläferin oder Geliebten eines buddhistischen Priesters als Daikoku, denn es gehören immer zwei Prinzipien zum Schöpfen dazu.
Zum Schluss wollen wir darauf hinweisen, dass Daikokuten, der Gott des Reichtums, sonderbarer Weise als missgestalteter Zwerg dargestellt wird, mit einem dicken Kopf, ungeheuren Ohren, einem lustigen, gutmütigen Gesicht;

gewöhnlich trägt er einen Hammer und einen Sack oder einen kleinen Reisballen. Man legt diese Dinge dahin aus, dass der Hammer als Werkzeug der Bergleute, und der Reisballen als Vertreter des Reises, die Sinnbilder der beiden hauptsächlichsten Quellen des Reichtums von Japan sind. Das mag die Auslegung der Gelehrten sein; das Volk sieht in den Reisbällchen ein Glückszeichen, wie wir bei der Beschreibung des Maidama sehen, und der Hammer ist ein Phallus, wie die Verwendung des Wortes für den Penis zeigt. Obendrein besitzt das Musee Guimet einen Daikoku aus Steingut aus der Provinz Satsuma, der zum Überfluss noch einen großen Rettich, einen Daikon, trägt, der als Sinnbild des Phallus den Hammer an Ähnlichkeit mit dem Gegenstand, den er darstellen soll, bedeutend übertrifft. Dass man den Rettich als Phallus zurechtschnitzt und bemalt, um damit böse Geister zu vertreiben, haben wir oben gesehen und dabei darauf hingewiesen, dass der männliche Geschlechtsteil im Volksmunde als Daikon bezeichnet wird.

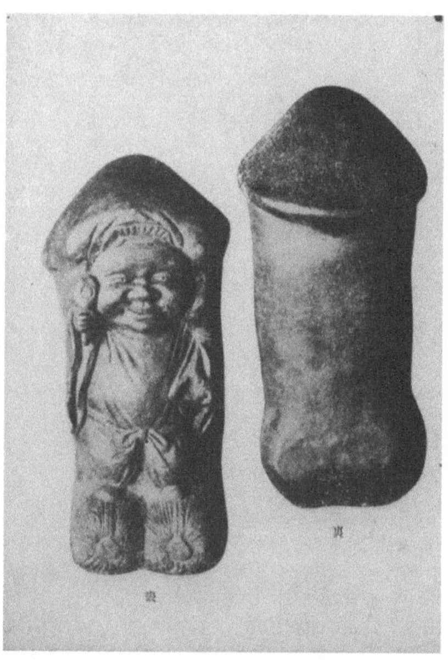

Daikoku, der Gott des Reichtums,
in Gestalt eines alles erschaffenden Phallus.

Ein richtiger Phallusgott ist Kanamara-Daimyojin, der große ruhmreiche Eisenpenis, wie die wörtliche Übersetzung seines Namens lautet. Er war ursprünglich ein Phallus, der in einem kleinen Tempel stand, späterhin aber in ein Götterstandbild umgeändert wurde. Dieser Phallusgott wurde zu Makibori, Bezirk Iwate in der Provinz Rikuchu verehrt. Sein Bild bestand aus Bronze. Nach der Überlieferung der Bewohner dieses Dorfes bekommt ein Mädchen, das 13 bis 14 Jahre alt ist, das Alpdrücken; mit anderen Worten, der Gott kommt als Nachtmahr zu ihr, weil ihm eine Beleidigung zugefügt worden ist. Im Mittelalter soll irgendein guter Geist mit dem Vorgehen des Kanamara nicht einverstanden gewesen sein und band das Abbild des Gottes mit einer eisernen Kette fest an. Aber seine Angriffe hörten trotzdem nicht auf und man sagt, dass er auch weiterhin häufig umgegangen ist. Dieser Glaube hängt anscheinend mit dem Eintritt der ersten monatlichen Reinigung der jungen Mädchen zusammen. Wahrscheinlich hat man früher die erste Blutung als eine Verletzung durch den Phallusgott, den Schöpfer, angesehen und das hat die Überlieferung festgehalten, als schon längst der Phallus durch ein menschenähnliches Götterbild ersetzt war. Dass der Eintritt der ersten Blutung als etwas Dämonisches angesehen wird, das man mit bösen Geistern oder Fabelwesen in Verbindung bringt, lässt sich aus der Folklore vieler Völker nachweisen.

Ein Überbleibsel eines phallischen Kultes ist auch eine nächtliche Feier zu Iwakadoyama in der Nähe von Nihonmatsu in der Provinz Shinshu. Um Mitternacht gehen beide Geschlechter auf einen Berg und opfern dort Hammai (Reis für den Hausgebrauch). Bei Tagesanbruch am folgenden Tage steigen sie dann wieder vom Berge herunter. Jeder, der an dieser Feier teilgenommen hat, bringt als Erinnerung ein Suzu (Glöckchen oder Schelle) aus Ton mit nach Hause. Dieses Glöckchen wird an die Sehne eines kleinen Bogens gehängt. Der Bogen kann kein willkürlich ausgewähltes Mittel sein, um das Glöckchen daran zu befestigen, sondern er ist offenbar die letzte Erinnerung an eine heilige sexualmagische Handlung auf dem Berg, die bei entsprechender tantrischer Einstellung Glück bei der Jagd bringen sollte. Daran erinnert auch ein an diesem Bogen befestigter Phallus, den man in einer Scheide hin und her zieht. Ein Hinweis auf die schöpferische Handlung.

Ein ganz sonderbares göttliches Wesen ist Mae-Dashi Jizo, d. h. Jizo, der einen Cunnus offen herzeigt. Jizo ist ein sehr beliebter buddhistischer Gott, der mitleidige Helfer in allen Nöten, der Beschützer der Reisenden, der schwangeren Frauen und der Kinder. Aber der Mae-Dashi Jizo hat eine besondere Eigentümlichkeit, über deren Ursprung das Buch „Shimpen Kamakura Shi“ folgende Auskunft gibt:

„Im Westen von Yonemachi, Kamakura, in der Provinz Sagami, befindet sich ein buddhistischer Tempel der Jodo-Sekte, der Emmeiji genannt wird. Das vornehmste Götterbild dieses Tempels ist ein Jizo-bosatsu (ein Bodhisattva Kshitigarbha). Dieses Götterbild ist vollkommen nackt und hat einen Cunnus, der aber an gewöhnlichen Tagen mit einem Schurz bedeckt ist; es steht auf einem Puffspielbrett. An einem Kaicho (d. h. an einem Tage, an dem die Vorhänge vor den buddhistischen Götterbildern weggezogen werden) zeigt dieser Jizo seinen Cunnus her und deshalb wurde er Mae-Dashi Jizo genannt. Die Überlieferung besagt, dass vor Jahren einmal die Frau des Hojo (Oberpriesters) Tokiyori mit ihren Gefährtinnen Sugoroku (Sugoroku ist ein altes Brettspiel, das mit zwei Würfeln gespielt wurde) spielte. Als Einsatz sollte jede von ihnen, die verlor, sich splitternackt ausziehen. Und das Schicksal wollte, dass sie in dem Wettstreit beim Spiel verlor. In diesem Augenblicke rief sie den Jizo um Beistand an und gelobte ihm Leben und Seele. Da trat Jizo an ihre Stelle. Alle Leute hielten dies für etwas Geheimnisvolles und man stellte im Tempel ein Standbild auf, das genau in der Gestalt geschnitzt war, in der sich der Gott in jenem Augenblick verkörpert gezeigt hatte."

Daraus könnte man die Schlussfolgerung ziehen, dass das Standbild des Jizo als ganzer Körper einer Frau dargestellt war. Das vorhandene Bild ist aber offenbar, bis auf den zu gewöhnlichen Zeiten verhüllten Cunnus, ein Mann und das entspricht auch ganz dem Wesen des Jizo-Kshitigarbha als Schutzpatron der Reisenden. Wahrscheinlich ist er eine aus zwei verschiedenen Gottheiten zusammengeflossene Gestalt, deren Standbild halb männlich und halb weiblich war. Seinem weiblichen Teil, der Vulva, hat er jedenfalls seine Stellung als Schutzpatron der schwangeren Frauen und Kinder zu verdanken. Auffallend ist jedenfalls, dass Mae, der weibliche Geschlechtsteil, zunächst die Vorderseite bedeutet und erst im übertragenen Sinne den Schamteil der Frau bezeichnet, dass aber das Wort in diesem Sinne fast nur von den Frauen gebraucht wird, und zwar seit der Yedo-Periode. Heute gebrauchen die Frauen in Tokyo fast ausschließlich dieses Wort, wenn sie von ihrem eigenen Geschlechtsteil reden.

Der Glaube an die Zauberkraft des Jizo ist heute noch nicht verschwunden. Wenn ein Kind am Keuchhusten erkrankt ist, holt man in einem der Tempel, die dem Jizo geweiht sind, zwei heilige Holzklötzchen; diese Holzklötzchen werden zusammengeschlagen, wenn das Kind hustet, d. h. man vertreibt durch das Klappern – den Ton! – die bösen Geister, die es belästigen. Ist das Kind geheilt, dann bringt man das Klötzchenpaar in den Tempel zurück, gleichzeitig aber ein neues Paar, auf dem der Name des Kindes eingeschnitten ist.

Wir haben oben von dem Kaicho gesprochen, von dem Festtag, an dem vor den buddhistischen Götterbildern die Vorhänge weggezogen werden. Kaicho bedeutet eigentlich: die öffentliche Ausstellung einer Tempelreliquie oder eines Götterbildes, d. h. das Götterbild wird sichtbar gemacht, indem man einen Vorhang wegzieht oder einen Wandschirm wegnimmt, der das Bild oder den Gegenstand zu gewöhnlichen Zeiten den profanen Augen verbirgt. Man versteht darunter auch das Öffnen eines Schreins, in dem das Götterbild oder der Gegenstand außerhalb der Festtage den Blicken entzogen wird.

Der Vorhang, der vor den buddhistischen Götterbildern hängt, heißt Mitocho; im übertragenen Sinne das Lendentuch der Frauen, das in dieser Auffassung also als Tempelvorhang gilt, der vor etwas Heiligem hängt. Hinter einem Vorhang ist auch das Allerheiligste verborgen. Man erkennt hieraus den Zusammenhang zwischen Sexus und dem Allerheiligsten im Tempel.

Wie das Mitocho, der Vorhang, im Tempel, und das Oku-no-in, das

Allerheiligste, hat auch das Tori-i, das Tor eines Shinto-Tempels ein geschlechtliches Sinnbild abgeben müssen. Es lag nahe dieses stets offene Tor als ein Sinnbild für den weiblichen Geschlechtsteil zu benutzen.

Tori-i.

Das Wort für den Vorhang im Tempel, Mitocho, ist vielleicht aus einem Anklang an das Wort Mito heraus zu seiner Bedeutung als Vorhang vor dem weiblichen Geschlechtsteil, als Lendentuch, gekommen.
Verschiedentlich werden bestimmte Tiere und Fabelwesen in der Vorstellung der Japaner mit der Sexualität in Zusammenhang gebracht, so ist z. B. der Kawauso (Fischotter) nach der Volksüberlieferung ein geiles Tier, das die Rolle eines Nachtmahrs spielt und sich als Incubus betätigt. In dem erotischen Buch „Gokuhi Tebake no Soko“ (Ganz geheim auf dem Boden des Putztischkastens aufzubewahren), findet sich im Abschnitt *Über die Heirat im Traum* folgende mythologische Angabe: „Der Fischotter ist ein sehr wollüstiges Tier und immer, wenn er einer Frau begegnet, wird er ihren Leib umarmen. Obendrein nimmt er zuweilen die Gestalt eines Mannes an und kommt so zu den Frauen.“
Das Volk fürchtet sich sehr vor solchen Träumen mit allen ihren Nebenerscheinungen und man hat verschiedene Mittel, um sie fernzuhalten und glückliche Träume herbeizuführen. Das einfachste Mittel ist das Takarabune, das Schatzschiff, d. h. das Bild eines Schiffes mit den sieben Glücksgottheiten, den Shichifukujin, darauf. Ein solches Bild legt man in der Nacht des zweiten Tages des ersten Monats, d. h. des Januars, unter das Kopfkissen, dann wird man immer gute Träume haben. In der Gassensprache ist das Wort Takarabune zu einer Bezeichnung für den Cunnus geworden. Unsere Abbildung gibt ein solches Takarabune in sinnbildlicher Darstellung wieder; dieses glückhafte Schiff ist mit phallischen und cunnischen Zeichen geradezu überladen, als wenn man den schöpferischen Abwehrzauber gegen die bösen Geister, die im Schlaf zu uns kommen, gar nicht stark genug machen

könnte. Auch der Kranich am oberen Rande ist ein solches Abwehrsinnbild. Neben ihm ist folgendes geschrieben: „Ein langer Penis ist bis zu den Haaren des Cunnus eingeführt worden; er ist sehr dick und gibt ein viel besseres Gefühl als gewöhnlich.“ Darin liegt wohl eine Ankündigung an den Incubus, dass er hier eigentlich nichts mehr zu suchen hat, da nach dem Zauberspruch des Takarabunebildes die Stelle, die er suchen könnte, bereits besetzt ist.

Takarabune.

Der Buddhismus hatte diese in Japan einheimische Göttin Hariti übernommen und sie in eine gute Göttin verwandelt, da er sie als bösen Geist in seiner Glaubenslehre nicht unterbringen konnte. Dies ist natürlich schon vor vielen hundert Jahren gewesen, aber im Volke hat sich doch die Überlieferung erhalten, dass diese Kishi-mo-jin früher einmal eine Kinderfresserin gewesen ist (wie die Göttin Lilith), obwohl sie heute sogar als eine Schutzgottheit der Kinder verehrt wird, die schwangeren Frauen beisteht und unfruchtbaren zu Kindern verhilft. Sie hat auch eigene Tempel, die natürlicherweise in erster Linie von Frauen aufgesucht werden, die unter den angegebenen Umständen bei der Hariti Beistand und Hilfe suchen. Ein Senryu lautet: „Jung verheiratete Frauen beten laut im Tempel die Hariti an.“ Es steckt aber in dem Verschen etwas mehr, als man ihm auf den ersten Blick ansieht. Denn Otsuke takusan

bedeutet eine Frau, deren potentes Geschlechtsteil reichlich Flüssigkeit absondert, wofür man auch Oshiru-takusan oder Shiru-dakusan sagt; das Wort zeigt schon deutlicher, worum es sich handelt; wir übersetzen es mit: „Die eine sehr Saftige hat." Beides sind Ausdrücke des niederen Volkes, aber die Gassensprache liebt ja keine Umschreibungen. Vielleicht will das Senryu zum Ausdruck bringen, dass solche Otsuke takusan oder Oshiru takusan lieber etwas anderes tun sollten, als beten, also sich masturbatorisch fruchtbar zu betätigen, um sich eigene Wünsche zu ermöglichen.
Wir haben oben von Mae-Dashi-Jizo, dem den Cunnus herzeigenden Jizo gesprochen und dabei erwähnt, dass es schwerfällt, dieses eigenartige Standbild eines Mannes mit einem Cunnus zu erklären. Ein Gegenstück zu dem Mae-Dashi-Jizo ist der Affe mit den weiblichen Geschlechtsteilen, von dem zwei Standbilder bekannt sind. Im Mitsuki Jinja, dem Shintotempel zu Saitamaken, Kumagaya, steht ein Standbild des Sanno-no-Osaru-san, des Affen von Sanno, von dem wir gleich sprechen werden. Von diesem Heiligtum gingen früher Ofudas aus; darunter versteht man Papierstückchen, die mit tantrischen Zauberformeln beschrieben sind und als Amulette dienen. Diejenigen des Mitsuki Jinja von Saitamaken, Kumagaya, enthielten neben dem Zauberspruch noch das Bild eines weiblichen Affen, dessen Schamteile mit roter Farbe besonders hervorgehoben waren. Diese Äffin stellte wohl ungefähr das Tempelbild dar.
Das Hauptstandbild des Affen, der die weiblichen Geschlechtsteile zeigt, stand im Sanno, dem Shintoheiligtum zu Akasaka, Tokyo. Es war ein aus Holz geschnitztes Bild eines weiblichen Affen, der zusammengekauert so dasaß, dass man die Geschlechtsteile sehen konnte. Dieses Standbild wird von Männern oder Frauen angebetet, wenn sie an einer Geschlechtskrankheit leiden. Während der rituellen Anrufung bringt man eine schminkenartige rote Farbe (roter Ocker) auf den Cunnus des Affen; dadurch will man eine Heilung seiner eigenen Krankheit erzielen. Dieser eigentümliche Brauch war der Anlass zu einem Temariuta, einem Liedchen, das die Mädchen singen: „Der Herr Affe von Sanno hat ein rotes Kleid sehr gern! Tete shan, tete shan!" Diese letzten Worte bedeuten das Zusammenschlagen der Hände beim Beten; dieses Klatschen hatte wohl ursprünglich den Zweck, die Aufmerksamkeit des Gottes oder seines Abbildes durch den Ton, den Schöpferton des Liedes, auf sich zu lenken.

*

Die Affengottheiten im Buddhismus haben einen bestimmten Tag, der ihrer Verehrung besonders gewidmet ist, das Koshimmachi, der sogenannte Affentag, dessen Nacht von den Gläubigen schlaflos zugebracht wird. Im Volk herrscht der Glaube, dass eine Frau, die in dieser Nacht mit ihrem Manne in demselben Bett schläft und schwanger wird, ein Kind gebären wird, das sich in Zukunft zu einem Dieb oder einem Räuber entwickelt. Aus diesem an kosmische Gegebenheiten bezogenen Glauben heraus entstand der Brauch, diese Nacht ohne Schlaf zuzubringen.

Shimadai.

In den besprochenen alten Standbildern, wie des Jizo und des Affen von Sanno, haben wir in erster Linie wundertätige Bilder zu sehen, die ihr Ansehen dem uralten Glauben an die rituelle Zauberkraft des Cunnus verdanken. Diese Zauberkraft äußert sich neben unmittelbaren Wirkungen noch in der Abwehr böser Geister, bei der auch der Phallus wirksam ist, so dass wir auf Amuletten usw. beide Bilder vereinigt finden. Auch den Sinnbildern spricht man dieselbe Kraft zu, und den bereits angeführten Beispielen können wir noch das Shimadai hinzufügen, das namentlich bei ehelichen Anlässen als Wahrzeichen der Keuschheit, des Glückes und des langen Lebens gilt. Besonders bei Hochzeitsfeiern sollen diese Tische Glück bedeuten und Glück bringen. Die Erklärung der Sinnbilder wird kaum nötig sein, da sie als phallisch und cunnisch genugsam bekannt sind. Mit dem Shimadai soll dem jungen Ehepaar Glück und langes Leben, vor allen Dingen aber eine dauernde Freude und schöpferische Betätigung im Geschlechtsleben bis in das hohe Alter gewünscht werden. Dies kommt in der erotischen Abbildung durch die Darstellung eines Koitus deutlich zum Ausdruck.

Wie diese zwei alten Baumgeister Jo und Uba, die das obige Bild bilden, zu der Rolle kommen, die sie als Glücksbringer bei Hochzeitsfeiern im Shimadai spielen, geht aus einer alten Sage hervor, die sich an zwei aus einer Wurzel hervorgewachsene Kiefernbäume auf der Insel Takasago knüpft. Es wird wohl noch mehr solcher Zwillingsbäume gegeben haben, der für die schöpferische Is-Rune steht. Ein Spruch scheint den Koitus von Jo und Uba in demselben alten Kiefernbaum geschehen zu lassen, wie sich auch der Volksglaube die beiden Baumgeister in einem Baume vereinigt denkt. Dies entspräche ja auch dem Gedanken, den das Shimadai zum Ausdruck bringen will. Und dass das *Harz* noch bei alten Leuten fließen möge, ist in einem Senryu sehr drastisch zum Ausdruck gebracht.

Eine solche Feier mit Singen im Wechsel mit Musikbegleitung und Tanz, ist also eine rituelle Zusammenkunft, eine Art Tanzball, der in früheren Zeiten bei den höheren Klassen sehr beliebt war. Es handelt sich anscheinend um die letzten Überreste einer Art heiliges und sexualmagisches Bacchanal.

Das Kagai, die sexuellen Feste, als Überreste heiliger sexueller Riten aufgefasst, könnte damit zugleich als Erinnerung an das goldene Zeitalter erklärt werden, an jene glücklichen Tage, bei denen auch der öffentliche, aber rituelle Geschlechtsverkehr zu den Annehmlichkeiten des Lebens gehörte. Die letzten Spuren solcher Sitten finden wir in dem Kagai-no-Matsuri, das früher auf dem Tempelgebiet von Tsukuba-Myojin des Tsukuba-san, eines Berges der Provinz Hitashi, gefeiert wurde. Kagai-no-Matsuri heißt: das Fest des Kagai und mit diesem Worte Kagai scheint man eine ganz bestimmte Vorstellung verbunden zu haben, die aus der nachfolgenden Ode hervorgeht. Diese Ode wird als außerordentlich alt bezeichnet; wir geben sie nach der englischen Übersetzung in Murray's *Handbook of Japan* wieder:

„Wo so viele Adlerweibchen ihr Nest bauen,
Auf Tsukubas Bergeshöhen,
Da versammeln sich Männer und Maiden,
Und dieses Tantra-Lied singen sie zusammen:
Ich bin willens, um deine Liebste zu werben!
Dafür kannst du meine auch nehmen und lieben!
Denn die Götter, die auf diesem Berge thronen,
Werden niemals diesen uralten Brauch verleugnen:
So schließ deine Augen für heute wenigstens
Und tadle nichts, wie wir auch miteinander scherzen!"

In diesem alten Lied ist alles gesagt, was wir bei diesem Fest nach der Sage von den beiden Liebenden, die in Kiefern verwandelt wurden, vermuten konnten. Aber diese Sage enthält vielleicht doch noch etwas, woran man zunächst nicht denkt: Die beiden Liebenden haben sich durch ihre Absonderung von der Gruppe der Feiernden eines Verstoßes gegen die alte Sitte, die nach dem Liede unter der Aufsicht der Berggötter steht, schuldig gemacht – wie auch Franz Bardon vor dem Entgleiten ins Leidenschaftliche während der sexuellen Riten warnt – und sind deswegen mit der Verwandlung in Kiefernbäume bestraft worden. Denn die alten Berggötter, wohl ursprünglich Baumgeister und damit Fruchtbarkeitsdämonen, rächen sich für Verletzungen ihrer Bräuche, die ja heilige Handlungen zu ihrer Verehrung waren, sie aber gleichzeitig günstig stimmen sollten. Auf dieser Anschauung beruhen viele Sagen aus allen Gegenden der Erde.
Das Laternenfest, kurz Bon genannt, ist heute gewissermaßen ein Fest der abgeschiedenen Geister, die ihren Angehörigen jedes Jahr in der Mitte des siebenten Monates einen Besuch abstatten. Dieses Fest hat jedoch so viele alte Züge aufbewahrt, dass man ohne Weiteres erkennen kann, dass es sich ursprünglich um einen runisch-rituellen Fruchtbarkeitszauber gehandelt haben muss. Früher empfing man gewiss in dieser Zeit die Fruchtbarkeitsgeister.
Im nordöstlichen Teil von Japan wird eine Feier am 15. Januar auf dem Tempelgebiet des Dososhin, eines zweifellos phallischen Gottes, abgehalten. Der Stock, den man an diesem Heiligen Abend verwendet, heißt Hoitake Bo, der Phallus-Stab. Satow hält diese Feier für das Überbleibsel des Kayu Tsue (der Stock, mit dem man dünnen Reisbrei umrührt). In alten Zeiten war es Brauch, die Hüften der Frauen mit diesem Stock zu schlagen, wenn man sie durch einen solchen Zauber fruchtbar machen wollte. Nun wurde dieses Kayu Tsue auch Kayu no Ki genannt, d. h. Holz, das man braucht, wenn man dünnen Reisbrei macht; dieses Kayu no Ki ist aber das Feuerholz, das man am

fünfzehnten Januar verwendet, um das Kayu, den dünnen Reisbrei, zu kochen. Dieses Feuerholz schneidet man zu einem Stab zurecht, wenn das Kayu gekocht worden ist. Es herrscht der Glaube, dass eine Frau ganz gewiss mit einem Knaben schwanger wird, wenn man mit einem solchen Stab auf ihren Leib schlägt, d. h. sexuellen Verkehr hat. In der Yedo-Zeit gehörte die Ausübung des Kayu Tsue-Brauches zu den regelmäßigen Verpflichtungen des kaiserlichen Hofes. Der Kaiser hat als *Sohn des Himmels* durch einen Schlag mit dem Phallus sinnbildlich die Frauen fruchtbar gemacht.

Zum Schluss wollen wir aus den volkskundlichen Vorstellungen, die zum Geschlechtlichen in Beziehung stehen, noch eine kleine Auslese zusammenstellen. Wenn wir vom mythologischen Glauben sprechen, so wollen wir damit, wie wiederholt betont, kein Werturteil abgeben. Das soll lediglich bedeuten, dass diese Vorstellungen neben den öffentlich anerkannten Glaubensvorstellungen hergehen.

Von einem sehr weit verbreiteten Glauben, dem Glauben an die Zauberkraft, die geschlechtlichen Handlungen und Dingen innewohnt, werden wir in Bezug auf die sogenannten Frühlingsbilder zu sprechen haben. Hier möge der Hinweis genügen, dass diese Bilder, die Koitusszenen darstellen, nach dem Volksglauben die in sie hineingebannte Kraft hatten oder auch noch haben, böse Einflüsse abzuwehren, Krankheiten fernzuhalten usw.

Zauberhandlungen, mit denen man einer Nebenbuhlerin zu Leibe gehen kann, kennt auch die Japanerin. Die folgende Art ist in der Hauptsache über die ganze Erde verbreitet; es ist ein Analogiezauber, bei dem dem Lebenden das widerfahren soll, was mit seinem Stellvertreter geschieht. Aber die Japanerin macht den Erfolg ihrer Zauberhandlung in rechter Weise von einem Gott abhängig, zu dem sie betet, bzw. mantrisch anruft. Deshalb nennt man einen solchen Zauber Ushi-no-Toki-Maeri, in tiefer Nacht (d. h. um 2 Uhr vormittags, eigentlich: zur Zeit der Kuh; siehe oben bei Daikokuten) einem Gott ein Gebet darbringen. Eine Frau, der die Gunst ihres Mannes oder ihres Liebhabers verloren gegangen ist, bringt einem Gott in der Stille der Nacht ein magisches Gebet dar, indem sie ein Waraningyo, eine Strohpuppe, als Vertreterin ihrer Nebenbuhlerin mit einem Gosun-Kugi, einem fünf Zoll (etwa 15 cm) langen Nagel im Tempelgebiet an einen Baumstamm annagelt, wobei sie ihre Nebenbuhlerin lautmagisch verflucht. Sie hat ein schneeweißes Kleid angezogen und benutzt als Gürtel ein Strohseil; das Haar ist aufgelöst und auf dem Kopf trägt sie einen Dreifuß (Yr-Rune), in dem drei Lichter brennen; auf der Brust trägt sie einen runden Spiegel, der an einem Strick um den Hals gehängt ist; an den Füßen trägt sie hohe Holzschuhe mit nur einer Stütze. Ein solches Mantram muss einundzwanzig Tage lang durchgeführt werden und in der Nacht der Erfüllung ihres Gelübdes wird ein großer schwarzer Ochse erscheinen, als Verkörperung des Gottes, zu dem sie betet. Dieser Ochse stellt sich ihr in den Weg, als ob er prüfen wollte, ob sie mit der schuldigen Ehrfurcht zu dem Gott kommt, wenn sie beten will. Geht sie ruhig über dieses

Tier hinweg, so wird ihr Gelübde erfüllt und ihre Nebenbuhlerin wird sterben. Es wird aber außerdem behauptet, dass ihr Gelübde nicht erfüllt und dass sie selbst in naher Zukunft sterben wird, wenn ihr in der letzten Nacht ihres Gebets irgendein Mensch auf der Straße begegnet.
Vom eigentlichen Liebeszauber hört man in Japan wenig. Zu solchen harmlosen Mittelchen gehört auch das Kami-no-Kawazu, der Papierfrosch. In einem erotischen Liebesbriefsteller (Endo Fumi-no-Shiori), der gegen das Ende der Yedo-Periode erschienen ist, steht folgendes zu lesen:
„Zu der Zeit, wenn du mit deinem Geliebten zusammentreffen willst, ist es doch besser, ihn durch einen Zauber an dich zu fesseln. Dieser Zauber ist folgendermaßen auszuführen: Du faltest dir aus weißem Papier einen Frosch (das Tier des Fruchtbarkeitsgottes Baal), schreibst den Namen deines Geliebten auf seinen Rücken und steckst mitten in diesen Namen hinein eine Nadel. Dann legst du den Frosch unter das Tatami (die Fußbodenmatte) und betest inbrünstig diesen Zauberspruch her: `Wenn du mich ihn sehen lässt, dann werde ich dir eine Schale voll Wein auftragen und dich frei lassen!´ Wenn du Erfolg gehabt hast, so nimmst du den Papierfrosch unter der Matte hervor, ziehst die Nadel heraus und lässt ihn in einem Fluss fortschwimmen, nachdem du ihn vorher in Wein getaucht hast.“
Wir dürfen vermuten, dass man früher diese Tiere lebendig durchstochen oder angenagelt hat, denn das Opferblut des Tiers verstärkt die Tat!

11. Der magische Tanz:

Der Tanz stellte niemals etwas anderes dar als eine Rhythmik zum Eros, der durch einen Ton gekrönt wird. Auch bei den Tieren findet ähnliches statt. Das Thema eines jeden Tanzes ist Werben, den Hofmachen, gegenseitige Annäherung und Liebkosung zwischen Personen verschiedenen Geschlechtes. Man umläuft sich einer links- und der andere rechtsherum, so ist auch die Eroberung der Frau von Spielen und Tänzen begleitet; die Frauen machen kreisende Bewegungen mit den Hüften (Os), die Männer stoßende (Is).
Töne und Klänge wirken auf die sexuelle Erregung ein. Erotische Tanzlieder der Peruaner weisen auf alte Runentänze. Die Tanzverse dienen dazu, die Tanzmusik zu begleiten und sie durch ihren Inhalt in Ekstase zu versetzen. Ihre Bedeutung ist gewöhnlich zeugend-erotischer Natur. Die Instrumente, die man hauptsächlich gebraucht, um zum Tanze aufzuspielen, sind Harfe und Gitarre. Der Tänzer (Sänger) wird immer von einer anderen Person begleitet, die neben der Harfe sitzend den Takt mit den Handflächen auf dem Resonanzkörper der Harfe schlägt, und welcher auch hauptsächlich das Singen obliegt; den Schlussreim der Verse singen aber beide gemeinsam. Sind keine Instrumente zur Hand, so begnügt man sich auch mit dem Taktschlagen und Singen allein,

ohne dass die Begeisterung darunter leidet.
Der Tanz besteht nun aus Folgendem: Die beiden Tanzenden, Mann und Frau, stellen sich einander gegenüber auf, ungefähr drei oder vier Schritte voneinander entfernt, während die Musikanten präludieren; beim Einsetzen des Gesanges gehen sie im Tanzschritt aneinander vorbei, sich dann um sich selber drehend, so, dass sie sich wieder die Gesichter zukehren, ohne aber stillzustehen. Es wird jetzt auf der Stelle nach dem Takte der Musik getreten, im Halbkreis umeinander herum gegangen, um sich selber gedreht, wieder aneinander vorübergegangen, mit den Füßen gestampft, gescharrt; währenddessen werden die Gesten, von welchen jeder Tänzer eins mit der richtigen Hand macht, in der Luft geschwenkt. Die andere Hand des Tänzers hängt entweder gerade hinunter, liegt leicht auf dem Rücken oder wird auch an die Hüfte gestemmt.
Um gut zu tanzen, ist es unumgänglich notwendig, eine natürliche Grazie zu besitzen. Sind es bei unseren Rundtänzen nur hauptsächlich die Beine, welche in Bewegung sind, so ist es bei diesen peruanischen Tänzen der ganze Körper, welcher arbeitet.
Jeder Tanz besteht aus drei Abteilungen, d. h. drei einzelne Tänze, welche von demselben elektromagnetischen Paar getanzt werden müssen; jede Abteilung entspricht der Dauer eines Tanzverses mit seinem Schlussreim. Bei großer Begeisterung werden Teile der Verse wiederholt, oder sonst runisch in die Länge gezogen. Nach jedem Vers tritt für die Tanzenden eine kleine Pause ein, während welcher sie sich wieder in der Anfangsstellung befinden. – Mitunter bringt der Tänzer auch die Bewegungen des Beischlafs zum Ausdruck.

*

Ein Volkschilderer darf sich nicht mehr begnügen, Tanzbewegungen einfach als obszön abzutun. Er muss vollständig objektiv urteilen, aus der Mitte heraus. Erstes, letztes und Haupt-Postulat volkskundlicher Forscher ist Aufhellung aller Gebiete des Volkslebens. Aufhellung der Äußerungen des menschlichen Trieblebens bei den Völkern der einzelnen Rassen und der verschiedenen Gruppen und Stämme innerhalb ein und derselben Rasse ist denknotwendige Forderung des Intellektes!
Bei Nackttänze (bei den Ureinwohnern eigentlich selbstverständlich; sie kennen sie als kreative Entblößungstänze) muss den Folkloristen anspornen, emsig jede Tanzphase, jede Gebärde und Bewegung, die Körperschmückung, Musik, Gesang, Töne und etwaigen Tanzliedtext zu studieren, sowie Ort, Zeit und Anlass des Tanzes, Alter und Genuss der Teilnehmer und Zuschauer, sowie deren Verhalten genau zu erfassen. Auf diese Art und Weise kommt man ehestens hinter den Zweck und die grundlegende Bedeutung der rituellen Tanzübung, die etwa einer Gottheit zu Ehren stattfand oder erfolgt, um Unheil abzuwenden, Fruchtbarkeit zu mehren, Krieg, Sieg oder frohe Ernte feiern soll oder der Pubertätsweihe gilt. Wichtig ist die Frage der Jungfrauentänze, bei denen zeremoniöse Entjungferungstänze vorkommen können, ferner

Witwentänze, Totentänze. Endlich kommt die Frage auf, ob und welche erotischen Motive beim Tanze zur Äußerung kommen, ob

- urethrale (den Harn betreffend),
- analerotische (sexuelles Lustempfinden im Bereich des Afters) oder
- nur glutealerotische (Steißtänze)

Motive mitspielen.

Nicht belanglos sind die Entkleidungstänze wie in Japan, in Ägypten (Bienentanz, Ursprung und Verbreitungsgebiet des Bauchtanzes). Was speziell den Bienentanz anlangt, so lässt sich die Annahme nicht von der Hand weisen, dass wir es ursprünglich mit einem der Gottheit – Biene, Sonne, Sechsstern = Bienenwabe! – der Fruchtbarkeit dargebrachten Huldigungstanz zu tun haben. Ist doch ohne Biene – ohne Summen, ohne den Ton – vielerorts die Bestäubung der Blüten und damit die Fruchtbringung gefährdet.

*

Einige dieser Fruchtbarkeits-Tänze stehen in enger Verbindung zu dem natürlichen Vorgang der Faschingszeit. Wenn wir uns in Erinnerung rufen, dass die empfindlichste Erregung der ersten Jahreshälfte in den Februar fällt, dass zudem hier die Liebessehnsucht als „gottgewollte“ natürliche Erscheinung ein gesteigertes Maß ihrer Kraft aufweist, dass also trotz des harten Nachwinters selbst unter Eis und Schnee Frühlingserwachen vor sich geht, dann wird aus dem Faschingstreiben nicht nur ein freudiges, vom weißen Winter umrahmtes Frühlingsfest, sondern der naturverbundene Vorfahre suchte und verstand die erwachenden Sehnsüchte zu stillen. Die Gleichzeitigkeit der kosmisch bedingten Erregungszeiten mit der ausgedehnten Spanne des Faschings redet eine unmissverständliche Sprache, selbst dann, wenn wir nicht weitere Beweise für die Bedeutung dieses Fest in der angedeuteten Richtung besäßen. Hinderlich bleibt nur der Schimmer des Unreinen, das ein wurzelloses Bekenntnis über dieses heiligste Lebensmysterium warf und etwas für sündig erklärte, das für den Fortbestand der Sippen, der Völker und Nationen erste Voraussetzung ist. Aus dem gleichen Grunde hätten die Blumen als unsittliche Erscheinungen verdächtigt werden müssen; denn sie sind doch nichts anderes als reinster Ausdruck der sinnlichen Liebe, ein Symbol der Vulven. Unsere Ahnen dachte und fühlten sauberer, dachten und fühlten so, wie heute noch der echte Bauer empfindet. Sie verstanden es, in tief sinnbildlicher Form das Wesen des Faschings zum Ausdruck zu bringen, wie uns die noch heute gebräuchlichen Faschingsmasken beweisen. Einst waren sie reine Tanzmasken, weisen aber noch heute in ihren urtümlichen Formen ganz bestimmte Kennzeichen auf. Alle zeigen nämlich als Kopfzierde schmückende Hörner oder Federn, und sogar emporgehobene Arme, verwirklichen im Ganzen also ein Sinnbild, das der Rune des aufsteigenden Lichtes, der nach der Wintersonnenwende wieder emporsteigenden Sonne, der Man-Rune, der Menschen-Manus-Rune, entspricht. Dieses alte Zeichen symbolisiert nun nicht nur den mit emporgehobenen Armen die kosmischen Kräfte des jetzt wieder aufsteigenden Lichtes auf sich wirken lassenden Menschen, sondern auch die Wiedergeburt. Es ist also auch ein Sinnbild der fleischgewordenen Minne, die durch jede Zeugung zu einer Verbindung des Fleisches mit dem Göttlichen strebt, dabei kommt es gleichzeitig im früher angedeuteten Sinne Nietzsches zu einer Höherzüchtung. Dies umso mehr, als in die voll drängenden Kräfte strotzenden Frühlingszeit dem Kinde selbst starke Kräfte mit auf den Weg gegeben wurden. Und das alles verraten uns die Faschingsmasken.

Wenn hier betont wurde, es handele sich um Tanzmasken, so kommt diesem Hinweis eine bisher kaum geahnte Bedeutung zu; denn der Tanz ist keineswegs nur eine Lustbarkeit, als welche er vom technischen Menschen der Gegenwart fast ausnahmslos empfunden wird, sondern der Tanz ist, wie wir bereits hörten, eine zeremonielle Gesundheitsmaßnahme, die immer dann ergriffen wird, wenn der Mensch durch kosmische Einflüssen der Gefahr zu erkranken ausgesetzt ist. Solche Tage lernten wir bereits in den Mondwechseln kennen, als wir den Sinn des Freitags-Aberglaubens behandeln und dabei erkannten, dass Neumond und Vollmondtage im Ablauf eines natürlichen Monates die beiden selbstverständlichen Festtage sind. Dort haben wir allerdings nicht die Frage geklärt, worin zutiefst diese Sitte Wurzeln hat. Wenn wir uns aber vergegenwärtigen, dass gerade während der Mondwechseltage, also bei besonders starker kosmischer Auswirkung, die menschlichen Fähigkeiten weitgehend herabgesetzt sind, und wenn wir hörten, dass die Alten in jenen Spannen weder Reisen unternahmen, noch wichtige Beschlüsse fassten, noch etwas Neues begannen, dann liegt in diesem Verhalten das, was im Wortsinne des „Feierns“ beschlossen ist, in Feierabend ebenso wie in Feiertag, nämlich eine entsprechende Tätigkeit oder Arbeitsruhe. Feiertag ist also eine Zeit, an der gefeiert, nicht gearbeitet wird. Die Begriffsverknüpfung mit Lustbarkeit ist erst später hinzugekommen.

Auf Grund dieser Einsichten müssen wir also sagen, dass als Feiertage zunächst jene Spannen zu gelten hatten, an denen auf Grund kosmischer Vorbedingungen und durchaus zweckmäßig die eigentliche, alle Kräfte des Menschen in Anspruch nehmende Arbeit ruhte. Darüber hinaus aber verstanden unsere Ahnen ihr Leben dem kosmischen Gange einzuordnen, indem sie auch erkannten, dass solche Spannen der Gesundheit unzuträglich sein können. Sie ergriffen also Maßnahmen, der Krankheitsgefahr zu begegnen. Wäre diese Voraussetzung in der Tat im Lebensbereich der Frühen erfüllt gewesen, so dürften wir Feiertage, also Ur-Feiertage (Tage des Gottes Freya), nicht nur um die Mondwechselzeiten erwarten, sondern immer dann, wenn der Gang des Kosmos Krisen aufweist, die sich als irdische Erregungszeiten des Lebens offenbaren, um auf den Ausgleich hinzuweisen. Da solche Erregungszeiten noch heute unschwer kenntlich sind und da sie sich in leichter Erregbarkeit, in verminderter Selbstbeherrschung und damit in einem Sichtbarwerden gesteigerten Trieblebens zu erkennen geben, müssen sie

sich vorwiegend auch in der Zahl der Verstöße gegen die Gesetze bemerkbar machen. Das Ergebnis jahrzehntelanger krimineller Beobachtungen kann man grafisch wiedergegeben. Je höher die Kurve aufsteigt, umso größer ist die Zahl der Verbrechen. Erst am Schluss unserer Betrachtungen werden wir in der Lage sein, die ganze Bedeutung dieser schlichten Linien zu überschauen. Bereits aber hier werden uns zwei Höhepunkte sichtbar, die wir kennen, nämlich die Erregungszeiten um Mitte Februar, von denen wir eben sprechen, und die um Mitte August. Überdies aber treten uns noch weitere Unregelmäßigkeiten, also untergeordneter Steigerungen der Kurve entgegen und wir sehen mit einiger Verblüffung, dass diese Vermehrung der Verbrechen auffällt, mit heute noch üblichen Festzeiten zusammenfällt. Diese Tatsachen könnten nun an sich derart gedeutet werden, dass eben die Festzeiten Ursache der Vergehen sind. Es mag hier gewiss ein Einfluss vorhanden sein; er ist aber, wie viele andere Beobachtungen lehren, nicht der entscheidende Grund. Dieser liegt vielmehr in den um jene Spannen gesteigerten kosmischen Auswirkungen, von denen im Einzelnen noch zu reden sein wird. Hieraus ergibt sich nun die Einsicht, dass die alten Ahnenfeste, die Ur-Feste, einschließlich des Ur-Sonntags aufs Engste mit dem Gang des Kosmos und mit dessen merkbarsten Einwirkungen auf das Leben zusammenfallen. Da diese Einwirkungen, wie wir wissen, für die Gesundheit abträglich waren, muss schon die Lage der Festzeiten schlechthin als eine Gesundheitsmaßnahme angesprochen werden. Bei der ganzen Eigenart urtümlicher Lebenshaltung dürfen wir darüber hinaus aber auch das Vorhabensein weiterer Einzelheiten erwarten, die dazu dienten, auftretende Disharmonien durch Runentänze zu beseitigen, die Gesundheit zu erhalten und somit eine Harmonisierung mit dem Weltganzen herbeizuführen. Daraufhin müssen wir uns also auch den Fasching ansehen.
Er fällt in eine Zeit, vor der und während der unser Ahne genötigt war, sich vorwiegend innerhalb des Hauses aufzuhalten. In zahlreichen Fällen dürften nun die Wohnstätten durch Reizstreifen beeinflusst worden sein. Wir dürfen nämlich nicht vergessen, dass der gesamte Lebensbetrieb der Organismus vorwiegend elektromagnetischer Natur ist. Darum befindet sich der Mensch im Bereich gesteigerter elektrischer Kräfte. Die Vorgänge in seinem Körper müssen nicht mehr in der gesunden und in irgendeiner veränderten meistgesteigerten Form vor sich gehen. Der Betrieb ist also als gestört zu betrachten und muss mit magnetischen Rhythmen behandelt werden, um die Harmonie durch die Tänze wieder herbeizuführen.

*

Eine Eigentümlichkeit des japanischen Volkslebens sind die Tänze mit unverhüllten geschlechtlichen Anspielungen oder sogar mit einem wirklich ausgeführten Koitus als Beendigung. Wir werden solche Tänze als Überbleibsel früherer ernsthafter Bräuche oder heiliger Handlungen, die eine spätere Zeit als lautmagische Zauberhandlungen bezeichnete, ansehen können.

Es handelt sich natürlich hier nur um kultische Rudimente.
In dem auf das schöpferische Prinzip verweisende Tanzlied stellt die Hangyoko (Tänzerin) in der letzten Zeile die Entblößung ihres Schamteils in Aussicht und sie hebt dann wirklich, sobald der letzte Ton des Gesanges verklungen ist, alle ihre Röcke ganz rasch bis über den Leib in die Höhe und setzt ihren Unterleib den Blicken der Gäste aus, die ausnahmslos den besseren Ständen angehören. Mit dem Entblößen des Cunnus der jungen Tänzerin ist das Asai-Kawa, der Tanz, zu Ende. Die Vulva als Schöpferorgan wurde genügend gepriesen!
Das Ameshobo ist derselbe Tanz, wie das Asai-Kawa. Ame bedeutet Regen und Shoboshobo ist das Geräusch, das bei einem heftigen Regenschauer durch die auffallenden Tropfen entsteht. Wir könnten also im Deutschen diesen Tanz den Regengeprasseltanz bzw. in mit den runischen Regenmachertanz benennen. Das Liedchen, das lautmagisch betont werden muss, das zu diesem Tanz gesungen wird, lautet so: „Der Regen prasselt hernieder! Der Blitz flammt auf! Und der Donner rollt! Oh, mein Weib, hänge ein Moskitonetz auf, ein Moskitonetz!“ Und dann folgt während des Tanzes die merkwürdige Stellung mit dem Hochheben der Röcke, die wunschverwirklichende Vulva erschien.
Der Tanz bezieht sich auf die schöpferische Ausübung des runischen Geschlechtsverkehres, wodurch eine Ursache ins Akasha gelegt wird. Nur das zu erkennen, fällt schwer!
Der Chonkina-Tanz ist eigentlich ein Asai-Kawa oder Ameshobo mit Fortsetzung; das wird sich aus dem Schluss, wie er im Folgenden beschrieben ist, ergeben. Chonkina bedeutet nach dem dabei gesungenen Tanzliedchen: Schmetterling (chon) komm (kina)! Satow bezeichnet das Chonkina als eine Art japanischen Salome-Tanz, also einen erotischen Tanz mit sexuellem Ende.
Das Lied, das die sogenannten Chonkina Onnas, die Tänzerinnen des Chonkina-Sanges, bei Beginn der Meiji-Ära in Yokohama in den Chopsui-Häusern, den Speisehäusern für die Fremden, gesungen haben, lautete so: „Komm, Schmetterling! Komm, Schmetterling! Schmetterling! Schmetterling! Komm! Komm auf die Blüten des Rapses! Schmetterling, hallo!“ Während sie dieses singt, zieht die Tänzerin vor dem Gast ihre Kleider aus, wie es in der Novelle Kimono beschrieben ist, und geht rückwärts auf ein Bett zu, wobei sie den Gast mit der Hand heranwinkt. Sobald das Lied zu Ende ist, fällt das Mädchen rückwärts auf das Bett und nun findet eine geschlechtliche Umarmung mit dem Gast statt. Dieser Abschluss des Tanzes ist der Unterschied zwischen dem Chonkina und den Tänzen Ameshobo und Kankan Odori der Yedo-Periode.
Das Auseinanderreißen des Wortes Chonkina in Chon und Kina ist nicht zufällig, da Chon, Chon, Kina, Kina einen Sinn hat, der zu dem Endergebnis des Tanzes in Beziehung steht. Es ist die Einladung des Gastes zu dem schöpferischen Koitus auf dem Bett, wohin er durch eine entsprechende

Handbewegung gerufen wird. In der Gassensprache ist aber Chon chon, das eigentlich: Nur einen Augenblick bedeutet, zum Begriff: Koitus innerhalb kurzer Zeit geworden. Man sagt dafür auch Chon-no-ma, d. h. innerhalb einer kurzen Zeit.

Wir sehen aus vorstehendem, dass es sich bei Chon immer um den Begriff Koitus handelt und dass die Verdoppelung der Silbe auf einen Koitus in ganz kurzer Zeit hinweist. Wenn also die Tänzerin singt: Chon Chon, dann muss sich allen Einheimischen unwillkürlich der Gedanke an einen raschen Koitus aufdrängen.

Bei Kina liegt die Sache nicht so einfach, hier müssten wir schon an das ähnlich klingende Wort Kine denken. Kine ist die hölzerne Mörserkeule, die zum Zerstoßen des Reises in einem Mörser benutzt wird. Mörserkeule, in Deutschland Stößel oder Stößer (von stoßen) genannt, und Mörser sind allbekannte Sinnbilder für Penis und Cunnus, und so ist es auch in Japan. Im nördlichen Teil der Provinz Saitama spielt der Stößel heute noch bei den Hochzeitsbräuchen eine Rolle. Man nennt diese Sitte Kine-matagi, über den hölzernen Stößel hinwegschreiten. Am Abend der Hochzeit werden die Fackeln angesteckt und das Mochi, der Reiskuchen, wird am Eingang zum Hause des Bräutigams in einem Mörser zerstoßen. Dann wird der Stößel in den Torweg gelegt und die Braut schreitet darüber hinweg. Dass der Stößel in diesem Falle als Stellvertreter des glückbringenden, aber auch befruchtenden Phallus getreten sein muss, ist ohne Weiteres klar. Am nächsten Tage besucht die Braut das Haus des Dorfoberhauptes oder des Vorstehers ihres Stadtbezirkes, den Familienfriedhof und den Schutzgott des Ortes in Begleitung des Mittelsmannes. Damit ist allen maßgebenden und einflussreichen Instanzen die Eheschließung angekündigt.

Wir dürfen also annehmen, dass die Zuschauer beim Chonkina-Tanz unter „Chon, Chon, Kina, Kina“ neben der eigentlichen Bedeutung: „Schmetterling! Schmetterling! Komm! Komm!“ ganz gut verstehen konnten: „Ein rascher Koitus! Einen Stößel! Einen Stößel!“

Dass das Zerstoßen des Reises im Mörser mehr als eine rein sinnbildliche Handlung ist, geht auch daraus hervor, dass Mochi-wo-tsuki, den Reiskuchen zerstoßen, in der Gassensprache als Ausdruck für den Koitus ausüben gebraucht wird. Man sagt auch kurz: Mochitsuki. Ob bei dem oben erwähnten Heiratsbrauch auch ein Hinweis auf die bevorstehende Entjungferung der Braut enthalten ist, lässt sich aus den vorliegenden Unterlagen nicht entnehmen.

Das oben erwähnte Kankan-Odori, der Kankan-Tanz, ist ein unzüchtiger Tanz, der bei der öffentlichen Schaustellung nahe beim Ufer des Fuchiyacho-Flusses, während der Yedo-Periode im Herbst des dritten Bunsei-Jahres (1820 u. Z.) zum ersten Mal gezeigt wurde. Anfangs nannte man diesen Tanz Osaka Kudari Nagasaki Tatsu Odori, d. h. der Drachentanz von Nagasaki, der aus Osaka kam. Die Bezeichnung Kankan-Odori hat der Tanz nach dem Klang der begleitenden Musikinstrumente erhalten. Kankan ist japanisch etwa das, was wir als kling-klang, bim-bam, bum-bum usw. bezeichnen. In jener Zeit wurde das Kankan-Odori verboten, weil das Lied dazu sehr unzüchtig war. Dieser Sang des Kankan Odori und seine Auslegung durch Kojiro, den Erklärer, lauten wie folgt: „Schaut her! Schaut her! Ich schmachte seit langer Zeit, ja seit langer Zeit schmachte ich in Liebe zu dem dritten Sohn eines sehr hohen Mannes. Ich habe ihm meinen Fingerring mehrere Male angeboten, weil ich ihn wirklich liebe. Er ist wohl sozusagen kein hübscher Mann, denn er hat ein hässliches Gesicht und eine dunkle (dunkelblaue!) Haut. Aber sein Penis ist sehr hübsch groß und passt gut zu meinem Cunnus!"

Diese Tänze führen nach den alten Lehren von Hermes Trismegistos, der in Ägypten sämtliche Tarotkarten verfasste und sie den religiösen Orden je nach Aufgabe übergab, dazu, dass sich die Teilnehmer in die entsprechenden Stellungen – Brahma-Shakti-Asana genannt –, begeben, um Ursachen und Wirkungen zu zeugen. Dieses Asana gilt als die kosmische Ur-Zeugungsquelle. Das waren ursprünglich die magischen Techniken der Bruder-Schwestern-Seele, die schon in den Sonnentempeln in Atlantis existiert haben. Die japanischen Fruchtbarkeits-Riten sind davon nur Rudimente. Durch die richtige gedankliche und lautmagische Konzentration auf das Erstrebte während des Aktes kann man alles herbeiholen und erzeugen, was gewünscht ist. So wurde das auch in den Durga-, Kali- und Thugssekten praktiziert. Der Inhalt der theonischen Urmütter-Energie wird durch die fünf M´s – Man-Runen – abgebildet. Diese fünf M – übersetzt: Fleisch, Fisch, Korn, Wein und liebende Vereinigung – werden rituell wie Talismane eingesetzt. Dann schreiten die beiden Könner an bestimmten Tagen zu bestimmten Zeiten (Mondzyklus) zum Akt, wie wir es in unseren Schriften immer wieder beschrieben haben. Während des Aktes des Eros singen sie in Verbindung mit der Gottheit – vgl. die Lieder der Japaner –, wie in den koreanisch-buddhistischen Klöstern, vokalmagische Töne wie

- das A, erschließt die Tiefenpforten der Seele;
- das I (oder der Yoga), stärkt die Willens-, Bewusstseins- und Ich-Kräfte;
- das O symbolisiert die Vulva als Urgöttin oder die kosmische Liebe und wird damit angerufen, Amor Dei, Amor Universi, Amor Kosmi. Es ist verkörpert in der Göttin Babalon, der Nuit oder der Anima Mundi;
- das U lässt den Seelenbrunnen oder das Tiefenich versinken und die Archetypen – das Ur-Alte – erscheinen;
- das E liefert die Waffen der Erkenntnis des Akashas;
- das Ri (kurzes vokalisiertes „r") öffnet den Verstand;
- das eRi (langes vokalisiertes „r") aktiviert das zweite Signalsystem (die Kehle). Einbezogen werden ferner die Konsonanten. Man sprich

ihnen plastische Kraft und Funktion zu. Zunächst sind zu erfassen das Ri und das eRi, sowie die Bedeutung derselben für die Sinnesphysiologie nach esoterischer Lehre. Auch erstrecken sich folgende Übungen auf das „M“ im Aum und das Om mani padme hum.

Selbst der bekannt Komponist Mozart, der Freimaurer gewesen ist, gibt dazu interessante lautmagische Aufschlüsse in seiner Zauberflöte:

Ein Weib, das Nacht und Tod nicht scheut,
Ist würdig, und wird eingeweiht.

Hier sind die Schreckenspforten,
Die Noth und Tod mir dräun..

Ich werde aller Orten
An deiner Seite sein.

Ich selbsten führe dich;
Die Liebe leite mich!

Spiel du die Zauberflöte an;
Sie schütze uns auf unsrer Bahn.

Während dieses Gesanges werden verschiedene Gesten dabei getätigt wie z. B.

- legen des Zeigefingers auf den Mund;
- legen des Zeige- und des Mittelfingers auf den Mund;
- legen der rechten Hand mit gespreizten Daumen auf den Kehlkopf,

um gewisse göttliche Ideen zu invozieren und mit den Kräften zu arbeiten. Dazu werden Formeln wie Om (Aum) gesungen, die alle Ideen der Verwirklichung aufnehmen.

Neben den Tänzen mit geschlechtlichem Einschlag, bei denen es sich immer um den zeremoniellen Tanz eines Mädchens, niemals um einen Gesellschaftstanz zu zweien handelt, spielen oder vielmehr spielten Schaustellungen, die in Beziehung zum Geschlechtlichen stehen, im Volksleben eine große Rolle. Dabei wurden dem Volk die Fruchtbarkeitsriten nahegebracht. Die Tänze sind zwar im eigentlichen Sinne auch Schaustellungen, sie dienten aber in erster Linie als Anreiz für den Geschlechtsverkehr und waren daher in Anbetracht der Örtlichkeit auf einen engeren Kreis von Zuschauern beschränkt. Wir könnten diese Vorführungen gewissermaßen als geschlossene Vorstellungen, z. B. in den verschiedenen religiösen Gruppierungen, bezeichnen.

12. Fetischismus – Besessenheit durch einen Erosschemen:

Wie die Algolagnie ruht auch der sexuelle Fetischismus auf fetischistischer Grundlage und ist nur eine mehr oder weniger abnorme Steigerung der im Wesen der sexuellen Anziehung liegenden fetischistischen Vorstellungen und Empfindungen.

Unter Fetischismus (vom portugiesischen feitico, italienisch fetisso = Zauber) versteht man die Übertragung und Beschränkung der Liebe zu einer Gesamtpersönlichkeit bzw. Gesamtvorstellung auf einen Teil dieser Persönlichkeit oder auch nur auf einen in Beziehung zu dieser Gesamtpersönlichkeit tretenden leblosen körperlichen Gegenstand. Dieser faszinierende Teil der geliebten Persönlichkeit bzw. der mit dieser letzteren assoziativ verknüpfte Gegenstand ist dann der sexuelle Fetisch. Innerhalb der physiologischen Grenzen wirkt zwar der betreffende Teil vorzugsweise anziehend und erregend, bleibt aber in der Vorstellung des Liebenden immer in Zusammenhang mit der ganzen Persönlichkeit, zu der er gehört. Abnorm bzw. pathologisch, d. h. zur krankhaften Störung wird der sexuelle Fetischismus erst, wenn die Teilvorstellung ganz von der Gesamtvorstellung losgelöst wird, also z. B. der Zopf oder ein Taschentuch allein ohne den, dazu gehörigen Träger geliebt wird (vgl. das Kapitel über Schemen in Bardons *Adepten*).

Die Entwicklung jeder Liebe lässt sich auf fetischistische Vorstellungen zurückführen, da nach dem ersten allgemeinen Eindruck, den die geliebte Person auf den Liebenden macht, es stets gewisse Teile oder Funktionen sind, die einen größeren Eindruck machen, größere erotische Wirkung ausüben als andere, an denen also die Fantasie und Empfindung haften bleibt.

Ich habe die sexuellen Fetische als in dem jeweiligen Falle besonders geeignete Symbole des Wesens der geliebten Person definiert, an die die Vorstellung des ganzen Typus am leichtesten anknüpfen kann. Sexuelle Fetische können sein:

1. Körperteile,
2. Körperfunktionen und Emanationen und
3. Gegenstände, die zum Körper in irgendeiner Beziehung stehen.

Unter 1. wären zu nennen: Hand, Fuß, Nase, Ohren, Augen, Kopfhaar, Barthaar, Hals und Nacken, Busen, Hüften, Genitalien, Gesäß, Waden. Alle diese Teile können sexuelle Fetische werden.

Das gleiche gilt von den unter 2. fallenden Momenten: Bewegung, Gang, Stimme, Blick, Geruch, Hautfarbe.

Unter 3. sind zu erwähnen: die Kleidung als Ganzes (als Kostüm) und in ihren einzelnen Teilen, Ober- und Unterkleidung, Hut, Brille, Haartracht, Schlips, Jacke, Korsett, Hemd, Unterrock, Strümpfe, Schuhe oder Stiefel, Schürze, Taschentuch, Kleiderstoffe (Pelz, Samt, Seide), Kleiderfarbe (Trauerkleidung, bunte Blusen, weiße Kleider, Uniform), Mode (Cul de Paris, Decollete und

Retrousse, Trikot). Ja, der Kleiderfetischismus geht so weit, dass sogar die verschiedenen Formen der Absätze an den Schuhen, bestimmte Verzierung an einzelnen Stellen der Kleidung, schließlich sogar jede auffallende Stelle derselben Sexualfetisch werden kann.
Die Fetischwirkung wird noch durch eine besondere Eigenschaft der menschlichen Liebe verstärkt. Das ist ihre Neigung zur Idealisierung, Verschönerung und Vergrößerung der die Sinne am meisten affizierenden Teile. Diese Verschönerung und Idealisierung erstreckt sich dann auch vom Körper auf die Kleidung und Gebrauchsgegenstände der geliebten Person, bleibt aber immer noch im Zusammenhange mit der ganzen Persönlichkeit. Erst durch die Vergrößerung und Akzentuierung eines bestimmten Teiles wird dieser aus der Gesamtvorstellung herausgehoben und so seine Erhebung und Umwandlung zu einem Fetisch vorbereitet.
Indem nun durch die ideelle und wirkliche Akzentuierung der betreffende Teil bereits als ein mehr selbstständiges Gebilde hervortritt und sich von der Gesamtpersönlichkeit gleichsam ablöst, wird er unwillkürlich von dem betreffenden Fetischisten in Gedanken isoliert und zu einem für sich selbständigen Reize verallgemeinert, der nunmehr völlig an die Stelle der Persönlichkeit zeitweise oder dauernd treten kann.
Der hier geschilderte hermetisch-psychologische Prozess umfasst das, was der Psychologe Binet den kleinen und den großen Fetischismus nennt.
Der kleine Fetischismus besteht dann, wenn der Verliebte, ohne schon die ganze Person der Geliebten aus dem Auge zu verlieren, doch bereits einzelnen besonderen Reizen derselben seine Aufmerksamkeit zuwendet bzw. durch ganz bestimmte Eigenschaften der geliebten Frau überhaupt erst an sie gefesselt wird, wie die Form und Kleinheit der Hand, Farbe und Leuchten des Auges, Fülle und Weichheit des Haares, den Teint, einem bestimmten Geruch, eine melodische Stimme usw. Beim kleinen Fetischismus bildet die Teilvorstellung zwar einen sehr hervorstechenden Zug im Gesamtbilde, vermag aber dieses letztere nicht gänzlich auszulöschen.
Beim großen Fetischismus dagegen wird ein bestimmter Teil oder eine Funktion und Eigenschaft oder ein Kleidungsstück und Gebrauchsgegenstand der geliebten Person von dieser isoliert, verwandelt sich gewissermaßen in diese letztere selbst und nimmt ganz und gar den Charakter eines durch sich allein sexuell erregenden Wesens an. Das ist der eigentliche sexuelle Fetischismus.
Binet und v. Schrenck-Notzing haben die Entstehung desselben auf eine meist in der Kindheit nachweisbare Gelegenheitsursache zurückgeführt, auf einen fetischistischen Eindruck, der zufällig mit sexueller Erregung zusammentreffend seitdem dauernd sexuell betont wurde. Die Pubertätszeit und die ersten sexuellen Beziehungen sind für die Bildung einer solchen Ideenassoziation besonders gefährlich. Schrenck-Notzing weist mit Recht darauf hin, dass diese perversen assoziativen Verknüpfungen als Reaktion auf

äußere lebhafte Eindrücke nicht nur, wie Binet annimmt, bei prädisponierten Individuen vorkommen, sondern ganz besonders charakteristisch für das kindliche Geistesleben zur Zeit des Wachstums und für den späteren Verlauf der geistig-seelischen Entwicklung ist.
In zahlreichen Fällen des großen Fetischismus liegt außerdem noch eine mehr oder weniger schwere psychopathische Konstitution vor, auf Grund deren der Trieb sich als eine Art Zwangsvorstellung entwickelt hat. Das sind die Fälle, die meist forensische Bedeutung gewinnen und zur Kenntnis der Öffentlichkeit gelangen.
Im Folgenden geben wir eine kurze Übersicht der wichtigsten und am häufigsten beobachteten Formen des sexuellen Fetischismus, damit der Hermetiker noch tieferen Einblick in das Wesen des Eros-Schemen gewinnen kann und sieht, wie außerordentlich wichtig das Erstellen eines Seelenspiegels für die magisch-mystische Entwicklung ist.
Zunächst können Teile, Funktionen und Eigenschaften des Körpers sexuelle Fetische werden. Die hier vom Kopf bis zu den Füßen sich bietenden Möglichkeiten haben wir schon oben aufgezählt. Jedoch kann, so seltsam das klingt, auch der ganze Mensch sexueller Fetisch sein, und zwar nicht als Gesamtpersönlichkeit – das wäre ja normale Liebe – sondern als nationales oder Rassenindividuum. Dann haben wir den sogenannten Rassenfetischismus. Die europäischen Zeitungen sind voll von interessanten Berichten über die eigentümliche Anziehungskraft, die exotische Individuen wie Dunkle, Araber, Abessinier, Marokkaner, Inder, Japaner usw. auf die europäische Männer- und Frauenwelt ausüben je nachdem es sich um weiße oder männliche Repräsentanten jener exotischen Rassen handelt. Bei jedem Aufenthalt von Angehörigen dieser Völker in irgendeiner europäischen Hauptstadt hört man von seltsamen Liebesaffären zwischen weißen Mädchen und diesen Fremdlingen, von romantischen Entführungen und anderen großartigen Abenteuern. Das Neue, Eigenartige, Pikante der fremden Rasse wirkt wie ein Fetisch. Größe, Gestalt, Physiognomie, Hautfarbe, Hautgeruch, Tätowierung, Schmuck, Kleidung, Sprache, Tanz und Gesang dieser unbekannten Menschen üben eine faszinierende Wirkung aus. Weiße Männer hatten von jeher ein besonderes Faible für Afrikaner, Mulattinnen, und Kreolinnen. Schon im 18. Jahrhundert gab es in Paris Schwarzenbordelle, besonders nach Bonapartes ägyptischer Expedition kamen Schwarze beiderlei Geschlechts in Mengen nach Paris und fanden lebhaften Zuspruch von Männern und Frauen. Trotz des eingewurzelten Rassenhasses führt auch in Amerika der Rassenfetischismus zahlreiche solche Verhältnisse herbei. Das *coloured girl* übt eine große Anziehungskraft auf den Yankee aus und auch die stolzen Amerikanerinnen hegen, besonders häufig in Chicago, eine gewisse Vorliebe für männliche Schwarze. Aber noch größer ist umgekehrt die Anziehungskraft des Weißen auf den Schwarzen. Besonders bei kultivierten Schwarzen spielt die weiße Frau die Rolle eines Fetisches, wie mir das mein ehemaliger Freund aus

Brasilien berichtet. Daraus erklären sich die so häufig vorkommenden und zu Lynchjustiz Veranlassung gebenden Gewaltakte von Schwarzen gegen weiße Mädchen.
Unter den Körperteilen, die als Fetische wirken, kommt besonders das weibliche Haupthaar in Betracht. Dieser Haarfetischismus ist als physiologischer kleiner und pathologischer großer Fetischismus weit verbreitet. Fülle und Farbe des Haares wirken in gleichem Maße, auch in der normalen Liebe, als Fetisch. Das Haar, des süßen Fleisches zarteste, süßestes Gewächs wie Eduard Grisebach im „Neuen Tannhäuser" es nennt, hat eine große sexuelle Bedeutung, beim Urmenschen hat es wahrscheinlich dieselbe Rolle des sexuell anreizenden Verschleierns gespielt wie später Tätowierung und Kleidung. Kopfhaar und Kopffrisur spielen bei allen Naturvölkern eine bedeutsame Rolle in der geschlechtlichen Zuchtwahl. Auch der Duft des Haares wirkt sexuell erregend und bleibt in der Vorstellung haften. Auch die Weichheit des Haares, das Wallende, Wogende im gelösten weiblichen Hauthaar, das Knistern der Haare regen die Fantasie an. Am wichtigsten aber ist die Farbe des Haares, und zwar behauptet hier das blonde bzw. rotblonde Haar ohne Zweifel den Vorrang als sexueller Fetisch. Ein solcher war es schon in der römischen Kaiserzeit. Die Halbwelt aller Zeiten benutzt diese Form des Haarfetischismus der Männer für ihre Zwecke durch Blondfärbung der Haare bzw. Tragen von blonden Perücken. Es gibt jedoch auch Fetische für braune, schwarze und rote Haare.
Der Haarfetischismus äußert sich auf verschiedene Arten. Manche Leute sind eigentlich mehr Geruchsfetischisten, da sie sich mit dem bloßen Beriechen des Haares begnügen und dies ihre einzige oder hauptsächliche sexuelle Befriedigung bildet. Andere Haarfetischisten finden im Anblick bzw. im Durchwühlen des Haares geschlechtlichen Genuss.
Die auffälligste Klasse der Haarfetischisten sind die sogenannten Zopfabschneider. Den Übergang dazu bildet die besonders in früheren Zeiten weit verbreitete Sitte des Abschneidens und des Aufbewahrens von Locken als erotischer Fetische. Dieser sexuelle Reliquienkult blühte besonders im 18. Jahrhundert, zur Zeit der Empfindsamkeit. Friedrich S. Krauß berichtet in *Anthropophyteia*, dass bei den Südslawen Burschen und Mädchen einander sogar Büschel von Schamhaaren als sexuelle Fetische überreichten. Auch die Perückensammler gehören zu der Kategorie harmloser Haarfetischisten. Ernster sind die wirklichen Zopfabschneider. Diese sind fast ausschließlich pathologische Individuen, die unter der Einwirkung von Zwangsimpulsen handeln. Deren Trieb wird regelrecht lebendig, wie wenn Frauen neue Mode sehen, die sie selbst zu sexuell attraktiven Wesen machen soll!
Es gibt auch homosexuelle bzw. pseudohomosexuelle Haarfetischisten, besonders unter Weibern, für die das Haupthaar eines anderen Weibes zum Fetisch wird.
Der weibliche Busen ist ein natürlicher physiologischer Fetisch für das

männliche Geschlecht. Und doch gibt es eine merkwürdige Gattung von Busenfetischisten, die den isolierten, vom Körper abgetrennten Busen zu – Bucheinbänden verwenden. Gewisse perverse Biblio- und Erotomanen lassen Bücher in Frauenhaut binden, die der Busengegend entnommen ist, so dass die Brustwarzen auf dem Deckel charakteristische Wülste bilden.
Die allgemeine Verbreitung des Phallus-Kteis-Kultus weist auf die Annahme, der ohne Zweifel mit fetischistischen Vorstellungen zusammenhängt, die durch die Symbole des Lingams und der Yoni verkörpert sind.
Nach dem Sexualforscher Weininger wäre das Weib überhaupt nur Phallusfetischistin, der Mann existierte für dasselbe nur als Geschlechtsteil: „Man hat es entweder nicht sehen oder sagen wollen, man hat sich aber auch kaum noch eine richtige Vorstellung davon gebildet, was das Zeugungsglied des Mannes für das Weib, als Frau, wie schon als Jungfrau, psychologisch bedeutet, wie es das ganze Leben der Frau, wenn auch oft völlig im Unbewussten, zuoberst beherrscht. Ich meine keineswegs, dass die Frau den Geschlechtsteil des Mannes schön oder auch nur hübsch findet. Sie empfindet ihn vielmehr ähnlich, wie der Mensch das Medusenhaupt, der Vogel die Schlange; er übt auf sie eine hypnotisierende, bannende, faszinierende Wirkung aus.“ Dasselbe gilt übrigens auch für die Vulva!
Goethe hat mehr die Schönheit, die das Mannesglied in den Augen des Weibes hat, hervorgehoben, wenn er in den Paralipomena zum ersten Teil des *Faust* den Satan in seiner Ansprache an die Weiber sagen lässt:

Für euch sind zwei Dinge
Von köstlichem Glanz,
Das leuchtende Gold
Und ein glänzender …

Euch gibt es zwei Dinge
So herrlich und groß:
Das glänzende Gold
Und der weibliche Schoß.
Das eine verschaffet,
Das andre verschlingt;
Drum glücklich, wer beide
Zusammen erringt!

Auch Georg Hirth (Wege zur Liebe) konstatiert den instinktiven Glauben des Weibes an die greifbare Schönheit und paradiesische Kraft des Phallus und beklagt die natürliche Verkleinerung und lügnerische Verheimlichung dieses männlichsten Körperteils durch die von der Männerwelt erfundene konventionelle Moral.
Die weite Verbreitung genitalfetischistischer Neigungen bei Mann und Weib

erhellt auch aus dem überaus häufigen Vorkommen der isolierten Adoration der Genitalien im Cunnilingus und der Fellatio, der oralen Befriedigung, die bei vielen Individuen völlig den normalen Koitus ersetzt.
Für kaum möglich sollte man es halten, dass es Fälle gibt, wo der Fetischismus sich auf zweifelhafte Genitalien bezieht und die sogenannten Hermaphroditen-(Zwitter)-Fetischisten bildet.
Die Hand, besonders die Frauenhand, ist nicht bloß Gegenstand der Chiromantik, sondern auch eines sie beseelenden sexuellen Fetischismus.
Das Gesäß, die Reize des schönen Pos des Weibes sind von jeher ein sexueller Fetisch für Männer gewesen, der bei Flagellanten auch isoliert wirken kann und dann von der Gesamtpersönlichkeit ganz getrennt wird. Für solche Individuen existieren in sexueller Beziehung nur noch das Gesäß.
Unter den Körperfunktionen, die als Fetisch wirken können, nimmt der Geruch, die Ausdünstung des Körpers entschieden den ersten Platz ein. Geruchsfetischismus ist eine sehr häufige Erscheinung. Über die innigen Beziehungen des Geruchssinnes zur Vita sexualis und die Existenz eigener sexueller Gerüche wird weiter unten das Wesentliche gesagt. Als sexuelle Gerüche kommen der Haarduft, die Ausdünstung der Achselhöhle, die Gerüche der Genitalregion und die allgemeine Hautausdünstung in Betracht.
Der Fetischismus für rote Haare ist häufig nur ein scheinbarer Haarfetischismus, viel öfter ein Geruchsfetischismus, weil man von jeher rothaarigen Individuen eine besonders starke, sexuell erregende Ausdünstung zugeschrieben hat. In den romanischen Ländern, Frankreich und Italien, ist dieser Glaube allgemein verbreitet.
Von jeher galt der Schweißgeruch im Volke als ein starkes Aphrodisiakum. Indienreisende erzählten, dass in Indien die Verliebten miteinander bisweilen die Wäsche austauschen. Jeder trägt das von den Ausdünstungen des anderen imprägnierten Hemdes. Die Liebe der Prinzessin Chimay zu dem Zigeuner Rigo soll eine typische Geruchsliebe gewesen sein. Der okkult geschulte Dichter Baudelaire hielt den Geruch für den dritten und höchsten Grad der Wollust.
Eine Italienerin rhäto-romanischer Herkunft liebte es, den Geruch der Geschlechtsflüssigkeiten nach einer Schäferstunde an der Hand zu bewahren, von der sie bei sonstiger penibler Reinlichkeit einige Fingerspitzen nicht wusch. Besonders neigte sie dazu, diesen Geruch mit Zigarettengeruch zu vereinigen. Das gleiche wird auch mit dem Vaginalsekret verübt!
Eine der merkwürdigsten und ungeheuerlichsten Erscheinungen auf dem Gebiet der sexuellen Perversitäten ist die, dass die Vorgänge und Produkte der analen Ausscheidungen des Stoffwechsels mit der Libido sexualis verknüpft werden, wahre sexuelle Fetische sein und namentlich zu einer förmlichen Spezialität des Geruchsfetischismus Anlass geben können. Die Lage der Ausgänge des Darmkanals und des Harnapparates in der unmittelbaren Nähe der Geschlechtsteile, bedingt eine gewisse assoziative Verknüpfung der

Funktionen dieser Teile, die durch verschiedene Umstände erleichtert wird. Außerdem tritt auch hier die idealisierende Wirkung der Libido sexualis hervor, die Identifizierung der begehrten Person mit dem eigenen Ich lässt das Unangenehme und Ekelhafte jener Vorgänge und Teile verschwinden und schließlich wirkt die Vergleichung der wirklich ästhetischen Reize jener Person mit diesen allzu grobmateriellen Vorgängen als ein sinnlich erregender Kontrast. Es handelt sich keineswegs dabei um eine ganz außergewöhnliche Ideenassoziation einiger völlig entarteter Individuen, sondern um eine allgemeine anthropologische und ethnologische Erscheinung. Besonders die merkwürdige Rolle der sogenannten Scatologie, d. h. die sexuelle Betonung der Endprodukte des menschlichen Stoffwechsels und der damit verbundenen Vorgänge, wird in der Folklore, im Mythus, im Aberglauben und in der Literatur aller Völker und Zeiten beleuchtet. Erst hierdurch gewinnen wir das Verständnis für die Möglichkeit der erotischen Wirkung von Defäkation (Stuhlgang) und Miktion (Urinieren), die auch in der Gegenwart so oft beobachtet wird, vor allem in der sogenannten Muse latrinale, dem weit verbreiteten Brauch, die Wände der Bedürfnisanstalten mit obszönen Inschriften zu bekritzeln und in der sexuellen Kopro- und Urolagnie (Kot- und Urinspiele) ihren Ausdruck gefunden hat. Es ist klar, dass dabei masochistische und sadistische Elemente eine bedeutende Rolle spielen. Jedoch gibt es reine Formen von Geruchsfetischismus in dieser Kategorie, wie jene Individuen, die durch den Geruch von Urin oder Kot der geliebten Person sexuell erregt werden oder überhaupt durch den Geruch dieser Exkremente, gleichgültig von welcher Person sie stammen.

Ja, es gibt sogar Individuen, die die Akte der Defäkation und Miktion von anderen auf ihrem eigenen Körper vollziehen lassen. Hier konkurriert das masochistische Element mit dem geruchsfetischistischen.

Eine größere Rolle als die natürlichen Sexualgerüche spielen heute die künstlichen Duftstoffe oder Parfüme, die in der Tat vielfach als sexuelle Fetische verwendet werden. Manche Frauen werden auch durch die Blüte der zahmen Kastanie, deren Geruch Ähnlichkeit mit dem des männlichen Spermas hat, geschlechtlich erregt. Der bloße Duft gewisser Blumen regt den Geschlechtstrieb an, teils sind sie tierischer Provenienz wie Moschus, Zibet, Ambra und hängen mit der Venus zusammen.

Neben dem Geruch spielt der Geschmack eine sehr geringe Rolle. Doch deutet die uralte Volkssitte der priapischen Genussmittel auf fetischistische Vorstellungen dieser Art. Cunnilingus und Fellatio hängen auch mit einem Schmeckenwollen der Genitalien zusammen, ebenso wie jene nicht selten geübten Praktiken, wo Genussmittel oder Getränke mit den Genitalien in Berührung gebracht, gewissermaßen mit ihrer Essenz imprägniert und dann verzehrt werden, wie dass man eine Zigarre mit dem Mundende in das weibliche Genitale introduziert, dort längere Zeit belässt, bis es vollgesogen ist mit dem Sekret und dann dieselbe raucht, mit dem so imprägnierten Ende im

Munde. Denn das stärkt und gesundet!
Alle diese Abartigkeiten beziehen sich auf Fetischismus, wenn er nicht religiös-hermetisch ausgerichtet ist und der Verbindung zur Gottheit nutzt.
Gegenstandsfetischismus bildet die Personifizierung und die Beseelung dieser menschlichen Gebrauchsobjekte, diese werden durch die Abgabe mit Prana belebt durch leidenschaftliche Blicke, Berührungen, Beriechen; durch die Ausdünstungen werden sie erregt und geben in Richtung der Erregung durch Küssen und Masturbieren Kraft der Sexualflüssigkeiten ab. Das kann so weit gehen, dass bei geschulten Menschen der Gegenstand lebendig wird und beginnt, ein Eigenleben zu führen. Es entsteht ein wahrlich lebendes Geschöpf der erotischen Erregung, ein Incubs bzw. ein materieller Subkubus.
Sogar die Kleidung wird zu solchen Zwecken benützt, ohne den Sinn derselben zu erkennen.
Heutzutage wird diese Besessenheit als normal klassifiziert, ohne zu wissen, in welcher Teufelsküche man sich wiederfindet. Stirbt man, kommt man nicht ins Paradies, sondern in die Sphäre eines niederen Eros-Schemens, der einen das Astralleben zur reinsten Hölle macht!
Im übertragenen Sinne berichtet Musallam hiervon in seiner „Zauberbibel".
Seit Beginn der Schöpfung ist das Leben als ein fortgesetztes verzweifeltes Ringen zwischen den beiden Gottheiten von oben und unten. Was sich hier im Großen abspielt, ist derselbe Vorgang, den wir vorstehend im Kleinen als Besessenheit oder, wie die Wissenschaft es nennt, hysterischen Anfall kennengelernt haben. Wie bei solchem Anfall zwei Seelen um einen Leib kämpfen, bis endlich die eigentliche Besitzerin unterliegt und die andere, gewaltsam aufgezwängte die Herrschaft über die Organe des Denkens und Wollens, der Sprache und Bewegung an sich reißt, ebenso erging und ergeht es noch immer der Welt. Wir Unglücklichen leben also und leiden inmitten dieses Anfalles von Weltbesessenheit, ja, wir selbst sind mitbesessen. Unsere Leidenschaften und wilden Trieben, die aus der Seele der Materie in unsere eigene hineingesickert sind, haben unser ganzes Wesen von Grund aus vergiftet. Daher neigt sich der Anfall von Weltbesessenheit, den die Welt durchmachen muss, leider nicht seinem Ende zu. Nur dann, wenn die Menschheit und alle übrigen Geschöpfe erwachen wie aus einem unbewussten Trauma, beginnt erst die Rückkehr zu unseren eigentlichen Wurzeln! Nur eine um 180 Grad gewendete Richtung aller Anschauungen des Weltbildes ermöglicht eine Befreiung des Menschen, einen Ausgleich in allen Elementen und Ebenen. Ohne diesen radikalen Richtungswechsel ist eine Entwicklung aus den Fängen der Materie unmöglich, denn die kleine und die große Welt wurden beide durch den schöpferischen Sexus gezeugt!

*

An die obige Thematik reiht sich wunderbar die nun folgende, über die sexuelle Liebes-Göttin Lilith(a), die langhaarige Dämonin der Nacht, wie sie immer wieder – auch in Logen – bezeichnet wird.

In „Der hermetische Bund teilt mit: Hermetische Zeitschrift Nummer 21" – Seite 120 – haben wir unter dem Titel *Lilith – Lilitu – Lilitha* ihren offiziellen Aspekt aufgezeigt. Da sie aber eine allmächtige Schöpfergöttin ist, hat sie selbstverständlich zwei Seiten, die dem Wechsel des Mondes entsprechen.
Im Talmud steht: „Lilith, eine berüchtigte Dämonin der Nacht, hat langes Haar. – Lilith, eine Nachtdämonin, sieht aus wie ein Mensch, doch sie hat auch Flügel. – In jenen Jahren, nach seiner Vertreibung aus dem Paradies, als der erste Mensch Adam unter dem Bann stand, zeugte er Geister und männliche Dämonen und weibliche Nachtdämonen oder Liliths. – Adam ... unterbrach seine Beziehung zu seinem Weib für einhundertunddreißig Jahre und trug einhundertunddreißig Jahre lang Feigenblätter als Kleidung am Körper ... Jene Bemerkung über Adam, der Lilim zeugte, bezog sich auf den Samen, den er unabsichtlich ausstieß. – Man darf nicht allein in einem Hause schlafen, denn wer auch immer allein in einem Hause schläft, wird von Lilith erfasst."
Lilith, eine unwiderstehliche, langhaarige Dämonin der Nacht und der Erotik, findet sich in der sumerischen, babylonischen, assyrischen, kanaanitischen, persischen, hebräischen, arabischen und teutonischen Mythologie. Während des dritten Jahrtausends vor Christus war sie in Sumer zuerst Lil, ein zerstörerischer Sturm- oder Windgeist. Bei den Semiten von Mesopotamien war sie Lilith, die später zusammen mit layil (das hebräische Wort für Nacht) umgangssprachlich zu Lilith wurde, einem Nachtdämonen, der sich an Männer und Frauen, die allein schlafen, heranmacht und bei ihnen erotische Träume und nächtliche Orgasmen bewirkt. Im achten Jahrhundert vor Christus verschmolz Lilith, der Sukkubus, mit der zwar ursprünglich völlig unterschiedlichen dämonischen Gestalt, der kindermordenden Hexe Lamashtu. In dieser Gestalt, als Geflügelte und Würgerin, wurde Lilith überall in der Welt bekannt unter den Namen Frau Eselsbein, Teufelsdrachen, Blutsauger, Hurenweib, fremde Frau, unreines Weib, Ende allen Fleisches, Ende des Tages, bruha, strega, böse Alte, Hexe, Kindsräuberin und Zauberin. Man nannte sie Schlange, Hündin, Affe und Eule, kreischende Nachtschwalbe oder Schleiereule und die Seele jeder lebenden Kreatur, die kriecht. Sie war Adams erste Frau, das Weib des Leviathans, die Gattin des so bezeichneten *Teufels* Samael und des Königs Ashmodai, die Königin von Saba und Zamargad, und sie ist sogar die Gemahlin Gottes, während die Schekina (wie Sophia, die weibliche Dimension Gottes) abwesend ist. Versuche, sie zu unterdrücken und zu verleugnen, gehen bis ins sechste Jahrhundert vor Christus zurück, doch sie kehrt immer wieder als Verführerin und Kindermörderin zurück, und sie wird das weiter tun, bis der Messias kommt und allen Geist der Unreinheit aus dem Lande treibt.
All dies hat seinen Grund darin, dass sie den Menschen prüft, ob er rein und unbescholten ist, ob er des Nachts über die Schwelle treten kann oder in der Materie der Illusionen verbleiben muss.
Im *Sohar* heißt es deswegen: „Gott erschuf zwei große Lichter. Die beiden

Lichter stiegen zusammen mit derselben Würde auf zum Himmel. Die Mondin fühlte sich jedoch nicht wohl mit dem Sonnenmann, und in Wahrheit empfand sich jeder als vom anderen unterdrückt. Die Mondin sprach: Sage mir an, wo du weidest. – Der Sonnenmann sprach: Wo doch lagerst du am Mittag. – Wie kann eine kleine Kerze am Mittag leuchten?, sprach Gott daraufhin zu ihr. Gehe und nimm ab. – Sie fühlte sich gedemütigt und sprach: Warum sollte ich mich verschleiern. – Da sprach Gott: Gehe deinen Weg weiter auf den Spuren der Herde. Daraufhin nahm die Mondin ab, um die unteren Ränge anzuführen. Seit jener Zeit hat sie kein eigenes Licht, sondern bekommt ihr Licht von dem Sonnenmann. Zuerst standen sie beide auf der gleichen Stufe, doch später nahm die Mondin ab durch all ihre Phasen, auch wenn sie sie immer noch beherrscht. Als die Mondin mit dem Sonnenmann verbunden war, glänzte sie, doch sobald sie sich vom Sonnenmann trennte und mit der Betreuung ihrer eigenen Wesensscharen beauftragt wurde, verminderte sie ihren Status und ihr Licht, und Schalen um Schalen wurden geschaffen, um das Mark zu bedecken, alles zu des Markes Heil.

Nachdem das Urlicht zurückgenommen war, wurde eine Schale für das Mark erschaffen, eine k´lifah, Hülse oder Schale, und diese k´lifali breitete sich aus und erzeugte eine weitere, die Lilith war.

Er befahl, dass von der Seite der Dunkelheit eine Art von Mondin ausgesandt werde, die die Nacht regiert und die Nacht genannt wird und mit Adonai, dem Herrn der ganzen Erde, verbunden ist ... die Linke, die Seite der Dunkelheit, erglänzte mit all ihrer Macht und erzeugte dabei an allen Punkten eine Art von Spiegelung, und aus dieser feurigen Flamme kam die weibliche, mondhafte Essenz hervor ... Gerade so, wie es der Wunsch der Dunkelheit ist, sich dem Licht zu verbinden, so ist es der Wunsch der Nacht, sich dem Tag zu verbinden. All dies wird in dem Buche Adam dargestellt. Es heißt dort, dass, als die Dunkelheit sich durchsetzt, sie das mit Ungestüm tat, doch sobald der Zorn und die Wut sich mäßigten, erhoben sich Händel von anderer Art, nämlich Liebeshändel.

Es ist wohl und recht, dass die Lichter beide regieren, das größere am Tage und das kleinere bei Nacht ... So gehört der Bereich des Tages zum Männlichen und der Bereich der Nacht zum Weiblichen. Es gibt zwei Arten von Gestirnen. Jene, die hinaufsteigen, werden Gestirne des Lichts genannt, und jene, die hinabsteigen, werden Gestirne des Feuers genannt.

Nun gibt es in der Tiefe des großen Abgrundes einen gewissen heißen, feurigen, weiblichen Geist namens Lilith, der zuerst dem Manne beiwohnte.

Als der Mann sich erhob, war sein Weib an seine Seite geheftet, und der Heilige Geist in ihm breitete sich nach beiden Seiten aus, indem er sich so vollendete. Später sägte Gott den Mann in zwei Teile und formte sein Weib und brachte sie zu ihm wie eine Braut zum Brautbett. Als Lilith dies sah, floh sie, und sie ist immer noch in den Städten der Meeresküste und versucht, die Menschheit zu umstricken. Und wenn der Allmächtige das böse Rom zerstören

wird, wird Er Lilith zwischen den Ruinen ansiedeln, denn sie ist der Ruin der Welt, von dem geschrieben steht: „Das Nachtgespenst (Lilith) wird auch dort herbergen und seine Ruhestatt dort finden“. In alten Büchern heißt es, sie sei vor diesem allen von dem Manne geflohen, doch wir haben es anders erfahren, nämlich dass sie sich dem Manne verband, bis seine Seele in ihn gelegt wurde, und dann floh sie an die Meeresküste, wo sie versuchte, der Menschheit zu schaden.
Nun bekamen sie an jenem Tag einen Befehl in Bezug auf einen gewissen Baum und missachteten den Befehl. Und da die Frau als erste sündigte, wurde festgelegt, dass der Mann über sie herrschen solle. Und seit jener Zeit werden, wann immer Menschen vor Gott sündigen, jene Frauen (Lilith) vonseiten des strengen Gerichts damit beauftragt, über sie zu herrschen – jene, die das Lodern des kreisenden Schwerts genannt werden.“
Der Sohar berichtet weiter von der Geschichte, dass, nachdem Adam und seine Frau gesündigt hatten: der Herr, gepriesen sei Er, Lilith aus den Tiefen des Meeres hervorbrachte und ihr die Macht gab über alle jene Kinder, die – kleinen Gesichter – der Menschensöhne, die der Bestrafung für die Sünden ihrer Väter unterliegen, d. h., aus vergangenen Verkörperungen. Sie wanderte dann die Welt auf und ab. Sie näherte sich den Toren des irdischen Paradieses, wo sie deren Wächter, die Cherubim, sah, und setzte sich neben das lodernde Schwert, dem sie im Ursprung verwandt war. Als sie das lodernde Schwert kreisen sah, was anzeigte, dass der Mensch gesündigt hatte, entschwand sie und wanderte über die Welt, und wenn sie Kinder fand, die der Bestrafung unterlagen, misshandelte und tötete sie sie. All dies geschah wegen der Handlung der Mondin bei der Abnahme ihres ursprünglichen Lichts.“
Lilith, die Verführerin, wird von den Kabbalisten als Hure beschrieben, die mit Männern Unzucht treibt. Sie wird die gewundene Schlange genannt, weil sie Männer dazu verführt, gewundene Wege zu gehen. Sie ist die Fremde Frau, die Süße der Sünde und die böse Zunge. Es heißt, dass Honig von den Lippen der Fremden Frau fließt. Sie wird das unreine Weib genannt, und obwohl sie keine Hände und Füße für die Paarung hat, denn die Füße der Schlange wurden abgeschnitten, als Gott sie für die Verführung der Eva bestrafte, sieht das Weib doch in ihrem Schmuck aus, als habe sie Hände und Füße. Die Kabbalisten sagen, dass sie durch das Mysterium ihres Schmuckes Männer verführen kann. Lilith verlässt Samael, den Gatten ihrer Jugend, und steigt zur Erde herab. Dort treibt sie Unzucht mit Männern (auch Frauen), die allein schlafen und träumen und bewirkt, dass sie unreine, spontane nächtliche Ergüsse haben.
Gott, der fürchtete, dass Lilith und Samael die Welt mit ihrer dämonischen Brut überschwemmen würden, kastrierte Samael. Diese Geschichte entspricht dem talmudischen Mythos, nach dem Gott den männlichen Leviathan kastrierte, um ihn an der Paarung und damit an der Zerstörung der Erde zu hindern. Lilith erkannte, vielleicht weil sie ihre Lust nicht mehr an Samael befriedigen konnte oder vielleicht weil sie noch immer von Adam träumte,

dessen Schönheit, wie der Sohar sagt, der Sonnenscheibe glich, dass sie Adam immer noch begehrte.
Laut dem Sohar entschloss sich Adam nach dem Sündenfall, seine Sünde zu sühnen, indem er für eine Zeit von einhundertunddreißig Jahren auf Geschlechtsverkehr mit Eva verzichtete. Nach Rabbi Meir im Talmud wickelte sich Adam dornige Feigenzweige um die Hüfte, um sich am Geschlechtsverkehr mit Eva zu hindern. Während dieser Zeit besuchte Lilith Adam, da er allein schlief und träumte, und sie befriedigte ihr Verlangen, indem sie ihn bestieg und bewirkte, dass sie beide nächtliche Ergüsse hatten. Die Wesen, die aus dieser Vereinigung hervorgingen, werden die Plagen der Menschheit genannt. Der Sohar fährt fort, indem er sagt, dass Lilith unter Tordurchfahrten, in Quellen und Latrinen lauert und auch weiterhin bis zum letzten Gericht Männer auf Abwege bringen wird. So wie Rabbi Simeon sagte: „Wehe der Blindheit der Menschensöhne, die sich doch alle nicht bewusst sind, wie voll die Erde von seltsamen und unsichtbaren Wesen ... wie Lilith ... ist, die sich mit den Menschen verbinden und in ihnen die Fleischeslust erwecken, die zu ihrer Befleckung führt."
Aus der Beschreibung, die der Sohar von Lilith gibt, wenn sie schöpferisch wirkt, wird offensichtlich, dass sie vom Standpunkt der männlichen Psychologie aus sowohl begehrenswert als auch gefährlich ist.
Sie schmückt sich mit vielen Schmuckstücken wie eine lockende Hure und wählt ihren Platz an Kreuzwegen, um die Menschensöhne zu verführen. Wenn ein Narr sich ihr nähert, ergreift sie ihn, küsst ihn und schenkt ihm Wein ein aus Abfall von Viperngallen. Sobald der Mann ihn trinkt, verfällt er ihr. Wenn sie sieht, dass er ihr verfallen ist und von dem Pfad der Wahrheit abweicht, entkleidet sie sich allen Schmuckes, den sie für diesen Narren angelegt hatte. Ihr Schmuck für die Verführung der Menschensöhne sieht so aus: Ihr Haar ist lang und rot wie eine Rose, ihre Wangen sind weiß und rot, an ihren Ohren hängen sechs Schmuckstücke, ägyptische Bänder und alle Schmuckstücke des Landes des Ostens hängen um ihren Hals. Ihr Mund ist wie eine schmale Tür gesetzt, angenehm in seiner Zier, ihre Zunge ist scharf wie ein Schwert, ihre Worte sind glatt wie Öl, ihre Lippen sind rot wie eine Rose und süß von aller Süße der Welt. Sie ist gekleidet in Scharlach und geschmückt mit vierzig Schmuckstücken weniger eines. Jener Narr verfällt ihr und trinkt aus dem Kelch den Wein und begeht Unzucht mit ihr und steigt ihr nach. Was tut sie daraufhin? Sie verlässt ihn, der auf dem Ruhebett schläft, fliegt hinauf zum Himmel, denunziert ihn, verabschiedet sich und steigt wieder herab. Jener Narr erwacht und meint, er könne sich wieder, wie zuvor, mit ihr verlustieren, doch sie legt ihren Schmuck ab und verwandelt sich in eine drohende Gestalt. Sie steht vor ihm, in Gewänder aus flammendem Feuer gekleidet, jagt ihm Angst ein und lässt Körper und Seele erzittern, mit furchterregenden Blicken, in ihrer Hand ein Schwert, von dem bittere Tropfen fallen. Und sie tötet jenen Narren und wirft ihn in die Gehenna, dem Strafort, an dem Menschen nach dem Tod

ewig für ihre Sünden büßen müssen.
Andere Forscher führen unter der verlockenden und verführerischen Gestalt der verhängnisvollen Bezauberung auf, dass sie den negativen, aber verwandelnden Aspekt des Weiblichen darstellt. Zu einem hellenistischen Relief von einem nackten weiblichen Geist, der einen nackten und offensichtlich träumenden Mann besteigt; als Märtyrerin sitzt auf dem Unterleib und saugt mit ihrem Schoss die Kräfte des unreinen Menschen auf. Neumann bemerkt, dass die dionysischen Symbole anzeigen, dass der geflügelte weibliche Sukkubus zum Bereich der Mysterien gehört, also ein göttliches Wesen darstellt. Er ist eine bezaubernde, verführende, orgiastische und alptraumhafte Form des kosmisch Weiblichen. Da der Mann schläft und die Frau Eulenfüße hat, hält man dies für eine Darstellung der Lilith, deren Kräfte in der Zeit des abnehmenden Mondes am größten sind.
Lilith wandert während der Nacht umher, belästigt die Menschensöhne und Töchter und bewirkt, dass sie sich selbst beschmutzen. Immer wenn sie Menschen findet, die allein in einem Haus schlafen, schwebt sie über sie, legt Hand an sie und klammert sich an sie, erzeugt Lust in ihnen und empfängt von ihnen. Sie bringt ihnen auch Krankheiten fetischistischer Natur, ohne dass sie es merken, damit sie aus ihrem unheilvollen Schaf durch Selbsterkenntnis erwachen – und das alles wegen der negativ-magnetischen Abnahme des Mondes.
Lilith, die geflügelte Dämonin der Nacht, ist nicht nur verführerisch, sondern auch tödlich, denn sie wird im Sohar sowohl als Sukkubus als auch als Vampir gesehen: „Und jener Geist, der Asirta heißt, wird unruhig ... und geht zu dem Weib, das unter allen Weibern ist. Und es ist Lilith, die Mutter der Dämonen. Und ein Mann kann von jenem bösen Geist namens Asirta in Unruhe versetzt werden, der sich jenem Mann anheftet und sich für immer an ihn bindet. Und zu jedem Vollmond wird jener Geist der bösen Erscheinung von Lilith in Unruhe versetzt, und manchmal nimmt jener Mann Schaden von dem Geist und fällt zu Boden und kann nicht aufstehen oder stirbt sogar."
Obwohl Lilith, die Verführerin, für Leute gefährlich ist, die noch völlig ohne Bewusstsein leben, kann bei jemandem, der schon auf dem Pfad der Hermetik ist, die Begegnung mit der Versucherin Lilith eine gewaltige Wandlung herbeiführen. Der die Selbstbeherrschung suchende Adept begegnet Lilith, wenn er den philosophischen Baum zur Hälfte erklommen hat. Sie ist mit ihrem Schlangenschwanz und Tierfuß auf dem Kopf stehend im Baum des Wissens dargestellt. In ähnlicher Weise wird sie von den Kabbalisten als eine Leiter, auf der man die Sprossen der Gabe der Prophezeiung erklimmen kann, beschrieben, denn sie ist die Hüterin unzähliger Geheimnisse!

13. Vom Beilager:

Das Volk glaubt zurecht, dass auch das Weib beim Koitus ejakuliere und der Genuss der Partie für beide größer sei, wenn Weib und Mann gleichzeitig ejakulieren. Alte Volkslieder berühren dieses Faktum. Dazu gibt die Volkskunde verschiedene Methoden des Beischlafs an, wie uns die großen Dichter Ovidius, Apuleius, Vergil und Juvenal in ihren Werken geschildert haben. Wer die diversen Methoden betrachtet, kann wahrnehmen, dass die vielen verschiedenen Figuren oder Manieren einfach Variationen der drei Typen oder Positionen sind, nämlich:

1. Koitus in der natürlichen Lage, Mann obenauf, Weib unter ihm;
2. Mann unten, auf dein Rücken, Weib legt sich auf ihn;
3. Mann rückwärts, Weib vor ihm (wider die Natur).

All dies geht aus den elektromagnetischen Stellungen hervor, welche sich auf den Akt zwischen Mann und Weib beziehen.

Es existiert auch ein Buch – *Himmlische Liebe* – in dem 532 Arten der Liebesstellungen aufgezählt und beschrieben werden. Nur bekannt ist dieses Werk mehr oder weniger nicht.

Selbst in Japan bedeutet das Wort Shijuhatte wörtlich: die achtundvierzig Griffe oder Kunstgriffe der Ringer, im übertragenen Sinne: die achtundvierzig Stellungen beim Koitus, oder, wie man mit einem gelehrten Ausdruck sagt: die achtundvierzig Figurae Veneris, welche im tantrischen Kundalini-Yoga praktiziert werden. Man darf aber nicht erwarten, dass wir in den untenstehenden Angaben über die Koitus Stellungen bei den Japanern wirklich auch wohlgezählte achtundvierzig Arten bringen werden. Denn einmal haben es die Japaner offenbar nicht so weit gebracht wie die Inder mit ihren Hatha-Yoga-Asanas, und dann geben weder die literarischen Unterlagen noch die im Volke vorhandenen Lieder, Liedchen oder Sprüche Gelegenheit, die bestimmte Anzahl von Koitus Stellungen zusammenzubringen. Shiju-Hatte ist eben nur eine Übertragung auf ein anderes Ringen, bei der der Begriff der feststehenden Zahl 48 ganz verloren gegangen ist. Deshalb nennt man auch den Koitus Toko-Sumo oder Toko-Zumo, den Bettringkampf, oder besser: Ringkampf im Schlafzimmer.

Das *Idioticon eroticum* wird dieses Kapitel ergänzen, was die mundartliche Benennung der verschiedenen *Figuren vom Freitag* betrifft, sowie auch betreffs der speziellen Methoden und charakteristischen Stellungen.

Ich erinnere an das berühmte Buch „Ragionamento della Nanna e dell Antonia, fatto in Roma sotto una ficaia“ (Paris 1534) vom Dichter des 16. Jahrhunderts Peter von Arezzo (Aretino), nach dem die Stellungen beim Beischlafe die Zahl von 33 erreichen. Ich erwähne sie alle nur, um aufzuzeigen, dass es in Europa ebenfalls Koitus Stellungen gab, genauso wie in Indien in den verschiedenen Ausgaben des Kama Sutra beschrieben sind:

1. Fare in pie = zu Fuß machen oder la potta = die Vulva: Frau und Mann stehen auf den Fußsohlen, Antlitz gegen Antlitz gewendet.
2. La gru = der Kranich oder Kran, wenn das Weib einen Schenkel hebt.
3. La potta d´Anteo = des Antäus Vulva: Mann und Weib einander gegenüber, Antlitz gegen Antlitz, sie hebt beide Schenkel empor.
4. Alla tedesca „auf deutsche Art“: das Weib wendet dem Manne den Rücken zu; er steht hinter ihr, gibt seine Arme unter die ihrigen und indem er beide Hände auf ihrem Halse kreuzt, beugt er sie.
5. A pasci-pecora = a la Schafweiden: wie No. 4, nur hält das Weib die Hände zu Boden.
6. Far candele di sego = Unschlittkerzen machen: Der Mann sitzt, sie reitet mit den Schenkeln auf des Mannes Schenkeln, wobei sie die Füße auf dem Boden hat.
7. All´ albero – am Baume: Weib wie No. 6, hält aber die Beine hoch und die Füße dort, wo der Mann sitzt, bei seinen Hinterbacken.
8. Fanciullo che dorme = schlummerndes Kind: Das Weib sitzt in des Mannes Schoß, ihre Schultern an seinen rechten Arm gelehnt (gestützt) und mit beiden Beinen auf seinem linken Oberschenkel und unter dem linken Arm.
9. Alla distesa = ausgestreckt: Das Weib sitzt, der Mann steht zwischen ihren Schenkeln; sie hält die Beine ausgestreckt, die Füße auf dem Boden.
10. Premi-schiena = drücke den Rücken; sie hebt beide Beine und legt sie auf des Mannes Rücken.
11. Cornamusa a sedere = Dudelsack im Sitzen; er hält eines ihrer Beine auf dem Arm und das andere darunter, bei seiner Hüfte.
12. Gamba in collo a sedere = Bein am Halse im Sitzen; er hält ein Bein im Arm.
13. Borsacchino (= ?): der Mann ergreift mit den Händen die labia maiora (großen Schamlippen) und zieht sie sich über (auf) den Penis.
14. Alla giostra – a la Turnier: er läuft mit penis erectus gegen das Weib und führt ihn in ihre Vulva ein.
15. Alla piana = auf schlichte Art: beide liegen; sie hält die Beine weit auseinander, der Mann ist auf ihr.
16. A ranocchio = auf Froschart: sie drückt die Fersen an die Hinterbacken.
17. Cornamusa a giacere = Dudelsack im Liegen: ähnlich wie No. 11.
18. Gamba in collo a giacere = Bein am Halse im Liegen: ähnlich wie No. 12.
19. Alla giannetta = a la Spieß: er liegt auf dem Rücken, sie auf ihm.
20. L´androgino = der Zwitter; sie liegt auf dem Bauche, er auf ihr rückwärts.
21. In profilo = im Profil; beide liegen seitlich ausgestreckt, Antlitz gegen

Antlitz.

22. A potta scherzia = mit scherzender Vulva; er hält eines ihrer Beine auf seiner Hüfte.
23. Retro in conno = zurück in die Vulva; sie hält ein Bein erhoben auf der Hüfte und das andere gleicherweise gehoben, unter dem ersten.
24. Riccio in fiume = Igel im Fluss; sie liegt auf dem Rücken, der Mann auf ihr; sie hält ihm ihre Beine, erhoben, auf die Hinterbacken.
25. Cavalcar l'asino = Eselreiten: er liegt rücklings, sie auf ihm, das Gesicht ihm zugewendet, den Penis in der Vulva.
26. Galera = Galcre: wie No. 25, doch das Weib dem Manne den Rücken zuwendend.
27. Cavalcar in basto = Saumsattelreiten: wie No. 26, doch das Weib reitet querüber.
28. Alla moresca = nach Mohren- oder Maurenart; er liegt auf dem Bette mit auseinandergespreizten Beinen und das Weib ähnlich, doch hält sie die Beine hinauf auf die Schenkel des Mannes, den sie aufs Engste umarmt.
29. Argomento davanti: sie liegt seitlich, er steht vor ihr; sie reckt die Hinterbacken aus dem Bette hinaus.
30. Sonar coi piedi = Läuten mit den Füßen; sie liegt rücklings, hält die Beine nach außen, an die Mauer gestemmt, der Mann zwischen ihren Beinen. Inzwischen hebt sie ein Bein und senkt das andere.
31. Gambe in collo alla rovescia = Beine am Halse, verkehrt; sie liegt auf dem Bauche und hält ihre Beine auf seinen Schultern.
32. Calcagnetto = Ferslein: sie schlägt ihre Beine über seine Hinterbacken, wann die Ejaculatio kommt.
33. Il timpano – die Pauke: er liegt rücklings ausgestreckt auf dem Boden, sie in einem durchlochten Korbe, der mittelst eines Strickes, den der Mann in der Hand hält, an den Fußboden gehalten wird; er macht, dass das Weib sich auf ihn senkt und indem er den Penis in der Vulva hat, hemmt er so in der Luft den Strick, sodass der Korb sich nicht erheben kann, und indem er dann mit den Händen den Korb und das Weib herumdreht, ergötzt er sich.

14. Vom Zauberbann und Bannspruch.

Am meisten entzieht sich die Erotik den Nachforschungen fremder Besucher. In unserem Kulturkreis sind wir günstiger daran, doch fehlt uns durchgehend die Gelegenheit zur Beobachtung, denn gerade solche Bräuche und Anschauungen versteckt man aufs Sorgfältigste vor Neugierigen. In keiner Sammlung wird die Erotik auch nur annährend gestreift. Es entging den

Forschern dabei die Verbindung, dass der Hexenglaube und Zauberbann der Erotik entsprossen ist. Aber die folkloristischen Aufzeichnungen beweisen unwiderleglich die innigste Beziehung der Erotik zur Religion, die bisher nur einige wenige bevorzugte Geister unter den Sexualforschern sozusagen auf Umwegen mehr genial erkannt als auf Grund folkloristischer Ermittlungen für jeden klar dargetan haben.

Havelock Ellis, einem der namhaftesten Sexualforscher aller Zeiten, stimmt damit überein, der da bemerkt: „Der sexuale Trieb ist nicht, wie manche sich eingebildet haben, die einzige Wurzel der mächtigsten aller menschlichen Regungen, der glänzendsten menschlicher Fähigkeiten von Mitgefühl, Kunst und Religion. In dem komplexen, menschlichen Organismus, wo alle Teile so vielfaserig und verwoben sind, kann eine so große Kundgebung nicht auf eine einzige Quelle zurückgeführt werden. Aber der Sexualtrieb geht in großem Maße auf alle diese Regungen und Fähigkeiten über und gibt ihnen Form, auf Grund seiner ureigensten Eigenschaften: Er ist in erster Linie der tiefste und leidenschaftlichste der menschlichen. Triebe, in zweiter Linie – ungleich die einzigen menschlichen Triebe, dem er vergleichbar ist: dem Hunger – kann er sich zum großen Teil in eine neue Kraft umwandeln, die sich zu den außerordentlichsten und verschiedensten Dingen verwenden lässt."

*

So kommen wir zu den Zaubereien, wie z. B. zum Bannspruch gegen Ungewittergeister, Krankheiten usw.: Wenn der Hagel (-Schlag) die Felder zu vernichten droht, da soll sich ein altes Weib (oder ein Mann) aufdecken, den Arsch (die Scham) der Wolke zukehren und sprechen: Fleuch, o Wundererscheinung, vor der Wundererscheinung! Allhier ist ein größeres Wunder! – Also dreimal. Dies kann man bei allen Dingen machen, welche man schützen will und dabei die Göttin Hel anrufen in Stellung und Geste.

*

Auch das Haar steht immer in Beziehung zum Sexuellen. Nach einem ägyptischen Zauberpapyri gibt es die Vorschrift, sich eine Haarsträhne des begehrten Weibes zu verschaffen und sie als Lampendocht zu verwenden. Das zwingt das verzauberte Wesen, sich dem Zauberer zu verfügen. Dieser kann auch Haar in den Mund einer Mumie stecken und dem Totendämon, den er zu seinem Dienst lautmagisch zitiert, befehlen: Führe her die N. N., Tochter der N. N., an das Lager des N. N., Sohnes der N. N.

Die weiblich zugerichtet Figur vertritt das Opfer selbst; man schreibt Zauberworte – Runen – auf den Unterleib, und durchbohre es mit Nadeln, damit sie immer – an dieser Stelle – an einen denkt bei jeder sexuellen Handlung. Dabei wird Anubis, der hundsköfige Unterweltsgott beschwören und dieser erfüllt bei richtiger Anrufung die Zauberei. Ein Gebet, wo er verehrend enthalten ist, erleichtert die Sache.

*

Von allen Kultgeräten kommen Zaubermittel aus Papier am häufigsten in

Japan vor, und in jedem Haus finden man einige Dutzende davon. Unter den verschiedenen Arten gibt auch phallische. Ein weiteres Zaubermittel, das leichtes Gebären verbürgt, führt den tantrischen Namen Konsei; man beachte das O fürs Wasserelement, deren kreisrunde Form für die Vagina usw.!
Zu jedem Liebestrank gehört ein magischer, besser gesagt, ein raunender Spruch, ein passendes Lied, Gesang oder Hymne, der den Trank die Kraft zu wirken gibt. Je nach Zweck werden die magischen Bestandteile verwendet, ein Spruch geraunt, mit den Ideen die Buchstaben verbunden, die Bilder imaginiert, Gesten und Bewegungen getätigt, es gibt auch einen Rhythmus im sexuellen Verhalten, die entsprechende Gottheit wird angerufen, um die Handlung wirksam zu machen.

*

Den Ausdruck Legatura, den man in der magischen Terminologie zur Bezeichnung der Behexungspraktiken anwendet, gibt das Volk jenen Mitteln, die man braucht, um den Mann oder auch das Weib zu geschlechtlichen Funktionen unfähig zu machen. Dieser Name bliebe ein Mysterium, bedächte man nicht, dass das Mittel in einer wahrhaftigen Verknüpfung (Legatura) besteht, die, nimmt man sie mit einem Zwirnfaden an einem Gegenstande vor, der jener Person gehört, die man behexen will, oder der geeignet ist, diese Person vorzustellen (zu repräsentieren), zum Erfolg führt. Pflegt eine Konkubine, um ihren Beischläfer zu behexen und an sich zu fesseln, während des Koitus ein gelbes, ein rotes und ein schwarzes Band an ihren Fuß zu binden, so nehmen jene, die einen Mann impotent machen wollen, einige seiner Haupthaare, wickeln sie in ein Stück Ziegenbockdarm, schnüren diesen mit einem dreifachen Knoten zu, nämlich einem roten, einem gelben und einem schwarzen, und werfen das Ganze in ein unterirdisches Loch. Dieser Brauch ist ähnlich jenem, den Vergil in der VIII. Ekloge beschreibt.
Nach V. Ostermann rezitiert in Friaul der Zauberer oder die Hexe, die den Bräutigam hindern will, in der Brautnacht die eheliche Pflicht zu erfüllen, einige Sprüche in drei diversen Momenten der Trauung, wobei er jedes Mal des Gatten Namen erwähnt und gleichzeitig einen Hanf-, Seiden-, Wollfaden oder ein Rosshaar knüpft. Bei dieser Zeremonie genügt es, den Namen der Person auszusprechen, damit sie von der Behexungsabsicht getroffen werde, während man bei der anderen den Knoten am Kopfhaar macht. Das rührt vom magischen Glauben her, demzufolge ein Teil das Ganze vorstellt und vertritt (z. B. die Haare den ganzen Körper) und man den Namen als den persönlichen Ausdruck des Individuums ansieht. Man braucht nur daran zu denken, dass die unzivilisierten Völker aus ihrem eigenen Namen ein Geheimnis machen – den Namen mit der Tat!
Manchmal gebraucht man statt der Kopfhaare Schamhaare und das gemahnt daran, dass Braut- und Liebepaare ihre Schamhaare tauschen (wechseln). In einem Schändungsprozess wies ein Mädchen aus S. Cipriano di Caserta die Schamhaare vor, die sie als Liebepfand vom Verlobten bekommen hatte. Die

Freudenmädchen von Palermo tragen gegen den bösen Blick ein rotes Bändchen an die Locken (Haarbüschel) des Venushügels gebunden, während die Eheleute achtgeben, dass sie die Wäsche des Ehebettes nicht aus dem Fenster auf die Gasse hinaus lüften, da ein zufällig ausgerissenes Schamhaar von einer Hexe aufgelesen werden könnte, um das Ehepaar zu behexen. Aber – fragt man – welches ist der Daseinszweck des Knotens? Im Gedanken des Volkes hat der Akt des Knüpfens eine zwingende Kraft, sofern man meint, bringe man an einem einer Person gehörigen Gegenstände einen Knoten an, so werde die Person tatsächlich gezwungen, sich nach dem Willen des Behexenden zu bewegen. In der Tat, wie die Konkubine, um den Beischläfer an sich zu fesseln, zu binden, an ihrem Fuß im Moment der Begattung einen dreifachen Knoten anbringt, so bedient sich Virgils Hexe, um den untreuen Gatten anzuziehen, dreier Fäden, mit denen sie das Bild des geliebten Wesens umwickelt.
Die Legaturen an Bildern übt man noch heutzutage. Man macht eine Puppe aus Wachs, durchbohrt sie mehrmals mit glühenden Nadeln in der Lebergegend (=Leben!) und bei den Genitalien, wobei man jedes Mal den Namen der Person ausspricht. Diese Person wird sodann nicht nur keine Lust zum Koitus haben, sondern nicht einmal mehr eine Erektion des Penis haben. Im Altertum umschnürte man die Puppe mit dreifachem Knoten und man glaubte, dass gleichzeitig mit dem Schmelzen des Wachses das Herz der geliebten Person in Leidenschaft erglühe oder der Leib der gehassten Person sich auflöse. In diesen Fällen herrscht die Absicht desjenigen, der da zaubert. Darum sieht man in den magischen Bräuchen einen weichen Stoff, wie z. B. Wachs, angewendet, wollte man den Körper einer Person erweichen oder vernichten, hingegen einen harten Stoff, wie z. B. Kreide, wünschte man jemandes Herz hart zu machen.
Um den Ärmsten vom Zauber zu befreien, wendet man den entgegengesetzten Ritus an: Man macht eine kleine Wachsfigur und stellt sie auf den Altar. Während der Messe rezitiert das Weib, das den Gatten in die Kirche mitgenommen hat, einige runische Beschwörungsformeln mit ihren entsprechenden Ideen, Gesetzen, Analogien usw. Nachts naht sie mit liebevoller Miene und Geste dem Gatten und indem sie ihn mit Worten ermuntert und mit den Händen reizt, kann sie ihn vom Zauber befreien und ihn wieder zum Beischlafe tauglich machen.
Man darf nicht glauben, dass alle Legaturen gleich seien; sie variieren nach Form und Grad.
Eine Legatur kann je nach der Absicht einen Mann impotent machen, sei es gegen die Gattin oder verschiedene Weiber, und kann nicht bloß den Mann, sondern auch das Weib treffen. Die Theologen, die aus der Volküberlieferung so viele Vorurteile gesammelt haben, um sie zu bekämpfen, vermerkten sechs spezielle Formen von Impotenz, und zwar:

1. Erregung der Gefühle des Hasses, Ekels und der Antipathie zwischen

den Gatten,
2. dem Sperma wird die zeugende Kraft genommen,
3. einem der Gatten wird das Vergnügen der Paarung mit dem anderen gehemmt und sein Herz für eine andere Person entflammt,
4. Unterdrückung oder Beseitigung der Erektion des Penis,
5. Zusammenziehung der Scheide dergestalt, dass der Penis nicht hineinkann und dem Sperma der Weg versperrt ist,
6. die Scheide wird nicht feucht und heiß,
7. es wird zwischen die Gatten ein diabolisches oder böses Wesen geschoben.

Nicht selten tut man, statt den Zauber im Bildnis auszuführen, ins Bett, zwischen die Matratzen oder unter das Kopfkissen ein Ding, das man für geeignet hält, die Person zu behexen oder einzuschläfern, z. B. ein Säckchen mit Haaren und eine mit dem Blut der Liebenden beschmierte Stecknadel oder eine offene Schere mit nach oben gewendeten Spitzen. Sehr verbreitet sind diese Mittel, die man fast überall anwendet und die keinen obszönen Charakter haben. Die mündliche Überlieferung erwähnt die List eines Mädchens gegen ihren Kavalier, der im brennenden Verlangen, sie eine Nacht zu genießen, ihr versprach, er werde ihr eine hübsche Summe zahlen; kaum hatte er den Lustpfuhl bestiegen, schlief er ein und das zwei Nächte nacheinander, unter der Einwirkung einer Zauberfeder, die das Mädchen unter dem Kissen verborgen hatte. Endlich in der dritten Nacht fiel die Feder heraus, als er das Kissen zu sich zog, und vom Zauber befreit, konnte er das Mädchen genießen.
Während einige Scharlatane, um einen Mann impotent zu machen, nach der Vorschrift „Er züchtigt das Männchen mit Kampfergeruch in der Nase“ Kampfer und Wasser- oder Seerosen (Nixblumen) anwenden, die man für antivenerisch hält, wenn sie geschickt und zu passender Zeit eingegeben (gereicht) werden, verschreiben andere, um den Mann potent zu machen, Einreibung der Genitalien mit Rabengalle und Sesamöl oder Pflaster von Theriak und Hartheu (Hexenkraut) auf die Lenden. Bisweilen gibt man dem Impotenten Spechtfleisch, geröstet und gesotten, oder verbrennt im Ehegemach etliche Wachholderbeeren, die mit der Galle gewisser Fische eingeschmiert worden sind.

*

Aus der Überzeugung, das Innere des Menschen müsse mehr oder weniger dem Äußeren entsprechen, ist die Physiognomik entstanden, die uns lehrt, in den Zügen des Antlitzes und in den Körperformen die Neigungen und Bestrebungen der Menschen zu lesen. Zwei plumpe Kriterien, um aus einigen Gesichtszeichen auf die Dimension der Genitalien zu schließen, nämlich aus der Breite des Mundes auf die Weite der Scheide, aus der Größe der Nase auf die des Penis.
Die Form der Nase, die man für ein Zeichen von Sinnlichkeit hält (in verschiedenen Gegenden Kalabriens), ist die gekrümmte, wie beim

Ziegenbocke; sie erinnert an die lüsternen Satyrn!
Bezüglich des Mundes der Weiber bemerkt Ninni in der „Somatomanzia", unter der Bevölkerung der venezischen Küste sei der Mund ein Teil, der viel beobachtet werde, da er den Gedanken an die Dimensionen der Scheide wachrufe. Daher sagt man zu Venedig im Volke nicht ohne Bosheit: „Aus dem Munde erkennt man die Herrin des Hauses". Beim Mann sieht man nicht so sehr auf den Umfang des Mundes als vielmehr auf die Dicke der Lippen; man urteilt daher so als geilen Menschen.
Wie die Männer, deren Nasenlöcher sehr erweitert und so in die Höhe gerichtet sind, dass man die Nasenscheidewand sieht (weshalb man die Lustknaben in Rom frogi nennt, von froge = Nüstern der Tiere) sehr geil sind, so sind auch jene Weiber sehr penisgierig, die eine große Nase haben.
Einem niedlichen Gesichte entspricht häufig ein recht großer Podex; daher die Maxime: „Kleines Gesichtchen – Podex wie ein Backtrog".
Bezüglich der Augen, die der Spiegel der Leidenschaften und der Seele sind, sagt das Volk: Hüte dich vor den Mädchen, die zusammengewachsene Brauen haben, vor jenen, die in der harten Augapfelhaut perlmutterartigen Regenbogenschiller haben, vor jenen, die verdrehte Augen haben; vor jenen, die bewegliche Pupillen und flüchtigen (schweifenden) Blick haben – denn solche sind gar geil und penissüchtig. Liebe vielmehr die grauen Augen, die Ekstase bedeuten; die blauen die Liebe verraten, doch die weißen meide
In der „Akademie der Apathisten" zu Florenz wurde die Frage vorgelegt: Welche Augen sind schöner, blaue oder schwarze? Die blauen Ringe („Deutschmeister") um die Augen bedeuten Geilheit, wie auch die etwas bläulichen Schläfenadern. Aus der Farbe der Haare, die Stirne und Schläfen bedecken, schließt man auf die der Schamhaare; rothaarige Mädchen werden gefürchtet, da sie zum Ehebruch und Verbrechen neigen sollen, rothaarige Männer sind immer geil. Ein Rat für die geschlechtliche Zuchtwahl ist folgender:

„Nimm die Schwarze zur Geliebten
Und die Blondine zur Frau!"

vielleicht deshalb, weil man sagt:

„Die Schwarze will (koitieren),
Die Blonde kann es."

*

Italien, ist der Tummelplatz so vieler Völker, das Asyl verschiedener Kulturen war und wo der Glaube an die Jettatura (das Werfen von Unglück), an Hexereien aller Art und an die Verknüpfungen tief und weit eingewurzelt ist.
Man weiß, dass der Phallus immer großen Ruf als Mittel gegen Verhexung wegen seinem schöpferischen Aspekt genossen hat und noch genießt, so dass

er sogar selbst den Namen fascinum (im Latein. = männliches Glied) bekommen hat. Die Alten verfertigten Phalli von allen Dimensionen und aus allen Stoffen, (Holz, Metall, Glas, Teig) und hielten sie allenthalben, selbst am Halse der Mädchen! Die Kalabrerinnen, die Kinder zu empfangen wünschten, trugen Amulette aus Metall in Gestalt eines Penis am Halse, – ähnlich dem Tutunus oder Priapus (Götter der Fruchtbarkeit). Die römischen Damen trugen sie am Leib, um sich mit dieser göttlichen Idee zu verbinden!
In Florenz (in Toskana) gab es ein Mädchen, das im Strumpfe einen kleinen goldenen Penis verbarg, der so gemacht war, dass er nach Belieben senkrecht gestellt werden konnte. Sie nannte dieses Juwel ihr Porte-bonheur, denn verlöre sie es, so meinte sie, hätte sie die Liebhaber und die Kunden verloren, die sie im Bordell besuchten. Dieses Faktum erinnert mich an Tätowierungen, die den Penis vorstellen und die sich die Freudenmädchen auf der Haut anbringen lassen. Das ist nicht bloß ein Zeichen der Klasse (Schicht), sondern ein Schutzemblem, sogar ein Köder für Kunden und gute Geschäfte.
Der nur ungebildete, naive Mensch kein Verständnis dafür! Er kann keine klaren Grenzen ziehen zwischen unbewusster Psyche und äußerer Welt. Die Frau ist mit den Mondphasen verbunden, mit Wachstum, Blühen und Reifen, mit Verderben und Sterben. Neun ist ursprünglich eine heilige Zahl. In Liefland brauchen die Bauern immer neun verschiedene Kräuter, wenn sie heilende Getränke herstellen. Während neun Monaten wächst das Kindlein im Bauch der Mutter heran. Neun Tage hing Wotan oder Odin, der nordische Gott, an der Weltesche. Nachher konnte er das Geheime erkennen. Er hatte den Tod durchlebt. In fast allen Kulturen ist die *Neun* eine unzerstörbare Zahl, die Zahl der dreifachen Triade, der dreifachen Vollständigkeit also. Für die Pythagoräer ist die Neun die Grenze der Zahlen, weil alle anderen in ihr existieren und in ihr wiederkehren. So symbolisiert die Zahl neun Anfang und Ende. Alle neun Jahre fanden an der Orakelstätte zu Delphi die großen Opfer statt. Auch die Opfer der Germanen in Uppsala wurden alle neun Jahre durchgeführt. Sie dauerten neun Tage, und jeden Tag wurde neunmal geopfert.
Der dazugehörige Spruchzauber ist sehr alt. Zaubersprüche gehören zu den ältesten literarischen Zeugnissen in deutscher Sprache. Wenn ich etwas nenne, beim Namen rufe, schaffe ich eine Beziehung dazu. Das Gebet schafft Beziehung zum angerufenen Heiligen. Er bittet für mich bei Gott. Der Zauberspruch erreicht, dass ich selber vernommen werde. Dazu gehört die rhythmisierte, reimende Sprache und der gesungene Vortrag. Die angerufenen Götter werden auf den Zauberer eingehen. Anders verstanden: Der Zauberer spricht in der Sprache der Schöpfung, der Runen! Er vereinigt sich dadurch mit ihr und erhält Einfluss auf sie.
Die Runen, die der Gott aufgenommen hatte, enthielten die magischen Kenntnisse, jenes verborgene Wissen, das man nur zwischen Leben und Sterben selbst erfahren konnte. Darum hing Wotan am Baum neun Nächte lang, durch Nacht zum Licht! Deshalb zeichnet Blindheit in den Mythen und

Märchen oft Menschen aus, welche nach innen schauen, das Geheimnis in den verborgensten Kammern ihrer Seele wahrnehmen. Einäugige Menschen, die – besonders etwa auch als Schicksalsgottheiten – in Märchen auftreten und der Heldin, dem Helden die Fähigkeit sich zu verwandeln oder wichtige Zauberdinge schenken, haben oft nur ein einziges Auge. Mit einem Auge schauen sie in die Außenwelt, mit dem anderen, dem fehlenden oder blinden, schauen sie nach innen, in die Wahrheit der Seele. Deshalb müssen wir uns eine vorurteilslose Sehweise, Wahrnehmungsweise angewöhnen.

Im Gebiet von Cosenza pflegt man nach altem Brauche auf die äußeren Mauern der Häuser und besonders auf das Haustor, auf die Stubenwände, auf die Möbel, aufs Geschirr mit weißer, roter oder schwarzer Farbe einen Achter und einen umgekehrten Neuner zu machen; bisweilen macht man dies aus Schmiedeeisen. Das Volk nennt ein solches Amulett „acht und neun“. Natürlich sind diese Ziffern eine Anspielung auf etwas anderes.

Betrachtet man die geneigte (gestürzte) Stellung des Neuners gegenüber dem Achter, der die Testikel graphisch darstellt, so kann man erkennen, dass die Neun den Penis vorstellt. Im Folgenden einige verbreitete Arten der Stellung der zwei Ziffern:

Hat der Leser je auf den Toren der Häuser im alten Pompeji den Penis samt Hoden gesehen? Hat er einen bronzenen Phallus gesehen, bestehend aus erigiertem Penis nebst Testikeln? Nun gut – er betrachte den Achter und Neuner und wird darin den stehenden Penis nebst Hodensack agnoszieren. Im Laufe der Jahrhunderte, beim Übergang von den heidnischen Zeiten in die Zeit der christlichen Zivilisation, die jede Obszönität verbannt, ist die Phallusfigur, die gewöhnlich auf die Hausmauern gezeichnet wurde, verhüllt und deren Name geändert worden. Und so entstand der „Achter und Neuner“ statt des Phallus.

Zum Akt gehört das als Ausruf: „Otto e nove!“, wobei man die Rechte so hält, dass die 2 mittleren Finger geschlossen und die zwei äußeren (kleiner und Zeigefinger) ausgespreizt gehalten werden – so erhält man die Figur von zwei Hörnern, die etwas Schöpferisches vorstellen sollen. Diese Hand hing man den römischen Kindern um den Hals, weil sie die Kraft haben sollte, die Behexung fernzuhalten. Diese phallischen Gesten, welche den Phallus an die Halskette hängt, aber in dezenterer Weise als im Altertum, nämlich in Gestalt einer Hand aus roten Korallen, die die Feige zeigt oder den Mittelfinger ausgestreckt und die übrigen eingebogen hat, so führe man doch diese beiden Akte mit der Hand nur aus, wenn man die gefürchtete Behexung durch eine verdächtige Person fernhalten will. Dazu hebt man die flache Hand empor, und sagt: „Und dies ist die Feige“. Dann schließt man die Hand, indem man mit Daumen, Zeige- und Mittelfinger die Feige macht; weiter sagt man lautmagisch betont:

„Und auf der Feige
Ist das Blättchen,
Um die Gedärme zu verzehren.
Knochen und böser Knochen,
Weinen und Gähnen,
Schimmel (= Muff) und Melancholie,
Hinaus aus meinem Hause!

Nachdem man diese Formel rezitiert hat, wiederholt man mit innigem Vertrauen dreimal: Sticchiu, wobei man sich mit der Hand, die die Gesten gemacht hat, dreimal auf den Nabel schlägt. Sticchiu heißt auf Sizilien die Scheide, also = fica. Die Anrufung oder Erwähnung des *Feigenbaumes* erinnert an den Kult, den man im Altertume diesem Baume erwies, der dem Priapus geweiht war, zu dessen Ehren man beim Feste Feigenzweige trug, die von phallischen Idolen überragt wurden.
Die Feige jedoch kann nicht bloß mit der Hand, sondern auch mit der Zunge gezeigt werden, indem man ihre Spitze zwischen zusammengepressten Lippen sehen lässt
Auf einen ähnlichen Brauch (mit Geste) muss sich die kurze Strophe im Dialekt von Messina beziehen, die im III. Bande der Kryptadia veröffentlicht ist, denn sie hat keinen anderen Charakter als den einer Beschwörung gegen die Invasion der Raupen, die die Felder überfallen und die Produkte beschädigen:

Ich verwünsche dich, Raupe,
Die Scheide deiner Schwester brennt und lodert,
Da komme ich mit meinem Penis,
Töte alle Raupen.

Vielleicht geht jener, der diese Verse spricht, rings um das Feld, indem er den Penis zeigt oder ihn einfach berührt. So allgemein ist der Brauch, den bösen Blick oder die Jettatura zu beschwören, indem man die Hand auf die Schamgegend, auf den Penis oder auf den Hodensack hält. In Cassano (Provinz Cosenza) herrscht folgender Brauch: Wer das Gewitter zu beschwören beabsichtigt, das hereinzubrechen droht, lässt die Hosen herunter, indem er dreimal wiederholt: „Abraham, Abraham, erinnere dich an jene 3 Worte, die Jesus am Kreuz an dich gerichtet hat!“ In diesem Faktum ist ohne Zweifel eine Erinnerung an das lautmagische Beschreien; und der Name Abraham, der in die Formel aufgenommen ist, sagt Dorsa, ist ein Überbleibsel

der gnostischen Tradition, nach welcher man die runischen Zaubersprüche mit den Namen der Patriarchen und die christlichen Gebete in eins vermengte.
Im antiken Kappadozien gingen die menstruierenden Weiber, um die enorme Menge von spanischen Fliegen auszurotten, über die Felder, um ihre zerstörerische Schwingung zu verbreiten, wobei sie die Kleider bis zu den Hinterbacken aufhoben, so herrscht auch in unseren Zeiten in Umbrien die Meinung, um nach langem Regen wieder heiteren Himmel zu bekommen, genüge es, dass ein menstruierendes Weib den Wolken ihre Scham zeige, wobei sie auf ein Dach oder auf eine Terrasse steigt. Es ist klar, dass bei dieser Zeremonie nicht die Entblößung des Hinteren die Hauptsache ist, sondern das Zeigen der mit Menstruation besudelten Scheide.
Nicht minder ist die verbreitete Sitte, die Faust geschlossen und den Mittelfinger ausgestreckt zu halten; dieser wird bisweilen in den Mund gesteckt, um ihn einzuspeicheln, und dann dem Feind hingehalten mit den Worten: „Abballa cca“, das heißt, setze dich auf diesen Zapfen (Pflock) und tanze drauf mit dem Podex.
Diese Geste war den alten Römern schon bekannt, wie Seneca, Sueton und Martial bezeugen; damals hieß der Mittelfinger schamloser Finger.
Bei den Römern war folgendes Zeichen von der gleichen Schimpflichkeit: sie streckten den Mittelfinger aus und bogen die anderen Finger ein; und in dieser Gestalt bot die Hand das Bild eines Penis nebst Hoden. Seneca weist in der 52. Epistel auf diese Geste hin.

15. Die Macht der Vulva:

Die Göttin Baubo ist eine Gestalt der griechischen Mythologie, die besonders in den Mythen der frühen Orphiker auftaucht. Sie gehört zum Mythos der Fruchtbarkeitsgöttin Demeter. Die Gestalt Iambe als Vulva aus den Homerischen Hymnen wird mit ihr identifiziert.
Baubo ist eine Einwohnerin von Eleusis, ist mit Dysaules verheiratet und die Mutter von Triptolemos und Eubuleus sowie der Töchter Protonoe und Nesa.
Schon ihr Name weist auf die Verbindung zum eleusinischen Mysterienkult hin: Baubo bedeutet Leibeshöhle oder Bauch. Gemeinsam mit Baubon wird sie – wie das Paar Iambe/Iambos – als Personifikation der Sexualität bzw. der Vulva gedeutet. Ihre zugeordneten Kulthandlungen hatten apotropäische Bedeutung; so nennt man Handlungen, die Dämonen austreiben oder Unheil abwenden sollen. Es handelt sich um Maßnahmen im Rahmen eines Abwehrzaubers, mit denen schädigender Zauber ferngehalten oder unwirksam gemacht werden soll.
Aus ihrer Rolle im eleusinischen Mysterienkult ergibt sich auch Baubos Aufgabe als Begleiterin der Demeter: Nach der Entführung ihrer Tochter

Persephone durch den Unterweltsgott Hades trauert Demeter und wird von Baubo durch obszöne Scherze aufgemuntert. Konkret gehörte zu diesen Scherzen das Entblößen der Vulva.
Hierher reiht sich wunderbar die folgende japanische Begebenheit: Eine merkwürdige Schaustellung möchte ich hier passend erwähnen, weil sie sich eines gewissen Rufes erfreute und sogar zur Bildung eines besonderen Ausdrucks führte. Es handelt sich um das Eheweib eines Gemüsehändlers, die zeitweise in ihrem (nach außen vollständig offenen) Laden ihre Geschlechtsteile zur Schau stellte, um lüsterne Kunden anzulocken und ihnen von ihren Vorräten etwas zu verkaufen. Man könnte aus dieser Beschreibung vermuten, dass es der Frau gar nicht, um das Anlocken von Kunden zu tun gewesen sei, sondern dass sie, aus uraltem Glauben heraus, ihren Cunnus sowohl als glückbringend, als auch als Böses abwehrend entblößte.
Auch bei Arnobius wird solch ein Vorgang beschrieben, wie Baubo die von der Suche nach ihrer Tochter völlig erschöpfte Demeter (Ceres) bei sich aufnimmt, sie bittet, sich nicht ganz zu vernachlässigen, ihr Kykeon bringt, einen Mischtrank aus Wein und Getreide, den die Göttin aber ablehnt und sich in keiner Weise in ihrer Trauer ermuntern lässt. Da greift Baubo zu anderen Mitteln: Sie geht und macht ihren Unterleib glatt und weich, wie ein Kind (d. h., dass sie die Schambehaarung rasiert), dann kehrt sie zurück, beginnt Scherze zu treiben und deckt schließlich ihren glatten Unterleib auf.
Und Clemens von Alexandria zitiert aus den Orphika die entsprechende Stelle:

Sprach's und raffte empor die Gewänder und zeigte
die ganze Bildung des Leibs und schämte sich nicht.
Und der kleine Iakchos
Lachte und schlug mit der Hand der Baubo unter die Brüste.
Wie nun die Göttin dies merkte,
da lächelte gleich sie von Herzen.
Nahm dann das blanke Gefäß,
in dem ihr der Mischtrank gereicht war.

Wie wir schon mehrmals anführten, ist diese Geste der Baubo als Parallele und Entsprechung zur Präsentation des Phallos im Kult des Dionysos zu sehen. Dementsprechend hat man gefolgert, dass die Baubo-Darstellung (also Frauenbildnisse mit entblößtem Unterleib, meist mit weit gespreizten Schenkeln) eine apotropäische Vulva sei, so wie das Fascinum ein apotropäischer Phallos ist.
Als kunstgeschichtlicher Begriff werden als Baubo-Figurinen oder kurz Baubos eine Gruppe relativ kleiner Terrakotta-Figurinen bezeichnet, die vorwiegend aus dem griechisch-römischen Ägypten stammen und kauernde Frauen mit entblößter Vulva zeigen. Man vermutet, dass sie dem Kult der Isis bzw. der synkretistischen Verschmelzung von Isis und Demeter sowie von

Osiris und Dionysos zuzuordnen sind.
Dass die Gottheiten untereinander in Beziehung stehen, dürfte hinreichend geklärt sein. Tefnut, die Herrin der Flamme, war zusammen mit ihrem Bruder, dem Luftgott Schu, die erste, die aus dem Körper der Schöpfergottheit Atum hervorgegangen ist, und somit entstand die Zweigeschlechtlichkeit. Über die Abstammung Tefnuts existiert noch eine weitere Version, in der sie und Schu Kinder der Isis sind und in Chemmis geboren wurden. Im Planetenkapitel des Nut-Buches wird die Geburt der Tefnut im Zusammenhang der Geburt von Horus beschrieben: „Der Jüngling in der Nut, er entfernte sich mit seinen Händen. So wurden seine beiden Hände zu einer Vulva, indem seine beiden Arme um sie herum waren. Atum begann zu sprechen: `Dieses, was aus meinen Lippen hervorkam, was ich in meine Hand spuckte, die eine Vulva war, das ist dieses: Schu und Tefnut, Ka und Kat´. So streckten Isis und Nephthys ihre Hände dem Horus entgegen, um ihn zu empfangen, als Isis ihn gebar und er aus ihrem Leib hervorkam."
Neben der mythologischen Vorstellung, dass Atum die Götter Schu und Tefnut durch heilige Masturbation erzeugte, beschreibt das Nutbuch eine abweichende Schöpfungsversion. Tefnut wird als Kat und somit als Vulva definiert. Die Ausführungen des Nutbuches spielen auf die Pyramidentexte an, wo Atum seine Arme in Form der Hieroglyphe Ka um Schu und Tefnut legt, um beide zu beseelen. Während das Ka in Atum noch zweigeschlechtlich ist, trennt Atum durch diesen Schöpfungsvorgang das Ka in das männliche (Ka) und weibliche (Kat) Prinzip. Die Bezugnahme auf die Geburt des Horus verweist auf Haroeris als kosmischer Horus. Sein linkes Horusauge symbolisiert den Mond und Tefnut; das rechte Horusauge die Sonne und Schu. Bei Atum handelt es sich aufgrund von anderen Aussagen in den Pyramidentexten wahrscheinlich um eine Gleichsetzung mit dem kosmischen Horus als Haroeris, der öfter auch als 10. Gott der Neunheit von Heliopolis benannt ist.
Schu und Tefnut bildeten das Paar, das die Götter erzeugt hat, Sie gelten als Eltern des Erdgottes Geb und der Himmelsgöttin Nut. Überall, wo Tefnut erwähnt wird, geschieht dies zusammen mit Schu, sie sind die Zwillinge schlechthin. Auch wird Tefnut nicht als Löwin, sondern als nubische Katze beschrieben. Wenn aber Zorn sie packt, verwandelt sie sich immer wieder in eine wilde Löwin. Tefnut ist die Uräusschlange, die zugleich als Sonnenauge wirkt. Im Mythos *Die Heimkehr der Göttin* heißt es: „Der Festjubel ist mit dir fortgezogen, die Trunkenheit verschwand und wurde nicht gefunden. Schlimmer Streit ist in ganz Ägypten. Der Festsaal des Re ist erstarrt, die Trinkhalle des Atum ist bedrückt. Sie alle sind mit dir fortgezogen und haben sich vor Ägypten verborgen. Man ist in Heiterkeit unter den Nubiern."
Die ungebändigte Kampfeslust der Löwin entlädt sich nun in ihrer Macht als Stirnschlange des Re. Der Papyrus Harris sagt: „Wenn Re den Himmel jeden Morgen durchfährt, dann ruht Tefnut auf seinem Haupt und sendet ihren

Feuerhauch gegen seine Feinde“. Die Doppelseitigkeit ihres Wesens kommt auf einer Inschrift in Philae zum Ausdruck: „Als Sachmet ist sie zornig, als Bastet fröhlich“. Beide, Sachmet, die grimmige Löwin, und Bastet, die heitere Katze, sind in Tefnut vereint. Nach der späteren Verschmelzung der Götter Atum und Re zu Atum-Re wurden Schu und Tefnut damit auch zu Kindern des Re.

*

All dies ist auf Sexualität begründet, auf Zeugung und Fruchtbarkeit. Doch kann die Frage aufkommen, wie man die weibliche Fruchtbarkeit rituell fördern will? Dazu betrachte man die in der Folklore angegebenen Möglichkeiten:

a) Wenn eine Aussaat gedeihen soll, ist es gut, dass sich ein Bursche mit einem Mädchen auf dem Felde splitternackt begatte unter Anrufung der Fruchtbarkeitsgötter, die wie oben erwähnten. Das Weibsbild darf nicht vergewaltigt werden, vielmehr muss es einverstanden und bereit sein und sich unter den Jüngling legen. Die Stelle, wo man den Beischlaf vollzieht, heißt man Vögelplatz. Im Bruchstück einer Segnungs-Predigt nimmt sogar der Pope auf diesen Brauch Bezug, obwohl er den Ritus offiziell missbilligt.

b) Beschläft der Hausvorstand mit Konzentration auf den Wunsch sein Weib unter einem Fruchtbaume, die Säfte fließen zur Wurzel, so fördert dies das Gedeihen der Früchte.

c) Eine Frau, zumal eine schwangere, braucht nur nachts im Neumond drei Mal um einen Fruchtbaum, um den Lebensbaum, nackt und masturbierend herumzulaufen und der Baum wird reiche Früchte tragen.

All diese Praktiken werden weltweit angewandt. Zur leichteren Verwirklichung des Wunsches kann man dem Farn – der dem Gott Saturn angehört – schwarzen Tee geben, dann ist der in ihm innewohnende Geist gerne bereit, einen Wunsch zu erfüllen, ihn zu verwirklichen. Die irdischen Götter – Dämonen – wollen immer etwas für einen Wunsch haben. Gott Luzifer will einen Tanz, der assyrische Baalzebuth will Mist für seine Fliegen. Darüber ist er so froh, dass er einen Wunsch verwirklichen hilft. Doch zum Gelingen des sexuell-magischen Aktes gehören noch dazu:

- Klänge der Musik;
- der körperliche Sex soll zur göttlichen Handlung werden;
- kräftige angemessene Stöße im Takt der Musik;
- gezielte Berührungen der Vulva, des Körpers zur besseren Erregung;
- völlig passendes Stimulieren, die Tiefen der Vulva erforschen durch Griff, Berührung, Zärtlichkeit bis zum Höhepunkt;
- völlige Erfüllung der sexuellen Liebe;
- der Akt muss zur Kunst-Sexus werden, denn die Nacktheit, die Erotik hängt mit dem griechischen Gott Eros in Verbindung;
- man gibt sich seinem Partner/in völlig vertrauensvoll hin wie zwei

innig Liebende;

- man geht im Anderen auf;
- Spiegelwände verdoppeln die erotische Wirkung und werfen die Bilder verstärkt zurück;
- kreisende Bewegungen im Takt des Rhythmus der Stöße;
- auch der orale Sex drückt eine Macht über den Partner aus, der einzig und allein bestimmen kann, wenn der Höhepunkt erreicht wird;
- Kissen zur Unterstützung verwenden oder beim Liegen die richtige Lage zu finden. Alles muss möglichst bequem sein beim Stehen, Liegen, Sitzen oder Gehen. Wohltuend und harmonisierend müssen die Asanas wirken;
- der Atem muss abgestimmt sein: Mondatem – Chandra – passive Seite – Ida – Magnetisch – Wasser und Erde;
- Sonnenatem – Surya – aktive Seite – Pingala – Elektrisch – Feuer und Luft;
- Susumna-Atem – Akasha – Mitte = Saturn.

Deswegen kann man ein Jungfernpergament mit Sigillen in die Vulva einführen, das durch einen lautmagischen Akt geheiligt wird. Man muss sich vorstellen, dass das Pergament mit dem glückbringenden Phallus und der Vulva in Berührung gewesen ist und dabei der schöpferische Akt der zwei Fluide vollzogen wurde. Nach dem Akt wird es getrocknet und für verschiedene Zweck verwendet. Ein Haus kann in Zukunft vor jeder Heimsuchung oder schlechten Einflüssen beschützt werden, wenn man solch ein Papier quer vor den Eingang anbringt, oder ansteckende Krankheiten fernhalten, Glück bringen, wenn man es bei sich trägt usw. Die Sexualmagie bietet ein weites Feld der Versuche, sofern man den Weg der Mitte schreitet und den Ausgleich anstrebt.

16. Sexuell-kultische Messen:

Man kann nie ein fremdes Land und deren Kultur, Sitten und Bräuche verurteilen, wenn man nicht selbst zu 100% objektiv ist, d. h., dass man sich vollkommen im Gleichgewicht befinden muss, um ein richtiges Urteil abzugeben. Das große Gesetz der zeugenden und alleserschaffenden Liebe beherrscht und regiert nämlich wörtlich die Welt. Keine einzige Religion hat sich davon freimachen können. In den alten Religionen spielt es eine bedeutende Rolle.

Zoroaster empfiehlt z. B. den Zeugungsakt durch das runische Gebet zu heiligen: „Ich erflehe von Dir, o Ormuzd, die Freuden, die Reinheit, die Heiligkeit. Bewillige mir ein langes und gut angewendetes Leben. Gib den

Menschen reine und gesunde Freuden, auf dass sie stets zeugungsfähig, stets in Wonne sind."
Wenn sich die Chaldäer an ihre Gattinnen wendeten, wurden sie weit realistischer; die wörtliche Übersetzung einer wahrscheinlich im Alkoven eines Frauengemachs aufgefundenen Inschrift lautet: „Öffne deine Vulva, damit ich meine Wünsche erfüllen kann!"
In Bezug auf schwangere und stillende Frauen begegnet man den folgenden Formeln: „Wenn Du eine schwangere Frau antriffst, deren Gebärmutter hervortritt, in Unordnung kommt, sich aufregt, draußen zu sein, sich derartig verschließt, dass sie nicht gebären kann, so sprich (lautmagisch) gegen alles dieses den mystischen Namen der Erde – Babalon – und den des Himmels aus und alles wird verschwinden."
Die Assyrier beteten auch Baal-Peor oder Belphegor, eine Art Gott wie Priapan, an, dessen Tempel nichts anderes als Stätten der sexuellen Gnosis waren. Der Erzteufel Belphegor wird von Pluto in diese Welt mit der Verpflichtung geschickt, um sich ein Weib zu nehmen. Er kommt, nimmt eins, aber da er ihren Hochmut, ihre irdische Macht, nicht ertragen kann, zieht er es vor, wieder in die Hölle zurückzukehren.
Nach den Erklärungen, die uns Rosenbaum gibt, bezeichnete der Name Baal Peor bei den Hebräern den Gott Penis, den Priap der Römer. Sein Tempel stand auf dem Berge Peor, und die jungen Mädchen kamen dorthin, um sich zu prostituieren.
Gehen wir nach Ägypten. Herodot konstatierte, dass sich alljährlich 700.000 Pilger zu Bubastis, während der Isisfeiern einweihen ließen. Nach Dupouy trugen die Priester der Göttin bei den heiligen Zeremonien die mystische Getreideschwingen, welche Korn und Kleie enthält, jedoch nur das erstere behält und das zweite auswirft. Die Priester des Gottes trugen das heilige Tau (T auch Tyr oder der Thron der Isis) oder den Schlüssel, der die bestverwahrten Schlösser (Vulven!) öffnete. Oft leitet man in der allgemeinen Symbolik das Tau der senkrechten Linie ab und sagt: Die Linie, der Buchstabe I, ist das erste Symbol, welches den Menschen darstellt. Durch den darübergelegten Querbalken über der Linie wird dieses gleichsam überschattet, und dieser Querbalken stellt symbolisch die Begrenzung des menschlichen geistigen Aufstieges dar. Es versinnbildlicht den Himmel, die kosmische Gottheit. Dieses Tau stellte das männliche Glied (aktiv) dar, die Schwinge, der Querstrich (auch die Ähre) den weiblichen Geschlechtsteil (passiv). Dazu kam noch das Auge mit oder ohne Brauen, welches bei den Attributen des Osiris an die Seite des Taues trat, um die Beziehungen der beiden Geschlechter anzudeuten. Ebenso trugen bei den Isisfeiern, unmittelbar hinter der säugenden Kuh, geweihte junge Mädchen, die man Cistophoren (Fruchtkorbträgerinnen) nannte, die mystische Ciste als Sinnbild der Vagina (Binsenkörbchen), und hinter ihnen ging eine Priesterin, die in ihrem Busen eine goldene Urne trug, in welcher sich der Phallus befand, der nach Apulejus des höchsten Wesens

ehrwürdiges Bild und Werkzeug der allergeheimsten Freuden war. Das Wunderland Ägypten war wohl auch das Land, wo jener uns so seltsam anmutende erotisch-religiöse Gebrauch entstand, den wir schlechthin als Beschneidung bezeichnen. Die Beschneidung der Knaben wurde seit undenklichen Zeiten (nach Herodot) bei den alten Kolchern, Ägyptern und Äthiopiern vorgenommen. Sie war dort, wie es scheint, ursprünglich nur Landes- und Volkssitte, keineswegs durch Religionsgesetze vorgeschrieben. Herodot sagt ausdrücklich, dass die Ägypter lediglich der Reinlichkeit wegen die Beschneidung übten.

In Griechenland, später in Rom und in ganz Italien, stand der Phallus- und Priapkult in Ehren. Nach Berard ist Hermes in ganz Griechenland zumeist durch eine Büste auf einer Halbsäule dargestellt, die fast stets ein aufgerichteter Phallus schmückt; dieser Cippus des klassischen Altertums ist nur die vervollkommnetere Form des rohen oder kaum behauener Steines, den man wie einen Druidenstein (Menhir) in die Erde gesetzt hat. Auch sind diese Halbsäulen nichts anderes als die Angab oder ngab der Araber, als das Negib der Phönizier, die Hammanim der Hebräer, diese heiligen Steine, die der Semit als Abbild oder besser als Wohnung der Gottheit beth-el verehrte, woraus die griechischen Bätylien entstanden.

Bei den Arabern, wo das Grabmal eines gewissen Scheichs von einem großen Phallus aus Basalt überragt wird, der durch die Küsse der Weiber, die auf diese rituelle Weise, die ihnen von der Natur versagte Fruchtbarkeit zu erlangen hoffen, stark abgenutzt sein soll.

Sogar in England, in der Nähe von Durham, gibt es in den Volksgebräuchen offenkundige Anklänge an diesen Kult.

Man darf dabei nie vergessen, dass in all diesen Kulten der schöpferische Liebesakt des Fiat Lux steckt, der schönste aller Lobgesänge.

*

Beim sakralen Koitus wurde im alten Indien bei dem überaus feierlichen mehrere Tage währenden Soma-Opfer ein Paar verpflichtet, auf dem Opferplatz öffentlich den zeremoniellen Akt von *Ihm* und *Ihr* zu vollziehen. Bei der Schilderung der erotischen Zeremonien Indiens beschreibt Lamairesse die Gebräuche der linken Hand, welche die beiden Geschlechter vereinen und jeden Kastenunterschied aufhören lassen. Bei diesen geheimen Festen verehren die mit Fleisch und geistigen Getränken eucharistisch geladenen Teilnehmer die Shakti unter der Gestalt der Frau, welche zumeist diejenige eines der Anwesenden ist; sie wird ganz nackt auf eine Art von Postament gelegt, und ein Eingeweihter in die Wortmagie vollzieht das Opfer durch den Eros-Akt. Die Zeremonie endet gewöhnlich mit einer allgemeinen Begattung, indem jedes Paar Shiva und seine Shakti verbindet, es repräsentiert und mit ihnen identisch wird. Aufgegangen, d. h. in tiefer Konzentration in dem Gedanken an die Gottheit, und ohne die Befriedigung der Sinne zu suchen, muss der Gläubige diese Handlungen erfüllen. Die Vorschriften, welche diese

Gebräuche lehren, sind von erhabenen moralischen Theorien, sogar von Askese erfüllt.
Bei dem Rossopfer legte sich die Hauptgemahlin des Königs, sobald das Tier verendet war, dessen Penis in den Schoß; dieselbe Pflicht hatte die erste Gemahlin des Königs auch bei dem Menschenopfer.
Der heilige Wagen, auf dem die Götterbilder durch die Straßen geführt werden, zeigt in Mazulipatam eine Gruppe von 6 Personen, nämlich einen Mann der 5 Frauen mit der Zunge, den Händen und Füßen sexuell in ekstatische Erregung versetzt.
Der heilige Wagen in Chandernagor zeigt eine Gopi (Hirtin), die sich, Krishna selig anblickend, verzückt aber zeugend masturbiert.
Es liegt der Gedanke nahe, dass bei dem sakralen Koitus und der Onanie vielmehr der Gott der Fruchtbarkeit, die Gottheit der Kräftemehrung angerufen wird, bzw. dass man dadurch auch die irdischen Gottheiten der Materie anrufen kann. Wir belegen diese Ansicht einmal mit den in früheren Jahrbüchern gebrachten südslawischen Angaben von Dr. Krauss weiter mit dem Brauch, der bei den Bewohnern des zur Gruppe der Molukken gehörenden Eilandes Nussalaut hinsichtlich der Gewürznelkenkultur üblich ist. Deutet nämlich der Stand der Pflanzungen auf sehr geringe Ernte, so begibt sich der Mann nachts nach seinen Gärten, legt die Kleider ab und versucht die Bäume fruchtbarer zu machen, indem er stehend Koitusbewegungen macht. Inwieweit die sakrale Onanie ähnliche Vorstellungen von Fruchtbarkeitsmehrung birgt, liegt an der geistigen Entwicklung des Auszuübenden.
Der sakrale Koitus symbolisiert die schöpferische Urkraft. Den reinen sakralen Koitus selber symbolisieren Linga in Verbindung mit der Yoni, der religiösen Hingabe mit einer Frau.
Einen sakralen Koitus schildert uns Delaporte, indem er von der Koremandel-Küste erzählt: „Die Priester verehren öffentlich den Gott Priapus, den sie Lingan nennen und tragen eine erotische Figur am Halse, der sie eben denselben Namen geben, und welche das Sinnbild dieses schöpferischen Gottes ist. Dieses wird durch Küsse verehrt, um sich lautmagisch durch den Mund einen Wunsch zu verwirklichen.
Kraft eines eingeführten Gesetzes von diesen linguistischen Priestern, müssen alle jungen Frauen sich durch sie ihre Jungfernschaft nehmen lassen."
Sellon berichtet von den Kauchiliias, einer Sekte der religiösen Shaktas, die zu ihren Festen folgendes veranstalten: „Gelegentlich der Abhaltung des Gottesdienstes legen Frauen ihre Schnürleiber in eine Kiste, die der Guru, d. h. der Priester in Obhut nimmt. Nach Beendigung der Feier nimmt jeder der Gläubigen einen der Schnürleiber aus der Kiste, und die Frau, der es gehört, wird für die Nacht seine Partnerin und wäre es die eigene Schwester."
Lamairesse erzählt von einer Sekte der Bhakta, dass sie bei ihren Zusammenkünften dem Shaktidienst huldigen, indem sie eine Frau völlig

nackt auf eine Art von Piedestal stellen, und dass dann einer aus der Sekte das Opfer durch den mystisch-erotischen Akt vollzieht." Schmidt bringt in seinem Werk über Liebe und Ehe in Indien noch mehr solcher Beispiele.

Gott Hannman verleiht Nachkommenschaft; daher gehen in Bombay bisweilen Frauen frühmorgens in seinen Tempel, ziehen sich nackend aus und umarmen die Gottheit. Also auch hier ein sinnbildlicher sakraler Koitus. Auch in der Defloration durch Dritte können wir wohl noch Ausartungen der sakralen Kohabitation sehen. Geradezu zwingend ist diese Annahme, wenn wir erwägen, dass in Kambodja ein geschulter Priester die Gattin, die die Shakti repräsentiert, mit einem Finger, den er in imprägnierten Wein tauchte, stimuliert und ihr dadurch die erste und höhere Idee einimpft, und dass nach altsamoanischem Brauch diese Art der Defloration bis in unsere Tage als altehrwürdiger Brauch in Übung ist, aber wegen der fortschreitenden Zivilisation in Abgang kommt.

Auch das Recht der ersten Nacht im Sinne orientalischer Völker kann wohl als Ausrankung sakraler Institution gelten, indem der Fremde (der göttliche Wanderer) als der Würdigere die Blüte der Jungfräulichkeit als Opfer bekam und neuen Segen und Fruchtbarkeit durch den Vollzug des Höhepunktes bringe.

Auf Malabar gab es Brahmanen, welche keine andere religiöse Pflicht hatten als heiratende Frauen zu deflorieren. Nach Barthema erwählte der König von Kalikut, wenn er eine Frau nahm, den würdigsten und gelehrtesten Brahmanen als Entjungferer. Dieser Dienst wurde hoch angesehen.

Caspar Balby erwähnt in Indiae Orientalis Pars VII, dass die Canarinen (Goa) ihre Bräute einem Götzenbilde zur Defloration übergeben. Wenn einer aus diesen Stämmen seine Tochter als Gemahlin einem verehelichen will, reist er mit ihr zu jener Statue „die achtzehn Meilen von der Stadt entfernt ist, so dass sie für den Erfolg ihrer Ehe zuerst Flehen und Gelübde ablegt. Aber wenn die zarte Braut Schmerzen zu fürchten scheint, wird zumindest ein Mitarbeiter der Statue angewiesen, den Ritus ihr anzupassen."

Doch damit sind wir schon zum römischen Phallosdienst gekommen, der auch weniger Dämonen scheuchen, sondern in erster Linie Fruchtbarkeit befördern soll. Gleichen Zweck hatten die im frühen Mittelalter üblichen Fruchtbarkeitsamulette, die von Mönchen in Spanien und Südfrankreich an gläubige Weiber verkauft wurden.

Ob bei dem sakralen Koitus bzw. bei den aus diesen übrig gebliebenen sakralen Deflorationen bestimmte Stellungen (rituelle Asanas) vorgeschrieben waren, das kann als wahrscheinlich angenommen werden. In der Südsee werden vielfach die Mädchen in rudimentären Sinnen einfach in stehender Stellung defloriert.

Eine wissenschaftliche Untersuchung über die Koitusstellung würde dankbar zu begrüßen sein, zumal erst dadurch die Vorschriften der verschiedenen Religionsgemeinschaften der orientalischen und römischen Kirche hinsichtlich

der zu meidenden Stellungen völkerkundlich in das richtige Licht gestellt werden können. Tatsache ist, dass sich diese Haltungen mit den Stellungen der Runen decken!
Jedoch, jede Zeremonie richtet sich nach Himmelsrichtungen, Tattwas- und kabbalistischen Planetenzeiten, Mondzyklus, Körperhaltungen, Gesten, Töne, Bewegungen, Elemente, Gottheiten (Chakras) und Rhythmen; dies ist entscheidend und bildet die Sexualkulte. Selbst die schwarze Messe ist ebenso eine heilige Handlung zu Ehrerbietung gegenüber der irdischen Gottheit. Schutzmaßnahmen gegen Odverlust wie Seidenmantel, Talisman, Symbole, Runen, Schwert, Ritual, Glyphe, Kreis, Räucherungen dürfen auf keinen Fall vergessen werden.

*

In der Tat sprechen sogar viele Tatsachen für eine solche ursprüngliche große Bedeutung des Geruchssinnes für die Vita sexualis selbst in den gnostischen Feiern. Den heiligen Hauch oder Odem, der die ewigen Wesenheiten untereinander ausgleicht und zur wahren Ruhe bringt, soll man sich nicht als einen leichten Hauch oder Luftzug vorstellen, sondern als den magischen geladenen Duft einer Salbe oder eines aus vielen Stoffen gemischten Rauchwerkes. Es ist eine durchdringende Kraft von einer unbeschreiblichen Gewalt des Wohlgeruches, schöner als man es fassen oder aussprechen kann.
Über den Zusammenhang zwischen Gefühl im Sexualleben und Geruch wollen wir im Folgenden noch einige interessante Tatsachen anfügen; die Frauen haben einen ganz besonderen, erotischen Duft des Haares, ja des Kusses, den die Italiener odor di femina (Geruch einer Frau) nennen. Jungfrauen haben einen ganz eigenen Geruch (der Vulva), der sofort wechselt, wenn sie dieser Eigenschaft verlustig gehen. Schon Hippokrates erzählte, dass Demokrit den odor voluptatis (der Geruch des Vergnügens) sofort erkannte, indem er eine weibliche Person an einem Tage mit Jungfrau anredete, aber am nächsten Tage als Frau begrüßte, denn sie hatte unterdessen ihre Jungfräulichkeit auf dem Altar der Venus geopfert. Der Geruch der Prostituierten ist bekannt als odor lupanaris (der Geruch des Bordells).
Folgendes steht für verschiedene Gerüche:

1. Die Existenz sogenannter Parfümdrüsen bei manchen Tieren (Biber, Moschustier u. a.) in der Nähe der Genitalien, denen nach Gustav Kleins Forschungen die Glandulae vestibulares majores (große Scheiden-Vorhofdrüse) der weiblichen Genitalien beim Menschen entsprechen, deren Sekret in früherer Zeit ein Anlockungs- bzw. Erregungsmittel für das männliche Geschlecht war.
2. Die genitalen Riechstoffe (Sperma, Vaginalsekret, Smegma) und die übrigen erotisch wirkenden Gerüche, wie z. B. die Ausdünstung durch Schweiß, gehören alle zu ein und derselben chemischen Gruppe, der Capryl-Gruppe, ihre nahe Verwandtschaft beweist, dass sie in der Tat eine natürliche, biologische Beziehung zur Vita sexualis haben,

während andere Riechstoffe und viele Parfüme nur eine künstliche Beziehung zur Sexualität haben, die man sich in ähnlicher Weise entstanden denken muss, wie die mannigfaltigen Formen der Kleidung im Laufe der Zeit eine sexuelle Wirkung erlangt haben.

3. Die von Fliess nachgewiesenen sogenannten Genitalstellen der Nase (an der unteren Muschel) beweisen ebenfalls den innigen Zusammenhang zwischen dem Geruchsorgan und geschlechtlichen Vorgängen. Sie unterliegen bei sexuellen Erregungen, wie Beischlaf, Menstruation usw. gewissen Veränderungen (Schwellungen). Auch in der Folklore werden diese Beziehungen zwischen Nase und Sexualität oft zum Ausdrucke gebracht, z. B. in dem vielfach geäußerten Glauben von der übermäßigen Geschlechtskraft großnasiger Individuen.
4. Die uralte Verwendung natürlicher und künstlicher Riechstoffe als Aphrodisiaka und Mittel zur Hebung der Potenz, und
5. die Existenz eines isolierten sexuellen Geruchsfetischismus können als nicht weniger wichtige Beweise für jene Beziehungen angesehen werden.

Endlich spielen unter 6. sogar auch abnorme Gerüche eine Rolle in der Vita sexualis, wie aus gewissen koprolagnistischen Prozeduren (Exkrementen) hervorgeht. Das in der Folklore so reichlich vertretene Kapitel der scatologischen (kotigen) Neigungen gehört hierher.

Im Hinblick auf diese Tatsachen ließen sich für folkloristische Erhebungen die folgenden Fragen formulieren:

Welche Anschauung herrscht über die sexuelle Bedeutung der natürlichen Ausdünstungen ganz im Allgemeinen? Einzelner Körperteile im Besonderen? Und zwar I. der Genitalien:

- a. der weiblichen? Man erinnere sich z. B. hierbei an die kuriose Einteilung der indischen Weiber vorzugsweise nach den verschiedenen Gerüchen ihrer
- Geschlechtsteile.
- b. der männlichen?
- der Achselhöhlen?
- des Kopfhaars?
- anderer Körperteile?

Gibt es Ansichten über den Zusammenhang zwischen Haarfarbe und erotischen Gerüchen? Z. B. schreibt man in gewissen Gegenden Frankreichs den rothaarigen Mädchen eine besonders stark sexuell erregende Ausdünstung zu. Existiert der Begriff eines Odor di femina wirklich? Welche Rolle als erotischer Anreiz spielt der Schweiß in der Folklore? Werden verschiedene Stämme oder Volksgruppen hinsichtlich des Geruches voneinander unterschieden, und hat das einen Einfluss in erotischer Beziehung? Welche Anschauungen herrschen über die sexuelle Bedeutung von Rassengerüchen?

Aphrodisische oder auch anaphrodisische Wirkung solcher? Gebrauch von Parfümen zu erotischen Zwecken? Und zwar

1. von Blumen?
2. von anderen natürlichen Riechstoffen?
3. von künstlichen Riechstoffen?

Werden bestimmte Körperteile parfümiert? Werden Bestandteile der Kleidung parfümiert? In welchen Kreisen werden Parfüme besonders gebraucht?
Gibt es eine medizinische Verwendung natürlicher oder künstlicher Riechstoffe zur Hebung der Potenz? Spielen die sexuellen Gerüche eine Rolle im Liebeszauber? Wirkung derselben durch Vermittlung von Leibwäsche? Gibt es Typen von Geruchsfetischisten? Kommt die sexuelle Osphresiologie in der Sprache und im Aberglauben zum Ausdruck? Gibt es hierhergehörige scatologische Riten? – All das muss geklärt werden!
Das obige kann man auch bei den Riten der Nasairier, den Lichtauslöschern, verwenden, die ihren Namen von ihrem Hauptfest erhielten, bei denen sie sich in dunklen Höhlen – dem Symbol für die Weiblichkeit – versammelten, um den Kultus der Quelle des Lebens huldigen. Auf einem Altar thront ein nacktes Weib mit gespreizten Beinen, zu dem die Anwesenden einer nach dem anderen hinzutreten, um ihr durch einen Kuss auf den Geschlechtsteil Verehrung zu erweisen, wobei sie sprechen: „Von hier sind wir ausgegangen; gepriesen sei die Quelle des Lebens!“ Hierauf huschen verschleierte Weiber in den Raum, plötzlich erlöschen die Lichter, die Passivität wird angerufen, und die Liebesfeier beginnt.
Schon die Sekte der Manichäer, welche einen Kampf des bösen mit dem guten Prinzip zuließen, hatten eigenartige Gebräuche. Nach Psellus genossen sie am Schluss ihrer gnostischen Zeremonien die beiden Exkremente und beschmutzten ihre Wirte mit Menschensamen.
Um diesen und andere Liebeszauber vorzunehmen, muss man sich mit der Oberherrschaft des Geistes nach Westen wenden.
Auch R. Steiner schreibt dazu: „Es besteht ein geheimnisvoller Zusammenhang zwischen dem Wissen, das zur Macht führt im schlimmen Sinne und den Kräften, die das Leben unterbinden. Das Wissen braucht, wenn es sich entfalten will, Leben, den Sexus! Alles Wissen, das sich nicht mit Leben sättigt, ist leer, schattenhaft, wirkungslos. Nun gibt es zwei Quellen, aus denen der Mensch Leben schöpfen kann. Die eine fließt ihm zu, wenn er auf dem Gipfel steht, wo alles niedere Verlangen abgestreift ist. Alle Gefühle müssen da eine andere Form angenommen haben, als sie innerhalb der Triebnatur der niederen menschlichen Wesenheit haben. Die andere Quelle liegt in dem Leben unserer Mitgeschöpfe, gleichgültig, ob diese schon wirklich um uns herum in der physischen Welt leben, oder ob sie sich erst zum Leben drängen.“
Folgende okkulte Vereinigungen tätigen diesen Ritus für sexuelle Zwecke. Es gibt und gab viele Sekten, die Menschenfleisch aufgrund von mystischer

Einstellung verzehrten:

- Die Thugs taten dies wegen ihrer Göttin Bhowani Kali, in dem sie von ihrem Opfer das Fett für ihre Salben verwandten.
- Die Nikolaiten – gaben jedes sexuelle Schamgefühl auf, um sich den schrankenlosen geschlechtlichen Genuss hinzugeben.
- Die Karpokrates: Kein Weib dürfte die sexuelle Bitte eines Mannes zurückweisen, es wurde eucharistisch gut gegessen und getrunken, und dabei gesagt: Fern von uns die Lichter und die Profanen – dann wurde sexuell verkehrt ohne Rücksicht auf Alter, Geschlecht und Verwandtschaft.
- Die Kainiten: Der Triumph der Materie über den Geist war das Ziel ihrer Lehre. Sie verherrlichten den Geschlechtsgenuss bis zur Hurerei, die Prostitution bis zum Inzest und die mann-männliche Liebe, die Tribadie (weibliche Homosexualität) bis zur Sodomie für materielle Zweck.
- Die Adamiten gingen völlig nackt und übten in aller Öffentlichkeit den Akt aus. Dies hielten sie für ihre Seelenheil ersprießlich. Sie beteten ganz nackt zu ihrer Gottheit, um die Reinheit zu verkörpern.
- Viele Päpste verdammten nicht nur die Kulte, sondern wie Papst Innocenz XI., hat er selbst die Wollust – den Sex – in der Ehe verdammt. Er war der Meinung, er diene nur der Zeugung von Kindern.
- Einer der religiösen Gebräuche der Skopzen ist, wie man sagt, während der Nacht, die Ostern voraufgeht, ein junges Mädchen von 15 bis 16 Jahren zu verstümmeln, welches dann von dieser Zeit an als heilig betrachtet wird. Man nimmt ihr eine der Brüste, welche die der Zeremonie Beiwohnenden ehrfurchtsvoll verzehren. Darauf wird das junge Opfer auf den Altar gelegt; die Gläubigen tanzen und singen frenetisch bzw. zeremoniell um sie herum; dann werden die Lichter ausgelöscht und nun folgen unbeschreibliche Szenen.
- Ein Troubadour des 13. Jahrhunderts sagt selbst, dass er Wachskerzen anzünden und religiöse Messen lesen lassen will, damit seine Liebe von Erfolg begleitet sei. Dafür wollte man die christliche Religion für magische Zwecke einsetzen! Diese Anpassung der Religion an die verschiedenen erotischen Wünsche verbreitete sich außerordentlich, denn man findet sie, wie derselbe Autor berichtet, noch am Hofe Heinrichs III. in Gebrauch. „Unter der Regierung Heinrichs III," sagt er, „trugen die Männer in ihren Gebetbüchern, und zwar unter dem Bilde der Jungfrau, das Bildnis derjenigen, die sie liebten, und die Frauen hatten das Bildnis ihrer Geliebten unter dem Bilde Christi oder irgendeines Heiligen." Diese Handlung sollte eine erotische Verbindung hervorrufen!

- Es gab sogar die Existenz der Minne(-Man-Liebes-)Höfe, wo man sich zu freier Kultur und Liebesäußerungen traf.

*

Diese nun folgende Geschichte ist aktenkundig. Am 4. Januar 1679 begann der Pariser Polizeikommissar Nicolas de la Reynie mit Ermittlungen, die viele der führenden Gestalten Frankreichs in den ernstesten Skandal der langen Regierungszeit Ludwigs XIV., der sich selbst mit den Gesetzen der Gnosis auskannte, verwickeln sollten. Er vollführte die sogenannten Lustspiele, die gnostisch-sexuelle Messen waren, mit seinen medial geschulten Mätressen, von denen der Adel viele zur Verfügung hatte. Sie stellten das weiblich-liebliche Prinzip dar, wie es heute kaum auffindbar ist im Garten seines Schlosses in der auslaufenden Zeit der dekadenten Renaissance. Das waren die Schäferspiele und Maskenaufzüge mit runischem Hintergrund, die mit und durch diese Feste entstanden sind. Sie wurden auch mit Vorliebe auf einem Gartenhintergrunde dargestellt. Für Ludwig XIV. ebenso wie für Philipp IV. stand die Theateraufführung jedes Mal im Mittelpunkt ihrer glänzenden Feste. Ein besonderer Lieblingsplatz des Königs war die Grotte, die in vielen Ländern ein Sinnbild der Vulva ist, die er oft als prächtigen Hintergrund für allerlei, sowohl musikalische wie theatralische, Aufführungen brauchte. Kurz, er führte die alt-griechischen Mysterienspiele in neuer Form ein. Diese wurden von Soldaten bewacht und durch eine undurchdringliche lautmagische Schutzmauer gesichert, wie das Franz Bardon im Kapitel über Lebenskraft geschrieben hat. Dort steht: „Fortgeschrittene Magier bringen es fertig, ihren Raum vor unwillkommenen Menschen dadurch zu schützen, dass diese, sobald sie den Raum betreten, in demselben keine Ruhe finden und sich nicht einmal darin aufhalten wollen. Ein solcher Raum ist dann mit Schutz- oder Furchtideen geladen. Auch stabil lässt sich der Raum laden, d. h., dass jede Person, die den Raum unerlaubt betreten würde, wie gelähmt zurückgeworfen wird. Dem Magier sind demnach unbegrenzte Möglichkeiten gegeben, und anhand dieser Anleitungen kann er sich noch andere Methoden ersinnen.“

Im Mittelpunkt der Handlung steht ein magischer Liebesreigen. Die Paare, meist Schäfer und Schäferinnen, lernen sich kennen, werden voneinander getrennt und finden sich wieder in einer Ordnung, die harmonischer wirkt als der Anfangszustand. Am Ende kam es immer zu einer gesetzmäßigen Vereinigung in seinen Lustgärten! Dazu musste er aber, um die gnostische Ursache richtig zu verwirklichen, ein gewisse den Planeten unterstehende Anzahl von Kindern opfern.

Er traf sich auch mit einigen Ministern und Mitgliedern des hohen Adels zu philosophischen-magischen Gesprächen, bei denen unter anderem der wahre Eingeweihte St. Germain dabei anwesend war. Sie tauschten sich aus, besprachen Übungen und Praktiken, nicht wie heutzutage, wo es ihnen nur noch um materielle Güter und Gelder geht – die Magie steht dazu im Hintergrund!

Dazu entdeckte La Reynie, dass Mitglieder des Adels in ungeheurem Ausmaß Leute vergifteten, gewöhnlich um Erbschaften zu erzielen oder einen unerwünschten Gatten loszuwerden. Mitglieder des Hofes waren tief in ein finsteres Netzwerk von Giftschiebern und Satanisten verwickelt, und Personen, die intime Vertraute des Königs waren, suchten regelmäßig die Hilfe des Teufels, indem sie bei Messen Babys opferten. Sie alle gehörten einer okkulten Gruppierung an.
Das Frankreich Ludwigs XIV. war ein Rahmen, in dem Extreme der Eleganz der Gnostiker neben Extremen des Lasters bestanden. Exquisit gekleidete Höflinge beschäftigten sich mit den sorgfältigsten Feinheiten von Etikette und Benehmen, waren jedoch fähig zu brutaler Grausamkeit, um ihre Ambitionen zu fördern. Ludwig XIV., der Sonnenkönig, war das Zentrum, um das sich alles drehte. Er war der goldene Quell von Reichtum und Ehren. Er schöpfte mithilfe von Runentänzen neue Ursachen. Kommissar La Reynie brachte die Schattenseite dieser glitzernden Welt ans Tageslicht. Als mehrere Giftlieferanten Mitglieder des Hofes als ihre Kunden nannten, berief der König eine Sonderkommission ein, um die Untersuchung fortzusetzen und über die Angeklagten zu richten. Sie wurde im Volksmund die *Brennende Kammer* genannt, weil sie in einem mit schwarzen Tüchern verhangenen und von Kerzen erhellten Raum zusammentrat. Die Kommission hielt ihre Sitzungen geheim ab und gestattete keinen Appell. Viele Leute wurden verhaftet, unter denen Catherine Monvoisin die berühmteste werden sollte.
Allgemein bekannt als La Voisin war sie eine erfolgreiche Wahrsagerin, die häufig vom Adel aufgesucht wurde, gleichzeitig war sie Sachkundige in zahlreichen okkulten Wissenschaften einschließlich der Fertigkeit, wahren Liebes- und Todeszauber zu bewerkstelligen. Sie gab an, dass sie mehr als 2500 Kinder taufte, opferte und für ihre Messen oder Salben gebrauchte. Diese Kinder wurden ihr von armen Leuten verkauft, die sonst nicht überlebt hätten. Das war ihre einzige Chance. Die Bevölkerung wusste über das Treiben der wahren Hexe Bescheid. Sie hingegen genoss die Lust und Freude am Morden, am rituellen Töten. Das erregte sie sexuell, das löste verstärkt Orgasmen aus, dadurch kam sie leichter in schöpferische Ekstasen, die sie für ihre sexualmagischen Operationen, Ladungen, Evokationen, Beeinflussungen, Fernwirkungen usw. brauchte. Selbst Crowley werden sexualmagischen Versuche und (Opfer-)Rituale, die in ihrer Perversion kaum zu überbieten waren, zugeschrieben. „Das beste Blut ist das des Mondes, monatlich, dann das frische Blut eines Kindes, ... dann das von Feinden, ... schließlich das irgendeines Tieres“, sagte er.
Sie hatte einen mächtigen sexuellen Hunger, den sie für ihre Liebhaber nützte, denen sie immer wieder ihre Säfte aussaugte, sie als Medien gebrauchte. Aber alle brauchten auch ihre Hilfe, jeder von Rang kam zu ihr, um sie darum zu bitten. Die Gnostikerin war aufs Höchste geschult! Sie wurde in jungen Jahren durch die Blutopfer schön und im späteren Leben verführerisch anziehend.

Catherine Monvoisin lebte am damaligen Stadtrand von Paris. Ihr Ehemann war ein erfolgloser Juwelier. Um zu mehr Geld zu gelangen, betätigte sie sich zusammen mit ihrer sechzehnjährigen Tochter und mehreren Kolleginnen erfolgreich als sogenannte Engelmacherin, das heißt, sie half ihren (nicht selten hochgestellten oder adligen) Kundinnen, unerwünschte Schwangerschaften abzubrechen. Daneben verkaufte sie gegen hohe Honorare Liebestränke, positive auf Erzeugung von Zuneigung, Gewährung Liebe und sexuellen Verkehr, oder aber negativ auf Zerstörung der Liebe und der Potenz. Sie stellte Gifte und Horoskope her, um die Zukunft vorauszusagen; durch vokalmagische Zauberei half sie ihren Kunden außerdem, ungeliebten Personen oder Rivalen Schaden zuzufügen. Außerdem sagte eine Komplizin unter der Folter aus, dass gemeinsam mit dem Abbé Étienne Guibourg, der aus dem Priesteramt verstoßen worden war, schwarze Messen zelebriert und bei denen Säuglinge geopfert wurden. Das Blut der Kinder sei für Zaubertränke verwendet worden oder andere magische Dinge.
Viele Mitglieder des Hochadels gehörten zu ihrer Kundschaft, darunter auch Madame de Montespan, die langjährige Mätresse Ludwigs XIV., die bei La Voisin Zaubertränke kaufte und sie dem König heimlich in Essen und Trinken mischte, um sich seine Gunst zu erhalten.
Zwei schwarzmagisch arbeitende Priester wurden mit ihr zusammen verhaftet, doch war ihre Rolle im Drama nicht unmittelbar klar. La Reynies unverzügliche Aufgabe bestand darin, so viele der Giftschieber und ihrer Kunden zu verhaften, wie er konnte.
Am Ende des Jahres waren mehrere Giftlieferanten verbrannt worden. Eine hübsche junge Herzogin war verbannt worden, weil sie versucht hatte, ihren alten und reichen Ehemann mit Hilfe eines mit Arsenik getränkten Hemdes zu töten. Andere Aristokraten waren in der Bastille in Haft oder außer Landes geflohen. Der König selbst drängte seine Kommissare, den abscheulichen Gifthandel so gründlich als möglich zu durchdringen; strenge Gerechtigkeit walten zu lassen ohne Ansehen der Person, des Ranges oder des Geschlechts.
Im folgenden Oktober jedoch befahl der König, dass gewisses Beweismaterial aus den Berichten entfernt würde. Die Sitzungen der brennenden Kammer wurden eingestellt, und die Untersuchung wurde auf das privateste, jedoch intensive Verhör durch La Reynie und einen einzigen Kollegen reduziert. Der Grund für diesen völligen Umschwung war die Nähe des Skandals zum König, dessen magischen Leben darin verwickelt war. Von allen Mitgliedern des Hofes, die Kunden der Wahrsager und Giftschieber gewesen waren, war keines schuldiger als die Frau, die 12 Jahre lang seine eigene Geliebte gewesen war: Franceise Athenais de Rochechouart, Marquise de Montespan. Sie war einflussreicher als die Königin und das leuchtendste Juwel des Zeitalters Ludwigs XIV. Die Untersuchung enthüllte die zauberisch-mörderischen Methoden, mit denen sie ihre Position erlangt und gehalten hatte.
Die Geschichte beginnt 13 Jahre früher, im Jahre 1667. Madame de

Montespan, damals 25 Jahre alt, war Hofdame der Königin. Der König fing an, seiner damaligen Geliebten, Louise de la Valliere, müde zu werden, und Madame de Montespan beschloss, ihren Platz einzunehmen. Sie suchte Hilfe bei La Voisin, die sie mit Abbe Mariette bekanntmachte. Sie erklärte sich bereit, die Wirkung einer besonderen Art magischer Messe auszuprobieren, die im Ruf stand, den Erfolg in der Liebe zu fördern. Bekannt als gnostische Messe des Heiligen Geistes war sie eine weniger extreme Variante der Schwarzen Messe.

La Voisin soll ihren ersten Ehemann vergiftet, Abtreibungen vorgenommen, Liebestränke zubereitet und Gift an den Hochadel verkauft haben. In ihrem Garten soll sich eine Kapelle befunden haben, in der die beiden Sexualgötter Astaroth und Asmodaeus angebetet wurden. Zu den Gästen dieser schwarzen Messen mit Étienne Guibourg gehörten Prinzessinnen, Höflinge und der Scharfrichter, kurz die obere Gesellschaft. All diese waren magisch geschulte Templer, die nur durch ihr Können zutritt erwarben. Die Messe wurde in einem Haus in Paris abgehalten.

So kommt es, dass die Ankunft der Montespan in dem Schlupfwinkel der Voisin gelangt. In einer der Stuben des Hauses ist eine Art von Altar hergerichtet, ein sonderbarer Altar, dessen Platte durch ein auf Gestelle gelegtes Polster gebildet wird. Die stolze Marquise zaudert nicht, mit Hilfe der Tochter der Voisin entkleidet sie sich vollständig und legt sich auf den Altar. Sie zelebrierte eine Satansmesse, um als nackte Frau auf dem Altar liegend die Mutter Erde zu repräsentieren. Zu den Ritualgegenständen gehören Kerzen, Weihrauch, eine Glocke, ein Kelch, ein Schwert, das die Macht symbolisiert, und ein Phallussymbol der Zeugung, der Männlichkeit und der Aggression darstellt. Das waren seit Urzeiten die Symbole und rituellen Gegenstände einer Messe, die den kosmischen Gesetzen entsprechen.

Da sie um die Gesetze der Messen bestens Bescheid wusste, spielte sie mit, erregte sich immer wieder durch Masturbation zielgerichtet und in Ekstase versunken zur Messe, ihr magnetischer Saft verstärkte das runisch gebildete Volt. Außerdem verfügte sie über hochwertige mediale Fähigkeiten. „Sie legte sich also," sagt Dr. Legue, „auf diesen seltsamen Altar, auf der einen Seite hingen die Beine herab, auf der anderen ruhte der Kopf auf einem Kissen, welches ein umgekehrter Stuhl stützte." Der Abbe Guibourg, der aus einem Seitenzimmer kam, trug eine weiße Kasel mit schwarzen Tannenzapfen darauf. Das ist ein ärmelloses liturgisches Gewand, das ursprünglich den ganzen Körper umhüllte. Sie ist heute das liturgische Obergewand des Bischofs und des Priesters bei der heiligen Messe. Er setzte das Kreuz auf die Brust der Marquise, breitete eine Serviette auf dem Bauche aus und stellte dort den Kelch hin, darauf begann die gnostische Zeremonie, bei welcher Marguerite Voisin das Amt des Geistlichen versah. Abbe Guibourg hat die auf dem Leibe und anderswo gelesenen Messen, die Weihen und alles, was man sonst Ruchloses von ihm und seinem Amte wünschte, getätigt. Dies habe ihm

niemals Sorgen verursacht. Wie gesagt, die Mätresse kannte ihr Dazutun, da sie selbst geschult war.
Bei den verschiedenen Phasen der Messe, bei denen der Zelebrant den Altar küssen muss, küsste Guibourg den Körper – die Vulva – der Marquise von Montespan und nahm ihre flüssigen magnetischen und göttlich-geladenen Kräfte zur Verstärkung der Ekstase in sich auf. Es hört sich merkwürdig an, wieso sich die stolze und hochmütige Athenais, welche die zeitgenössischen Memoiren als arrogant und stolz schildern, zu dieser abscheulichen Rolle erniedrigen ließ, und überließ sich gefügig den geifernden Küssen dieses siebzigjährigen in sexuelle Erregung versetzen Priesters. Weshalb ließ sich diese so feinfühlige Frau, welche bei der geringsten Berührung mit Bürgerlichen Ekel empfand, ohne Herzklopfen mit dem Blut des unschuldigen Opfers besudeln, das man dem negativen Aspekt des Gottes Satan opferte? Die Antwort ist einfach: Sie kannte die lautmagische Macht des Priesters und wusste über die Wirkungen der Heiligen Messe! Man kann sagen, dass die Frau, sie, die sich zur Rolle eines Altars hergab, eine erleuchtete Kraftquelle war, die Hypokeimenon, das in der altgriechischen Philosophie als das Zugrundeliegende, als die Substanz bezeichnet wird. Sie war sozusagen eine wahrhafte Prophetin der Gnosis.
Unter den Geistlichen jener Zeit, die sich besonders in dieser Art von Priesteramt auszeichneten, nennen wir noch einen gewissen Abbe Tournet, der auf dem Greveplatz hingerichtet wurde wegen Ruchlosigkeit und Kirchenfrevel, sowie wegen Lesung einer Messe auf dem Unterleib eines jungen 14 bis 15jährigen Mädchens, einer Messe, in der er sie fleischlich kannte, d. h. einen sexualmagischen Akt mit ihr vollführte, um ihr die Lebenskraft zu entziehen. Ein anderer, der Abbe Beccarelli, verteilte während der Messe an die Teilnehmer magisch geladene Pillen. Nach Verschlucken derselben glaubten sich die Männer in Frauen und letztere in Männer verwandelt. Es gab noch einen Priester namens Benedictus, der mit der Dämonin Armellina in Menschenform zusammenlebte, die Hostien weihte und sie kopfüber hielt. Der Okkultist Huysmans versichert, dass es Priester gegeben hat und noch gibt, die so weit gingen, magisch wirksame Messen mit großen Hostien zu feiern, die sie dann in der Mitte durchschneiden, um sie auf ein genauso arrangiertes Pergament kleben, wo sie ihre Säfte auffingen und es dann in abscheulicher Weise verwenden, um ihre Wünsche zu befriedigen.
Im Jahre 1855 existierte in Paris gleichfalls eine solche Vereinigung, ein Dionysus-Kult, der zum größten Teil aus Frauen zusammengesetzt war; diese Frauen gingen mehrmals am Tage zum Abendmahl, behielten die heilige Hostie im Munde, spuckten sie dann aus, um sie sofort zu zerfetzen oder durch rituell-heilige masturbatorische Berührungen zu laden, zu kräftigen und ekstatisch zu weihen.
Dieser scheußliche Opferpriester, der Abbe, schnitt dem von irgendeinem armen Weib gekauften neugeborenen Kinde den Hals durch und ließ das Blut

unter runischen Gesang zur Kraftstauung in den Kelch laufen, um es mit den geweihten Hostien zu vermischen.
Ein anderes Mal betraf ein scheußliches Detail das Kind, das geopfert wurde und diesmal eine Frühgeburt war. Als seine Kehle aufgeschnitten wurde, floss das Blut, der besondere Saft, nicht, und Guibourg musste das Herz aufschneiden, um ein wenig flüssiges Blut zu erhalten. Madame de Montespan nahm etwas von diesem Blut mit zum Hof zurück, um es dem König ins Essen zu tun.
Somit brachte er die Messe zur Verwirklichung durch diesen magischen Akt, der seinen Teilnehmern die Gunst des Fluches einbringen sollte! Weshalb wirken nur auf diese Weise die gnostischen Messen? Die runische Formel, das die Bibel das Schöpferwort nennt, mit dem die Gottheit die Welt und alles andere erschaffen hat, mit ihrer konzentrierten und zielgerichteten Aussprache, bewirkte, dass die begehrte Frau des Königs verbannt und die Montespan zu seiner Lieblings-Mätresse wurde.
Der durchschlagende Erfolg der magischen Operation der Montespan, machte, wie leicht denkbar, eine ungeheure Reklame für die Voisin, denn diese war sicherlich nur in Bezug auf die Details diskret, die ihr schaden konnten.
Der Abbe Guibourg zelebrierte auch die Schwarze Messe auf dem Bauche der Damen des großen Jahrhunderts, das zum Ritus gehört, da sie eine Verwirklichung ihrer Wünsche herbeiführen wollten. Um den Frevel zu variieren, las er eine andere Art Messe, die Spermamesse, während welcher er einen geheimnisvollen Kondensator fabrizierte, indem er das durch die Wortmagie geladene Sperma mit den zur Herstellung der Hostien nötigen Ingredienzien vermischte. „Die Archive der Bastille“, schreibt J. K. Huysmans, „zeigen uns, dass er auf Verlangen einer Dame namens Des Oeillets derartige Messen las. Diese Frau spendete Blut, vermischt mit frischem Vaginalsekret, der Mann, der sie begleitete, zog sich an einem bestimmten Ort des Raumes zurück, in dem er in Verbundenheit mit seiner Gottheit rituell masturbieren konnte. Guibourg sammelte seinen Samen im Kelch ein; dann fügte er Blutpulver und Mehl hinzu, und nach den gnostischen Zeremonien verließ die Des Oeillet mit ihrem *Teig* den Schauplatz.“
An einem anderen Tag wurde folgendes zelebriert: Der Abbe in vollem rituellem Ornat sprach den Ritus und beschwor lautmagisch den Heiligen Geist in einer lateinischen Hymne. Madame de Montespan kniete vor ihm und sprach in Verzückung mächtige Beschwörungen gegen ihre Rivalin, immer einzelne Buchstaben betont und mit Gestik unterstützt. „Ich bitte um die Zuneigung des Königs,“ intonierte sie, „dass sie fortgesetzt sein möge, dass die Königin unfruchtbar werde, dass der König ihr Bett und ihren Tisch um meinetwillen verlassen wird, dass ich von ihm alles erlange, was ich für mich und meine Verwandten erbitte; dass ich, geliebt und respektiert von großen Adligen, zu den Beratungen des Königs berufen werde und weiß, was dort geschieht; und dass der König La Valliere verlassen und sie nicht mehr

ansehen möge."
Diese Riten wurde in des Abbes eigener Kirche, welche die benötigten Schwingungen aufwies, über den Herzen zweier Tauben, Symbole der Venus, die feierlich im Namen des Königs und Madame de Montespans geweiht wurden, gesprochen. Jedoch um die gewünschte Wirkung zu erzielen, musste die Messe dreimal nacheinander zelebriert werden, um die Gesetzmäßigkeit des Saturns aufzurufen, damit sie bis hinein in die Materie wirkt. Das gehört alles zur magischen Handlung.
Madame de Montespan und Abbe Guibourg trafen sich zur ersten Messe im abgelegenen und von tiefen Gräben umgebenen Chateau de Villebousin zwischen Paris und Orleans. In der Kapelle des Schlosses, welche durch die Runenübungen die nötige elektromagnetische Atmosphäre hatte und den kultischen Raum bot, entkleidete sich Madame de Montespan und legte sich auf den Altar, in jeder Hand eine Kerze. Pater Guibourg zelebrierte die Messe auf ihrem nackten Körper, indem er den Kelch auf ihren Bauch stellte, während sie in Verzückung rhythmisch im Takt masturbierte. Im Augenblick der vokalmagischen Weihung hob er ein kleines Kind hoch, schlitzte ihm mit einem magischen Dolch die Kehle auf und ließ das Blut in den Kelch fließen. Er und Madame de Montespan sprachen dann die folgende Zauberformel, die Namen der Götter, mit runischer Betonung jedes einzelnen Buchstaben, durch Gesten, Bewegungen und Stellungen unterstützt, und beschworen die zwei der Hauptdämonen der Hölle: „A-s-t-a-r-o-th, A-s-m-o-d-e-u-s, Fürsten der Zuneigung, ich beschwöre euch, das Opfer dieses Kindes, das ich euch darbiete, wider die Dinge, die ich von euch erbitte, anzunehmen, welche sind, dass die Zuneigung des Königs zu mir fortbestehen möge; und dass, geehrt von den Fürsten und Fürstinnen des Hofes, mir nichts abgeschlagen werden möge, was ich vom König erbitte."
Ein Flüstern, ein Wimmern und Raunen wurde hörbar, Winde und Lichterscheinungen konnte man beobachten, Schatten huschten durch den Raum, die Atmosphäre verdichtete sich und wurde wahrlich materiell, damit sich ihr Wunsch verwirklichen konnte.
Die zweite Messe, die ebenfalls die Opferung eines Kindes einbezog, wurde in einer baufälligen Hütte auf dem Lande abgehalten, und die dritte Messe fand, wie man angab, in einem Haus in Paris statt. Es überrascht wenig, dass Madame de Montespan von der Macht der Höllenfürsten von Anfang an überzeugt war. Sie hatte ebenfalls solche mystischen Interessen, wie dass der gesamte Adel gnostisch geschult war. Darauf verweisen die Liebesfeste im Palast des Königs. Auf ihre runischen Anrufungen an die Götter folgte des Königs erneuerte Ergebenheit, denn wer das lautmagische Wort gebraucht, bzw. die göttlichen Namen mit ihren Ideen richtig zeugend ausspricht, schafft neue Ursachen und erlangt in allen Dingen Erfolg!
Eine dritte Messe mit dem Ziel, den Tod der Rivalin herbeizuführen, wurde über menschlichen Knochen, entsprechend dem erdigen Fiat Lux, abgehalten.

Diese Messen wirkten zu ihrer vollen Zufriedenheit, da sie nach den Gesetzen des kabbalistischen Weltenbaums ausgeführt wurden. Sie schienen der ehrgeizigen Hofdame alles zu geben, was sie ersehnte. Der Stern La Vallieres verblasste, und Madame de Montespan wurde der maßgebende Günstling. Der König, der dadurch überrumpelt wurde, baute ihr ein Schloss auf dem Lande und überschüttete sie und ihre Verwandten mit Reichtum, Juwelen und Ehren. In einem von Ränkeschmieden überfüllten Hof aber konnte Madame de Montespan es sich nicht leisten, auf ihren Lorbeeren auszuruhen. Die Furcht davor, von einer Rivalin verdrängt zu werden, und vor den wechselnden Launen des Königs sandten sie wieder und wieder um übernatürliche Hilfe willen zu La Voisin zurück. Sie selbst hatte nicht die magischen Vorsetzungen. La Voisins Tochter Marguerite sagte den Richtern von der Brennenden Kammer: „Jedes Mal, wenn Madame de Montespan etwas Neues zustieß, oder sie irgendeine Verringerung der Gunst des Königs fürchtete, sagte sie meiner Mutter Bescheid, damit sie Abhilfe schaffe; und meine Mutter suchte sofort Zuflucht zu gnostisch-katholischen Priestern, die sie lautmagische Messen lesen ließen und meiner Mutter alchemistisches Pulver gaben, die dem König verabreicht werden sollten."
Diese Pulver waren Liebeszauber, die den verschiedenen Runen-Formeln der Zauberei entsprechend zusammengesetzt waren und den Staub getrockneter Leberflecke, Fledermausblut, das berühmte Aphrodisiakum Kantharidin – hergestellt aus feingemahlenen Ölkäfern, besonders der spanischen Fliege – und allerlei andere giftige Substanzen enthielten, die gewisse Wirkungen hervorriefen. Die daraus entstandene Mischung wurde unter den Abendmahlskelch bei einer Schwarzen Messe auf den Altar gestellt und im Augenblick der liturgisch-magischen Weihe durch das Rezitieren von Psalmen vom Priester gesegnet. Madame de Montespan streute die Pulver in das Essen des Königs und er schluckte sie, ohne es zu wissen.
Doch bei einer Gelegenheit packte den König Reue wegen seines Ehebruchs und Madame de Montespan wurde vom Hof verbannt. Sie nahm augenblicks zu den Zaubern und Messen Zuflucht, und nach einem einzigen Monat des Exils wurde sie an des Königs Seite zurückgerufen. Gefährlicher als des Königs gelegentliche religiöse Skrupel war jedoch das schweifende Auge, das er auf die anderen Schönheiten bei Hofe warf. Ein neues Lustobjekt erregte ihn, ließ die Säfte besser fließen, gab im mehr Potenz, ja, neue Lebenskraft! Im Jahre 1672 kehrte Madame de Montespan zu La Voisin zurück, diesmal bedurfte sie einer stärkeren Magie. Sie wurde vom Abbe Manette dem schon erwähnten finsteren Abbe Guibourg in die Hände gegeben.
Guibourg behauptete, der uneheliche Sohn eines Adligen zu sein. Er näherte sich den 70., war hässlich, aufgeschwemmt und durch starkes Schielen entstellt. Seine Spezialität war eine wahrhaft satanische Version der Schwarzen Messe. Diese zelebrierte er alle zu ihrer Zufriedenheit, wie wir oben bereits beschrieben haben.

Doch im Jahre 1679 war Ludwig Madame de Montespans müde geworden und nahm eine neue Geliebte, Mademoiselle de Fontanges. An diesem Punkte versuchte Madame de Montespan oder einer ihrer Verbündeten, den König und seine neue Geliebte mit Hilfe einer weiteren Reihe Schwarzer Messen zu töten. Die Zeremonien erzielten nicht die erwünschte Wirkung, weil:

1. nicht die nötige Kraft beim Intonieren der Formel hervorgerufen wurde, um einen Menschen zu töten, und
2. das Opfer, der König Gegenmaßnahmen einleitete.

Bevor weitere Versuche gemacht werden konnten, hatte La Reynie angefangen, seine Verhaftungen vorzunehmen.

Angesichts der schockierenden Enthüllungen, die darauffolgten, ist es kaum überraschend, dass der König abrupt den Untersuchungen in der Brennenden Kammer Einhalt gebot, da er selbst in den Gesetzen der Gnosis verwickelt war! Der glänzende Hof, der seine eigene maßlose Selbstliebe widerspiegelte, konnte nicht als schwarzmagisch-lasterhafter und blasphemischer Schein bloßgestellt werden. Er konfrontierte Madame de Montespan privat mit ihren Verbrechen, aber sein Stolz verbot es ihm, sie öffentlich zu entehren. Zehn Jahre lang besuchte er sie täglich, um einen Skandal zu vermeiden. Was bei diesen Gelegenheiten zwischen ihnen vorging, wird niemals bekannt werden.

La Reynie verhaftete 360 Leute, von denen 110 der Prozess gemacht wurde und 36 verbrannt oder gehängt wurden. Mehrere Priester gestanden, dass sie Schwarze Messen zelebrierten, worüber wir schon berichteten. Bei wenigstens zwei Gelegenheiten opferte eine anwesende Frau ihr eigenes neugeborenes Kind, und der Priester sprach die Messe über der Plazenta. Ein weiterer Priester lag öffentlich mit einem Mädchen auf dem Altar, während er die Messe des Heiligen Geistes zelebrierte, und vollzog mit ihr den sexualmagischen Akt, wozu immer die vermischten Flüssigkeiten zur Voltbildung gebraucht werden. So entsetzlich diese Vergehen auch waren, so war es doch unmöglich, viele der Betroffenen vor Gericht zu stellen, aus Furcht, dass ihre Aussagen Madame de Montespan mit hineinziehen würden. Die einzige Lösung war, sie ohne Prozess im Gefängnis festzuhalten. Dieses Schicksal erlitten 150 Leute, die bis zu ihrem Tode in strenger Isolierung von allen anderen Gefangenen gehalten wurden. Der letzte von ihnen starb im Jahre 1724, vierzig Jahre nachdem die Untersuchung abgeschlossen worden war. Der König selbst verbrannte die Dokumente über den Fall, um sich selbst nicht zu belasten, und nur weil La Reynies Notizen erhalten blieben, haben wir einen Bericht über die authentischste und einflussreichste Schwarze Messe, von der bekannt ist, dass sie stattgefunden hat.

Vielleicht war irgendein derartiger Ausbruch unvermeidlich. Jahrhundertelang wurden Hexen und Ketzer bezichtigt, Kinder dem Teufel zu opfern – mit geringen oder überhaupt keinen Beweisen, dass solche Verbrechen je vorkamen. Als also gewisse skrupellose Leute der höheren Gesellschaft ernsthaft wünschten, die Hilfe des Teufels zu erlangen, war es fast natürlich,

dass sie es nach den von den Hexenjägern festgelegten Regeln tun würden. Selbst Rossel Hope Robbins, jener Erforscher von Volksverblendungen, bemerkt, dass die Brennende Kammer-Affäre möglicherweise der einzige Hexenprozess ist, der auf einem Element faktischer Wahrheit basiert, statt auf den wilden Fantasien junger Neurotiker oder der morbiden Logik perverser Hexenrichter und Inquisitoren.
Aufgrund dieses Fehlens einer kontinuierlichen Tradition ist die Schwarze Messe weitgehend eine literarische Schöpfung. Beweise lassen sich wegen dem Gesetz des Schweigens, das bei Brechen den Tod bedeutet, nicht finden. Durch den obigen Fall ist es aktenkundig geworden, dass in der höheren Gesellschaft, im Adel und in der Kirche, Satansmessen, Blut- und Menschenopfer getätigt werden. Aber alles im Geheimen, hinter den Kulissen und verschlossenen Logenräumen, jenseits der Öffentlichkeit!

Quellen:

Krauss – Anthropophyteia 10 Bände
Krauss – Quellschriften 4 Bände
Krauss – Das Geschlechtsleben der Japaner I und II
Krauss – Sitte und Brauch bei den Südslawen
Krauss – Das Minnelied
Schmitt K. – Bacchus-Kult
Rafael C. – Das Geschlechtsleben des italienischen Volkes
Marcuse M. – Sexual-Probleme 11 Bände
Marcuse M – Abhandlungen aus dem Gebiete der Sexualforschung
Wille B. – Philosophie der Liebe
Stapleton – Lexikon der griech. und röm. Mythologie
Blätter für angewandte okkulte Lebenskunst
Hemberger A. – Fraternitas Saturni
Delaure – Zeugung in Glauben, Sitten, und Bräuchen
Dufour P. – Geschichte der Prostitution 2 Bände
Vatsyayana – Kama Sutra
Schumacher J. – Erläuterungen der dunklen und schweren Lehrtafel der Alten Ophiten oder Schlangen-Brüder
Bloch I – Das Sexualleben unserer Zeit
Sigusch V – Geschichte der Sexualwissenschaften
Koltuv B.B – Das Geheimnis Lilith
Bardon Franz – Alle Werke

Weitere Bücher aus dem Christof Uiberreiter Verlag:

Das goldene Blatt der Weisheit
Seila Orienta/Franz Bardon

Zum ersten Mal in der okkulten Literatur wird die 4. Tarotkarte des Hermes Trismegistos verständlich beschrieben und offengelegt. Sie beinhaltet unbekannte Konzentrations- und Meditationsübungen. Des Weiteren gibt sie Hinweise und erklärt die Unterschiede zwischen Magie und Mystik und Gefahren des einseitigen Weges. Am Ende steht die Verbindung mit der universellen Gottheit, dem Herrn der Sonnensphäre, welcher quabbalistisch „Metatron“ genannt wird.

*

5. Tarotkarte – Mysterien des Steins der Weisen
Seila Orienta/Franz Bardon

Dieses Buch stellt die Vorderseite der Alchemie dar, die die einzelnen praktischen Übungsschritte erklärt, ohne die verschlüsselten Mystifikationen der alten Alchemisten auch nur annähernd zu erwähnen, wie man es aus den anderen Büchern des Franz Bardon kennt. Es wird erklärt, dass ohne vollkommene Beherrschung der 4 Elemente keine Alchemie möglich ist. Des Weiteren wird mit den einzelnen Ebenen, mit den Matrizen, dem elektromagnetischen Fluid usw. gearbeitet. Doch den Hauptpunkt stellen die göttlichen Eigenschaften wie z. B. die Allmacht dar, mit denen der Göttliche Stein der Weisen durch gewisse Übungen geladen wird.

*

Talismanologie und Mantramkunde
Seila Orienta/Franz Bardon

Zum ersten Mal werden hier (magisch) geladene Mantrams – Gebetssätze – preisgegeben, welche bei nötiger Reife, Ausgeglichenheit und Reinheit durchdringende Erfolge versprechen. Mantrams sind ja nach Bardon nicht irgendwelche „Suggestionssätze“, sondern sie sind Ideenausdrücke, mit denen man mit Mächten, Kräften, Eigenschaften, also Gottheiten, in Verbindung kommen kann. Gleichzeitig werden die dazugehörigen Siegelzeichen der göttlichen Ideen preisgegeben, welche im rituellen Zusammenhang mit den Mantrams stehen. Ein Buch, das nicht nur die Hermetiker, sondern auch die Anhänger der Yogawissenschaften inspirieren wird!

*

Eine Sammlung der schönsten und lehrreichsten Beschwörungsgeschichten
Hohenstätten

Dieses Buch ist einzigartig, denn es zeigt den zweiten Band von Franz Bardon an Hand von interessanten Evokationsberichten, die genau das bestätigen, was Bardon in seinem Buch geschrieben hat, und noch darüber hinaus. Es werden sensationelle Erlebnisse geschildert, die man sonst niemals findet. Auch aus unveröffentlichten Schriften wird zitiert.

*

Verkörperungen des Meister Arion
Hohenstätten

Man wird beim Lesen dieses Buches nicht glauben, wie viele bekannte und unbekannte Inkarnationen Franz Bardon hatte. Die paar, die im „Frabato" bekannt gegeben wurden, stellen nur einen geringen Teil seiner Verkörperungen dar. Wir mussten, da es dermaßen wenig Literatur über die Verkörperungen gab, wieder Hunderte und Aberhunderte von Büchern, Aufsätzen, Zeitschriften und Artikeln durcharbeiten, bis wir genügend Material für dieses Buch hatten. Aber der Leser wird sich beim Lesen sicherlich über unsere Arbeit freuen, denn sie wird ihn in Erstaunen versetzen!

*

Shamballa, der goldene Tempel des Lichts
Hohenstätten

Dieser Tempel dürfte jeden Leser von Bardons Roman „Frabato" fasziniert haben. Dass es aber in der okkulten Literatur noch viel mehr Informationen darüber gibt, die man aber nur findet, wenn man alles Veröffentlichte gelesen hat, dürfte dem einen oder anderen unbekannt sein. Es wurden wieder ganze Stöße von Büchern durchgesehen und das Ergebnis wird hier veröffentlicht. Es wird aber gleichzeitig darauf hingewiesen, wie viel Schundliteratur es darüber gibt, wie viel Lügen im Umlauf sind, damit sich der Schüler der Hermetik ein klares Bild machen kann. Wir bringen in diesem Buch alles, was wir an Material darüber gefunden haben, und es wird auch noch einiges aus der eigenen Erfahrung, was das Wertvollste ist, mitgeteilt. Nicht nur über den Tempel wird berichtet, sondern auch über die damit verbundene „Bruderschaft des Lichts", deren Sitz er darstellt.

*

Auf der Suche nach Meister Arion
Hohenstätten

Diese Autobiographie eines Schülers der Hermetik des Franz Bardon schildert sein magisches Leben, in welchem zahlreiche Erfahrungen zu den Übungen aus dem Adepten geschildert werden, die die Hauptperson selbst erlebt hat. Es wird der schwere Weg des Adepten aus autobiographischer Sicht gezeigt, seine vielen Tiefschläge, aber auch seine glanzvollen Seiten und Zeiten. Der harte

Kampf mit dem Seelenspiegel wird bis in alle Einzelheiten aufgezeigt, genauso wie die vielen anderen Wege, in welche der Autor reinschnupperte, um dadurch reichlich Erfahrung sammeln zu können. Darüber hinaus enthält es unzählige Erfahrungen und Berichte betreffs Mantramistik nach Bardon, die wahre Runenmagie, zahlreiche Evokationen sowie Invokationen mit seinem Lehrer Anion, einen magischen Exorzismus, wie er bisher noch nie öffentlich geschildert wurde. Mentalreisen, Beeinflussungen, Übungen zur Gottverbundenheit, Erscheinungen, Alchemie, Heilungen mit den verschiedensten magischen Methoden z. B. Quabbalah oder durch die Elemente, Schutzgeistevokationen und viele andere magische „Wunder" seines Freundes und Lehrers Anion. Auch einige magische Fotos in Farbe, ein bisher von Bardon unveröffentlichtes Akashafoto von Christus und ein Bild des schwebenden Meister Arion werden in diesem Buch preisgegeben. Der Inhalt ist viel reichlicher, als hier kurz beschrieben werden kann.

*

Magisches Gleichgewicht
Hohenstätten

Dieses Buch zeigt eindeutig, dass in allen anderen Systemen das „Gleichgewicht" genauso gebraucht wird, wie bei Bardons Werken. Er war nicht der Einzige, der das erwähnte, aber er war der erste, der es deutlich erklärte, denn die anderen Systeme sprachen nur durch das Symbol, welches nicht jedem Leser verständlich war. Obendrein bringen wir noch Unveröffentlichtes vom Meister Arion zu dieser Grundlage der magischen Entwicklung.

*

Das Leben und die Erfahrungen eines wahren Hermetikers
Seila Orienta

Diese Autobiografie eines Magiers ist unübertroffen, denn bis jetzt hat kein einziger okkult Geschulter so offen und ehrlich gesprochen wie Seila Orienta. Er gibt in diesem Werk sein Leben bekannt sowie seine zahlreichen und äußerst interessanten Erlebnisse und Erfahrungen. Es werden auch zum ersten Mal Fotos von Wesen der Sphären gezeigt, welche Franz Bardon höchstpersönlich in den 1920ern gemacht hat. Des Weiteren schreibt Seila Orienta über die Sphären, über Dämonen, Logenkontakte und vieles, vieles mehr, was einem ehrlich strebenden Hermetiker das Herz übergehen lassen wird.

*

Das Leben des Franz Bardon
Hohenstätten

Dieses Buch beschreibt das Leben des Meisters außerhalb des Frabatos, welches seine Sekretärin – Otti V. – geschrieben hat. Es beinhaltet Erklärungen zu seiner „Biografie", weitere Einzelheiten über den Kampf mit der FOGC, seine Beziehung zu Wilhelm Quintscher und anderen Okkultisten, was alles bisher unbekannt war! Des Weiteren werden viele Erlebnisse seiner Schüler in Prag erzählt, verschiedene magische Leistungen und interessante Geschichten Bardons beschrieben, die bis dato unveröffentlicht sind. Es werden auch seine drei Lehrwerke und deren Wirkung auf die Öffentlichkeit von einem anderen, unbekannten Standpunkt geschildert, welcher durch bisher schwer zugängliche Schriften unterstützt wird. Als Krönung wird seine aus dem Tschechischen übersetzte „Runenschrift" zum ersten Mal veröffentlicht. Auch einige Seiten aus anderen unveröffentlichten Schriften von ihm sowie interessante Fotos des Meister Bardon und seiner Freunde werden hier preisgegeben und vieles, vieles mehr.

*

In Verbindung mit der Gottheit

Hohenstätten

Über das Thema der Gottverbundenheit mit all seinen Formen und Methoden wurde bis heute noch nie ein Buch verfasst, geschweige denn eine Schrift geschrieben. Man findet in der okkulten wie in der östlichen Literatur nur spärliche Hinweise, die größtenteils verschlüsselt sind oder so geschrieben wurden, dass man sie kaum versteht. Im Gegensatz dazu wird in diesem Buch offen dargelegt, dass das 1. kleine Arkanum der 78 Tarotkarten die Gottverbundenheit in ihrer Reinform darstellt.

*

Hermetische Heilmethoden

Hohenstätten

Dieses Buch stellt in der okkulten Literatur ein absolutes Unikum dar, denn über die Gesamtheit der okkulten Heilmethoden wurde bis jetzt noch NIE etwas Sinnvolles geschrieben. Es werden alle Heilmethoden erwähnt, die der hermetische Schüler mithilfe seiner bisher erlangten Konzentrationsfähigkeit ausüben und verwenden kann.

*

Erste hermetische Zeitschrift

„Der hermetische Bund teilt mit" ist eine der wenigen magisch-mystischen Zeitschriften, welche sich soweit als möglich auf die universelle Lehre von Franz Bardon bezieht. Sie versucht sich an die Gesetze des 4-poligen Magneten zu halten und vermittelt Wissen sowie Hinweise für die Praxis, damit der Leser die Möglichkeit hat, sie in seinen hermetischen Weg aufzunehmen und für sich gewinnbringend zu verarbeiten.

*

Von ost-westlichen Runen-Mysterien: Hermetische Runen-Zeitschrift

In dieser magisch-mystischen Runenreihe wird aus allen uns zugänglichen Quellen das Schöpferwort so wiedergegeben, damit im Sinne von Franz Bardon ihre ursprüngliche Qualität und Quantität in ritueller Form wiederhergestellt wird.

*

Über wahre Runen-Mysterien: IX Sonderhefte

Diese Reihe der Runen-Mysterien bildet die Fortsetzung des Buches „Hermetische Aufsätze über wahre Runen-Magie". Sie führt jeden ernsthaften Praktikanten der Lehren des Franz Bardon unweigerlich zur Verbindung mit seiner Gottheit, denn hier werden zum ersten Mal die rituellen Übungen des ersten kleinen Arkanums der Ur-Sprache unverschlüsselt wiedergegeben. Deshalb sagen wir: Alaf Sig Runa

*

Noch viel mehr hermetische Literatur finden Sie auf unserer Website: http://www.hermetischer-bund.com.

Viel Vergnügen beim Stöbern!

Der Verlag